Von Menschen und Maschinen

Von Menschen und Maschinen

Industriekultur in Baden-Württemberg

Von Wilfried Setzler
in Zusammenarbeit mit Kerstin Laschewski,
Benigna Schönhagen und Sibylle Setzler

Verlag J. B. Metzler
Stuttgart · Weimar

Die Drucklegung dieses Buches wurde durch die freundliche Unterstützung der Baden-Württembergischen Bank AG, Stuttgart, ermöglicht.

Die Deutsche Bibliothek – CIP-Einheitsaufnahme

Von Menschen und Maschinen : Industriekultur in Baden-Württemberg / von Wilfried Setzler u. a. – Stuttgart ; Weimar : Metzler, 1998
ISBN 3-476-01588-2

Satz: Dörr + Schiller GmbH, Stuttgart
Schriften: Aldus und Optima
Layout: Wilfried Setzler
Druck und Bindung: Franz Spiegel Buch GmbH, Ulm
Papier: 115 gr/m² BVS-PLUS, weiß, matt, chlorfrei von Fa. Scheufelen, Oberlenningen
Printed in Germany

Verlag J. B. Metzler Stuttgart · Weimar

Inhaltsverzeichnis

Einleitung

»Das überhandnehmende Maschinenwesen quält und ängstigt mich, es wälzt sich heran wie ein Gewitter, langsam, langsam; aber es hat seine Richtung genommen, es wird kommen und treffen.« So oder ähnlich wie Goethes dies hier formulierte, haben viele seiner Zeitgenossen gedacht und gefühlt. Nicht nur Literaten, Künstler, Philosophen wähnten sich in den ersten Jahrzehnten des 19. Jahrhunderts an der Schwelle einer neuen Zeit, entsprechend äußerten sich auch Politiker, Publizisten, Verleger, Theologen, Unternehmer, mal eher skeptisch und ängstlich, mal eher erwartungsvoll und hoffnungsfroh.

Daß sich im heranbrechenden Maschinenzeitalter aber das ganze bisherige Leben, die Wirtschaft und die Gesellschaft so radikal verändern werden, wie dies dann geschah, das haben die wenigsten erwartet, hat wohl kaum jemand geahnt. Die neuen Maschinen schienen sich anfangs noch in die bestehende Welt zu integrieren, ließen sich den Kräften von Wasser, Tier und Mensch neben- und unterordnen, stellten anscheinend keine Bedrohung des gesellschaftlichen Gefüges oder der bestehenden Ordnung dar. Erfolgreiche Fabrikanten übernahmen den Lebensstil des Adels, bauten Fabriken wie Burgen und Kirchen. Die Produkte und Erzeugnisse der Maschinen reihten sich neben die der Handwerker.

So lud König Friedrich I. von Württemberg für den Mai 1812 gleichermaßen »Künstler, Fabrikanten und Professionisten« (Handwerker) zu einer »Kunst- und Industrieausstellung« ins Stuttgarter Alte Schloß ein und forderte sie auf, ihre »Kunstwerke, Fabrikate und Produkte« zu zeigen, »zu fortdauernder Unterhaltung und immer höherer Vervollkommnung der bildenden Künste in Unseren Staaten sowie zu mehrerer Ausbreitung der Industrie unter Professionisten und Handwerkern und Erweckung einer zweckmäßigen Nacheiferung unter denselben durch öffentliche Anerkennung und Belohnung des Talents«. Mit der gleichen Unbefangenheit nannte sich, den neuen Entwicklungen Rechnung tragend, der Karlsruher Kunstverein 1820 in »Kunst- und Industrieverein« um. Kunst und Industrie galten als gleichberechtigte Partner, wurden gleichrangig zur »Nacheiferung« empfohlen, wurden gar als Einheit wahrgenommen.

Doch die Industrialisierung war weit mehr als nur eine technische Umrüstung traditionellen Gewerbes. Bald wurde deutlich, daß mit dem technischen auch ein gewaltiger gesellschaftlicher und kultureller Wandlungsprozeß verbunden war.

1 Mittelalterliche Buchmalerei, Schreibkunst und Leseglas: Die Firma Zeiss, Herstellerin modernster optischer Geräte, verdeutlicht in diesem Poster, daß ihre Produktion auf mittelalterlichen Kulturtechniken gründet.

So brach mit fortschreitender Technisierung und Industrialisierung das seit Jahrhunderten herrschende Wahrnehmungsmuster der Einheit von Kunst und Technik zusammen. Einerseits wurde mit wachsender Massenhaftigkeit und Reproduzierbarkeit den Werken der Technik jeder ästhetische Wert abgesprochen. Anderseits baute die Industrie ihre Fabriken immer mehr nur nach funktionellen Gesichtspunkten, organisierte Arbeitsabläufe und Produktionsmethoden rein rational, setzte allein auf technischen Fortschritt und wähnte sich als Pionier einer von naturwissenschaftlicher Logik und Gesetzmäßigkeit bestimmten neuen Welt, fern

2 Die Firma Knorr macht gemeinsame Sache mit Tübingen, der Stadt des Geistes, um 1900. Auf der Packung Hafer-Mehl sieht man Putten im Wichs feiernder Verbindungsstudenten, die Silhouette der Stadt beherrscht das fürstliche Schloß.

aller zivilisatorischen Krankheiten und kulturellen Herausforderungen. »Ich bin Techniker und gewohnt, die Dinge zu sehen, wie sie sind. Ich sehe den Mond über der Wüste von Tamaulipas – klarer als je, mag sein, aber eine errechenbare Masse, die um unseren Planeten kreist, eine Sache der Gravitation, interessant, aber wieso ein Erlebnis?« So läßt Max Frisch in seiner Erzählung »Homo faber« seinen Helden – einen Ingenieur – raisonnieren. Wobei bei dieser Denkweise natürlich übersehen wurde, daß auch die unter rein funktionellen Gesichtspunkten gebauten und eingerichteten Fabriken oder der »unverstellte Blick« auf die Dinge nicht ohne Einfluß auf die Menschen waren und kulturelle Auswirkungen hatten. Auswirkungen, die sich beispielsweise an anderen Essens- und Kleidungsgewohnheiten, anderen Bildungsbestrebungen, an einer anderen Freizeitgestaltung, an einem anderen Verhalten gegenüber Kindern und Familie zeigten. Übersehen wird bei dieser Argumentation auch, daß viele Unternehmen schon früh erkannt haben, daß ihre Produkte nicht nur solide und nützlich, sondern auch schön und gefällig oder – wie es in einer Mercedes-Benz-Werbung in den 30er Jahren heißt – »vornehm und edel« sein müssen.

Der Technik-Euphorie in den Jahrzehnten um die Jahrhundertwende folgte unter den Erfahrungen und dem Eindruck des Ersten Weltkriegs eine Ernüchterung. Zur Lust an der Technik gesellte sich ein immer stärker werdendes Unbehagen an ihr. Deutlich wurde, daß die Industrialisierung den Menschen und sein Leben veränderte, nicht nur seine Arbeit erleichterte; deutlich wurde aber auch, daß der »technische Fortschritt« sich gegen den Menschen wenden konnte, daß »eine ganze Schar von Übeln zu seinem Hofstaat« zählt. »Da riß es mich in eine laute und aufgeregte Welt. Auf den Straßen jagten Automobile, zum Teil gepanzerte, und machten Jagd auf die Fußgänger, überfuhren sie zu Brei, drückten sie an den Mauern der Häuser zuschanden. Ich begriff sofort: es war der Kampf zwischen Menschen und Maschinen, lang vorbereitet, lang erwartet, lang gefürchtet, nun endlich zum Ausbruch gekommen.« So erlebte Harry Haller in Hermann Hesses »Steppenwolf« »die allgemeine Zerstörung der blechernen zivilisierten Welt«.

KULTUR
ist eine sichere Beschränkung auf Formen, die sich durch Generationen als unanfechtbar erwiesen haben, Formen, die niemals ein Zuviel enthalten können und niemals ein Zuwenig enthalten dürfen.-
Unsere Wagen haben durch 45 Jahre, immer auf der vollen Höhe der technischen Errungenschaften des Tages, jeder Kritik standgehalten und frei von Prunk und Modelaunen ihren Weg in die Zukunft gefunden. Selbst die Wagen der niederen Preisklasse vornehm und edel zu bauen, das ist die Kunst von
MERCEDES-BENZ

4 Fern vom Alltag und doch fester Bestandteil des Lebens: Feste und Feiern auch in der Arbeitswelt. Die Fotocollage zeigt die rund 200 Mitarbeiter und Mitarbeiterinnen der Firma Märklin, kunstvoll gruppiert, anläßlich eines Umzugs in die Göppinger Marktstraße.

Schriftsteller, die bisher vor allem die soziale Frage zum Thema hatten und die sozialen Veränderungen der Zeit beschrieben, wie Gerhart Hauptmann in seinen »Webern« oder seinem »Bahnwärter Thiel« oder Bertolt Brecht in seiner »Heiligen Johanna der Schlachthöfe«, beschäftigen sich nun mit dem »Homo faber«, der Frage nach der Verantwortlichkeit von Wissenschaftlern, Konstrukteuren und Technikern – man denke an Brechts »Leben des Galilei« (»Ich halte dafür, daß das einzige Ziel der Wissenschaft darin besteht, die Mühseligkeit der menschlichen Existenz zu erleichtern«) oder an Friedrich Dürrenmatts »Die Physiker«. Technik und Kunst, Industrie und Kultur wurden nun als Gegensätze wahrgenommen, sich gegenseitig ausschließend, unverträglich.
Diese Meinung über das Verhältnis von Industrie und Kultur, gepaart mit dem Unbehagen an der Technik, das mit dem Bombenabwurf in Hiroshima, dem Gutachten des Clubs of Rome über die »Grenzen des Wachstums« oder mit der Katastrophe von Tschernobyl – trotz aller Faszination an der virtuellen Realität – eher

wuchs, verdeckte und verdeckt aber auch den Blick auf die vielfältigen Beziehungen von Kultur und Industrie, übersah und übersieht, daß Dampfmaschinen, Elektrotechnik und High-Tech kultur- und zivilisationsstiftend sind, daß unsere Kultur inzwischen auch einen »industriellen Charakter« hat.

Noch immer fehlt eine Bilanz der industriekulturellen Entwicklung in den letzten zwei Jahrhunderten. Zwar gibt es seit den späten 60er und den frühen 70er Jahren eine Fülle von Literatur zum Thema »Industriekultur«, doch meist nur zu den Stichwörtern Alltag, Arbeiterkultur, Industriearchäologie und -architektur sowie – neuerdings – Corporate Identity und Sponsoring.

Am besten erarbeitet ist der Themenkomplex »Arbeiterkultur«, dem insbesondere in den 70er und 80er Jahren viel Aufmerksamkeit zufiel. Wer zum Beispiel in den Kochtopf einer »proletarischen Küche hineinsehen will, kann auf Grund einer genauen Untersuchung ›des Wandels der Nahrungsgewohnheiten unter dem Einfluß der Industrialisierung‹ und mit Hilfe der Reprints alter Koch- und Haushaltsbücher den schichtenspezifischen Mittags- bzw. Abendtisch exakt rekonstruieren«, meinte Hermann Glaser, der im Katalog der vielbeachteten Ausstellung »Industriekultur in Nürnberg« von 1980 über die Industriekultur schrieb, sie handele »von den Lebensformen im Zeitalter der Industrialisierung, von den Vorgängen und Ereignissen der Mechanisierung und von ihren Örtlichkeiten,« sie sei dazu bestimmt, das

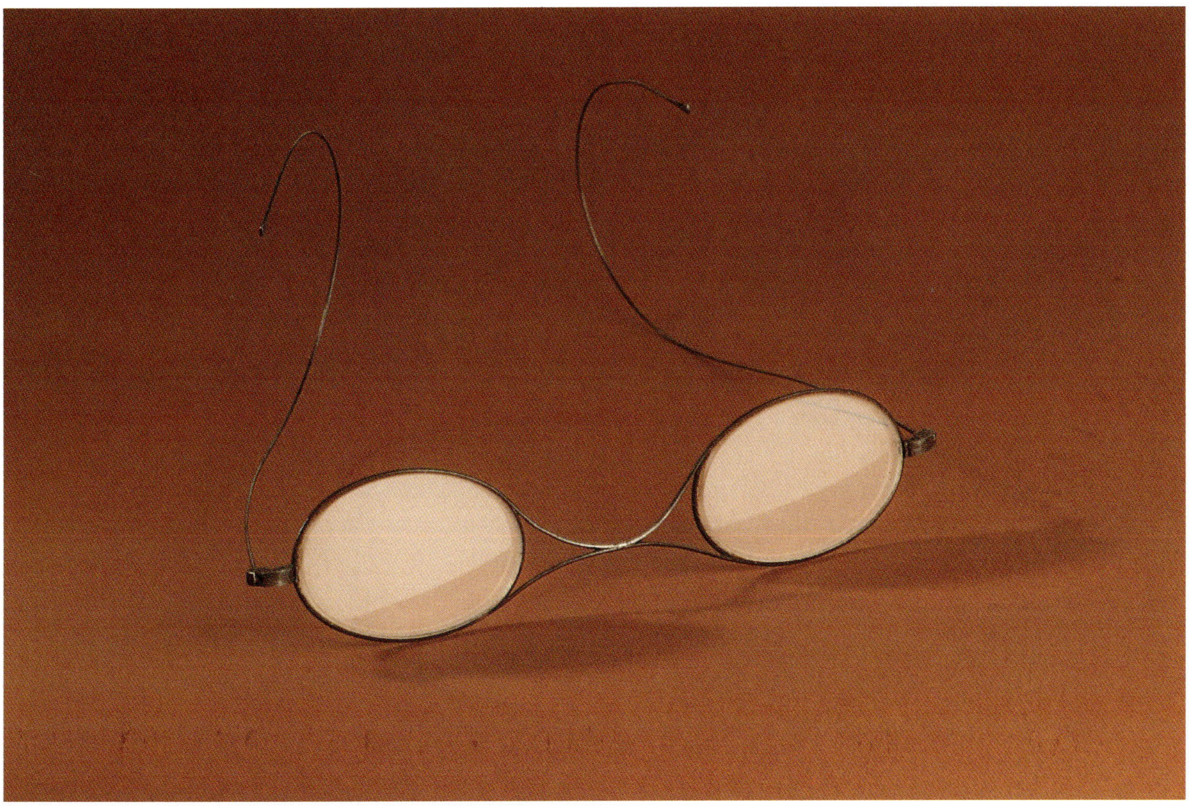

5 Die Brille des Dichters Eduard Mörike (1804–1875), Exponat im Zeiss-Museum Oberkochen.

6 Die Literatur im Dienst der Salamander-Werbung.

»Schicksal von Menschen im Maschinenzeitalter« darzustellen und »wie Maschinen den Menschen zum Schicksal wurden«. Mit Glaser verstehen noch immer viele die Beschäftigung mit »Industriekultur« als eine »Geschichtsbetrachtung von unten«, als eine Auseinandersetzung mit »Maschinenwelt und Alltagsleben, mit der Kultur des anonymen Menschen«. Wobei hier oft übersehen wird, daß manche Technologie eben nicht nur die Arbeitsplätze der Arbeiter, sondern auch die Arbeitsbedingungen der Ingenieure oder das Verhalten der Unternehmer entscheidend mitbestimmte.

Inzwischen wird der Begriff »Industriekultur« allerdings von vielen anderen zur Umschreibung ihrer Beschäftigung mit Industriearchitektur und Industriearchäologie verwendet. Man interessiert sich nun weniger für die Menschen im Industriezeitalter als vielmehr für deren Orte und Bauten. Unter dem Signet »Industriekultur« bemühen sich denn auch die »Stiftung Industriekultur« in Nordrhein-Westfalen oder die »Deutsche Gesellschaft für Industriekultur« in Duisburg um die Bewahrung von Industrieanlagen, dokumentieren deren Entstehung und Geschichte, beschreiben deren Architektur.

Ja, derzeit erlebt die Beschäftigung mit den Industriebauten überhaupt eine Konjunktur. Daß sie als ein bewahrenswertes kultur- und kunsthistorisches Erbe angesehen werden, ist noch gar nicht so lange her. Pionierarbeit leistete Rainer Slottas Werk »Technikgeschichtliche Denkmäler in der Bundesrepublik Deutschland«, dessen erster Band 1975 erschienen ist. Seitdem werden zunehmend Fabriken, Fördertürme, Zechen, Wassertürme, Brücken, Bahnhöfe unter Denkmalschutz gestellt. Bedingt durch die wirtschaftliche Entwicklung und den Strukturwandel, durch die sich anbahnende und durchsetzende dritte industrielle Revolution wurden in den letzten Jahrzehnten immer mehr große Fabrikanlagen aufgegeben, insbesondere solche, die der Schwerindustrie gedient hatten. Vor diesem Hintergrund wurde in Baden-Württemberg 1987, um »die funktionslos gewordenen Bauwerke wieder einer wirtschaftlich tragfähigen, angemessenen Nutzung zuzuführen«, eigens ein Denkmalnutzungsprogramm eingerichtet, über das inzwischen 88 Objekte gefördert und damit erhalten wurden. Eindrucksvoll ist die Lektüre des im August 1998 erschienen Nachrichtenblatts »Denkmalpflege in Baden-Württemberg«, in dem an rund einem Dutzend Beispielen – unter dem Motto »Industriebrachen mit Zukunft« – die erfolgreiche Umnutzung solcher Objekte dargestellt wurde: wie aus dem Sinner-Malzlager in Karlsruhe ein Bürogebäude, aus der Ettlinger Spinnerei ein Dienstlei-

7 Das 1990 eröffnete Landesmuseum für Technik und Arbeit in Mannheim.

stungsunternehmen, aus der Alten Mälzerei in Mosbach eine Stadthalle oder aus der Schirmfabrik Hugendubel in Ulm ein Wohngebäude wurde.

In der Absicht, »die (geschichtswürdige) Industriekultur« zu »bewahren, zu dokumentieren und zu erforschen« wurde 1979 vom Landschaftsverband Westfalen-Lippe und fünf Jahre später vom Landesverband Rheinland beschlossen, Industriemuseen zu gründen. So entstanden das Rheinische Industriemuseum mit seiner Zentrale in der ehemaligen Zinkhütte Altenberg und das Westfälische Industriemuseum in der Dortmunder Schachtanlage Zollern. Beide Museen, die über zahlreiche Außenstellen verfügen, zielen darauf, »Produktionsstätten möglichst ganz zu erhalten«. Wichtig ist ihnen »der Zusammenhang zwischen industriellem Denkmal und der vergangenen Arbeitswelt ›am konkreten Ort‹« herzustellen. Für beide Museen ist »Industriekultur« vor allem Technik- und Arbeitsgeschichte.

Ähnliches gilt für das baden-württembergische Landesmuseum für Arbeit und Technik in Mannheim, das sich seit seiner Eröffnung 1990 der Zeugnisse unserer industriellen Vergangenheit annimmt, sie sammelt, erforscht, wissenschaftlich aufbereitet, ausstellt, das zudem eine beachtliche Publikationsreihe unterhält. Doch auch seine Bemühungen zielen weniger auf die Zusammenhänge von Kultur und Industrie, als vielmehr auf die Darstellung von »Funktionen, Arbeitsabläufen und Wirkungsweisen«. Das Museum, so schreibt sein Direktor Lothar Suhling, möchte »zu Material, Formen und Arbeitsprozessen« einen Zugang bieten, die »tech-

nisch-soziale Entwicklung« aufzeigen und »den Wirkungszusammenhang von Mensch, Technik und Gesellschaft« erschließen.
Überblickt man die Verwendung des Wortes »Industriekultur« in den vergangenen 25 Jahren, kann schließlich festgestellt werden, daß es in jüngster Zeit, vor allem in Selbstdarstellungen von Betrieben, immer wieder auftaucht als Synonym für »Unternehmenskultur«, für »Führungsstil«, und für das »Wir-Gefühl«, das heute Corporate Identity heißt. Die Beziehung von Industrie und Kultur wird zudem seit kurzem neu definiert und gestaltet in den Bereichen Öffentlichkeitsarbeit, Marketing und Innovationsmagement.
Also: Nicht nur die Ambivalenz des Verhältnisses zur Technik, zwischen Faszination und Unbehagen und die Angst vor den unvorhersehbaren Folgen der Industrialisierung – Gefährdung der Umwelt, Unwirtlichkeit der Städte, Entwurzlung der Menschen – verstellten und verstellen den Blick auf das Verhältnis von Industrie und Kultur, auch jene, die sich damit in Ausstellungen, Museen, Publikationen beschäftigten und beschäftigen, tun dies in der Regel nur unter Einzelaspekten. Eine Aufarbeitung des Gesamtthemas fehlt. Zwar gibt es Ansätze einer Neuorientierung, etwa hin zur Wahrnehmung von Kunst und Technik als Einheit, wie sie in dem 1997 eröffneten Zentrum für Kunst und Medientechnologie in Karlsruhe (Abb. 8) sichtbar wird, das im übrigen in einer ehemaligen Waffen- und Munitionsfabrik eingerichtet wurde.
Dennoch: Das Verhältnis der beiden in dem Wort »Industriekultur« verschränkten Begriffe gehört neu und umfassend bedacht, zumal der Blick auf die vergangenen zwei Jahrhunderte deutlich macht, daß die Industrialisierung nicht nur neue Arbeitsabläufe und Produktionsmethoden hervorbrachte, nicht nur soziale Normen und bisherige Verhaltensweisen erschütterte, sondern auch die bestehende Kultur und kulturelle Fertigkeiten veränderte, teilweise vernichtet, neue ermöglichte und ins Leben rief. Untersucht werden müßte, über technische, wirtschaftliche, soziale und gesellschaftliche Entwicklungen hinaus, das Zusammenwirken und die Wechselbeziehungen von Industrie und Kultur, das gegenseitige »In-Dienst-Stellen«. Nicht nur die Industrie veränderte die Kultur, auch die Kultur wirkte und wirkt auf die Industrie ein, beeinflußt beispielsweise als »weicher Standortfaktor« die Niederlassung von Unternehmen, deren Werbemaßnahmen und Verkaufsstrategien.
Nachgegangen werden müßte etwa der Frage, wie Künstler, Schriftsteller, Musiker, Philosophen die Industriewelt erleben, beschreiben, wiedergeben, wie sie in ihrer Ausdrucksweise und in ihren Mitteln von ihr geformt sind, aber auch, wie ihre Werke Einfluß nahmen und nehmen auf die Industrie, deren Erzeugnisse, deren Eigentümer oder deren Beschäftigte.
Untersucht werden müßte die Rolle der Kultur im Bereich Werbung, Absatzförderung, Imagepflege, Produktdesign und Produktverpackung, in wie weit die Kultur zum Einsatz kommt beim nach außen wirksamen Erscheinungsbild eines Unternehmens in all seinen Facetten: Werbung, Darstellung der Firmengeschichte, Poststempel, Architektur, Produkt, Briefkopf, Büroeinrichtung, Telefon, Sprache, akustischen und elektronischen Signalen.
Viele Bereiche müssen im Einzelnen und im Gesamten aufgearbeitet werden: Warum und wie sammeln Unternehmer Gemälde, Grafiken und Zeichnungen oder geben diese in Auftrag; warum und wie publizieren Unternehmen Werk-Zeitschriften, führen Kulturprogramme durch, richten Bibliotheken und Lesesäle ein, gründen Orchester, Gesangvereine, Sportgruppen, feiern Jubiläen, organisieren Bälle und Fortbildungsveranstaltungen, fördern Kultureinrichtungen und Künstler, treten als Sponsoren auf, bezuschussen Kulturveranstaltungen, Theater, Kunsthallen, bauen Archive auf und unterhalten eigene Museen; wie beeinflussen

8 Ein Blick in das 1997 eröffnete Zentrum für Kunst und Medientechnologie in Karlsruhe.

Kunstwerke an der Bürowand, Skulpturen im Firmenpark oder Betriebsmuseen die Motivation und Kreativität der Mitarbeiter, das Betriebsklima, den Profit und die Rendite; was erhoffen sich Unternehmer und Unternehmen von ihren kulturellen Aktivitäten, was gewannen, erzielten, erwirkten sie, wie sehr gaben sie sich der Faszination von Kultur hin, ließen sich von ihr verführen, setzten sie zur Verführung ein?

Nur einige dieser Fragen – und es gibt ihrer noch viele mehr – können in diesem Buch über Industrie und Kultur in Baden-Württemberg aufgegriffen und skizziert werden. In ihm wird zunächst gefragt nach dem Verlauf der Industrialisierung, nach ihrem spezifisch baden-württembergischen Werdegang. Sodann wird ein Aspekt aus dem Infrastrukturbereich aufgegriffen und – ausgehend von der These, daß die Eisenbahn nicht nur die Industrialisierung auf Touren gebracht hat – auf die äußere Erscheinungsform der Eisenbahn eingegangen, zudem werden die kulturellen Folgen des Eisenbahnbaus skizziert. Untersucht werden das kulturelle Engagement der Unternehmer und die Architektur der Unternehmen sowie die Gestaltung und Vermarktung ihrer Produkte. Abschließend beschäftigt sich ein Beitrag mit der Darstellung der neuen Industriewelt in Malerei und Grafik.

So kann und will auch dieses Buch, ein erstes Ergebnis eines auf noch mehrere Semester angelegten Projekts am Institut für geschichtliche Landeskunde der Universität Tübingen, nicht das weite Feld des Verhältnisses von Kultur und Industrie umfassend beschreiben, illustrieren oder gar erschöpfend darstellen. Es möchte vielmehr, begrenzt auf Baden-Württemberg, an Hand ausgesuchter Beispiele auf das vielseitige und vielschichtige Thema aufmerksam machen, Neugierde wecken, Forschungs- und Denkanstöße vermitteln.

Die industrielle Revolution in Baden-Württemberg

9 Friedrich List (1789–1846) aus Reutlingen, ein Wegbereiter der Industrie.

Von der Dampfmaschine zum High-Tech

Die Erfindung der Dampfmaschine durch den Engländer James Watt 1769 gilt gemeinhin als der Beginn einer neuen Epoche, des Industriezeitalters. Nomen est omen, auch in diesem Falle, wird doch der für die neue Zeit Pate stehende lateinische Begriff »industria« übersetzt mit »die beharrliche, nachhaltige, eifrige Thätigkeit, der rege, nachhaltige Fleiß, die Betriebsamkeit«[1]. »Industria« charakterisiert hier allerdings keine menschlichen Eigenschaften, sondern die einer Maschine. Insofern ist die Dampfmaschine ein durchaus taugliches und anschauliches Symbol der neuen Zeit, auch wenn sie es nicht allein war, die das Industriezeitalter einläutete, und es vielleicht wichtigere und folgenreichere Erfindungen wie die der wassergetriebenen Spinnmaschine oder die des mechanischen Webstuhls gab. Zudem spielten bei der Industrialisierung auch politische Ereignisse, kulturelle, soziale, religiöse Faktoren oder natürliche Ressourcen eine nicht zu unterschätzende Rolle.

Mit Hilfe der Kraft-, Dampf- und Arbeitsmaschinen wurde die traditionelle Produktionsweise total verändert. Die Maschinen lösten in der Arbeitswelt die Handarbeit des Menschen ab, ja die von Tier und Natur unabhängigen Maschinen ermöglichten ein bis dahin nicht vorstellbares Produktionsvolumen. Sie erforderten aber auch die Fabrikarbeit, die Agglomeration von Arbeitskräften, die Trennung von Wohnen und Arbeiten an einem Ort. Zutreffend beschreibt Friedrich List die Neuerungen: »Die Dampfkraft gewährt den großen Vorteil, daß sie da, wo die Steinkohle im Überfluß und zu billigen Preisen zu haben ist, eine Konzentration von großen Fabrikanstalten und Kapitalien, von technischen Kräften und Geschicklichkeiten, als große Fabrikemporien ermöglicht und hervorruft. Kamin erhebt sich in diesen Emporien an Kamin. Hundert Fabrikanstalten teilen sich in die verschiedenen einzelnen Zweige der Fabrikation. Jede spinnt nur eine Sorte Garn, webt oder druckt nur eine Sorte Zeug. An einem und demselben Orte bilden sich ganze Heere von ansässigen Fabrikarbeitern jeglicher Art, und jedes Individuum legt sich nur auf eine Gattung von Handarbeit, erlangt also in seinem Fach den höchsten Grad von Geschicklichkeit.«[2]

Die technischen Neuerungen trafen die Menschen unvorbereitet, rissen »Wirtschaft und Gesellschaft in einen Strudel von wirtschaftlichen und sozialen Auf- und Abstiegsprozessen«, die bis dahin »völlig unbekannt«[3] waren und führten zu einer wirtschaftlichen und gesellschaftlichen Umstrukturierung. Das gesamte menschliche Leben und nicht nur die Arbeitswelt begann sich zuerst langsam, dann immer schneller, in wenigen Jahrzehnten mehr zu verändern, als im Verlauf vieler Jahrhunderte zuvor.

Dieser Industrialisierungsprozeß vollzog sich keineswegs »langsam, auf den vorindustriellen Bedingungen aufbauend« in einer »allmählichen ökonomischen Entwicklung und Veränderung«[4], also geradlinig und gleichförmig, sondern dynamisch und sprunghaft, in Phasen, die von überraschenden Neuerungen, Erfindungen, Entdeckungen eingeleitet wurden, weshalb er seit den 20er Jahren des 19. Jahrhunderts immer wieder auch als »industrielle Revolution« bezeichnet wurde, ein Terminus, der sich spätestens mit Arnold Toynbees 1884 erschienenem Buch »Lectures on the industrial revolution in England« durchgesetzt hat.

Nach den wichtigsten Entwicklungsschüben, die jeweils zu einer totalen und fundamentalen Umorientierung der bis dahin gewöhnlichen Produktionsweisen, zum Absterben alter Berufe, Gewerbe- und Industriezweige führten, wird heute die Industrialisierung meistens in drei Phasen unterteilt. So unterscheidet man eine Aufbruchs- und Durchbruchsperiode, gekennzeichnet von Kohle und Eisen, Dampf- und Textilmaschinen, der Eisenbahn, von einer zweiten industriellen Revolution, bestimmt

10 Hausweberei in der Gegend von Reutlingen um 1840. Während in England längst in großen Fabriken mit Maschinenkraft massenhaft produziert wurde, herrschten in Südwestdeutschland noch immer das Handspinnrad und der Handwebstuhl vor.

von der Elektrizität, dem Erdöl und der Motorisierung, von Chemie und Optik, von Telefon, Radio und Fernsehen, die schließlich von der heutigen High-Tech-Phase – Mikroelektronik, Elektronische Datenverarbeitung, Internet, Atomkraft – abgelöst wurde.
An der ersten Phase war der deutsche Südwesten mehr reagierend als agierend beteiligt, hatte einen hohen Aufholbedarf, konnte nur mühsam und spät Anschluß finden, die zweite und dritte industrielle Revolution bestimmte und bestimmt er führend mit. So eignet sich trotz aller regionaler Besonderheiten diese Periodisierung auch für die Darstellung der Entwicklung in Baden-Württemberg, ja ist von dieser geradezu vorgegeben.

11 Badische Spinnerin Ende des 18. Jahrhunderts.

12 Markgraf Karl Friedrich (1728–1811). Unter seiner Regierung entstand durch die »napoleonische Flurbereinigung« 1806 das Großherzogtum Baden.

13 Nächtliches »Gießen und Auslassen« im staatlichen Eisenschmelzwerk Heidenheim um 1810. Eisenproduktion in vorindustrieller Zeit.

Die Anfänge der Industrialisierung

Ausgangslage

Die Industrialisierung begann im Südwesten Deutschlands um Jahrzehnte später als in England, erst im 19. Jahrhundert, und entwickelt sich in ihrer ersten Phase bis in die zweite Hälfte des Jahrhunderts, verglichen mit anderen deutschen und europäischen Staaten, nicht nur zeitversetzt, sondern auch weit weniger stürmisch, langsam und eher zögerlich, ja geradezu gemächlich. Von einer industriellen Revolution kann zunächst keine Rede sein. Nach einem langwierigen Aufbruch, nach Überwindung der Agrar- und Handelskrise, kommt es in Baden und Württemberg, stark gefördert durch den Eisenbahnbau, erst etwa ab der Jahrhundertmitte zum allmählichen Durchbruch, zur Take-Off-Phase.

Lange noch blieben das Königreich Württemberg, das Großherzogtum Baden und die Hohenzollerischen Fürstentümer Sigmaringen und Hechingen, die als einzige Staaten die Neuordnung des Südwestens in der »Napoleonischen Flurbereinigung« zwischen 1802 und 1806 überlebt hatten, von Landwirtschaft und Handwerk geprägt.

Am schnellsten und frühesten fand das Großherzogtum Baden Anschluß an die industrielle

14 Rohstoffe fehlten, nur Salz war in Württemberg reichlich vorhanden: Die 1750 angelegte Saline Clemenshall am Neckar (Friedrichshall) im Jahr 1829. Die großen Stammholzvorräte wurden zum Siedebetrieb benötigt. Pferde am Flußufer ziehen ein großes Schiff, auf dem Rasen am Treidelpfad entlang wird Leinen gebleicht.

Entwicklung, baute am Oberrhein, im Raum Mannheim, Kehl und Karlsruhe Industriezentren auf. Dazu beigetragen haben Besonderheiten wie die Schmuckindustrie in Pforzheim oder der florierende Tabakanbau und die Zigarrenfabrikation – in Mannheim zählte man 1850 20 Zigarrenfabriken mit etwa 800 Arbeitern – sowie naturräumliche und infrastrukturelle Vorteile. So profitierte der Standort Mannheim von der verkehrsgünstigen Lage und wurde dank seines Hafens, der im Zeitraum von 1843 bis 1871 seinen Umsatz verfünffachen konnte, zum wichtigsten Handels- und Umschlagplatz in Süddeutschland. Günstig bemerkbar machte sich zudem die badische Grenzlage, die den Transfer von Schweizer oder französischem Know-how, vor allem aber auch die Einwanderung ausländischen Kapitals und erfahrener Unternehmer, insbesondere aus der Schweiz, erleichterte. Doch auch in Baden kam Maschinenkraft zunächst nur zögerlich zum Einsatz, wurden neue Arbeitsabläufe und Produktionsmethoden nur in wenigen Fällen eingeführt, brachen sich die industriellen Neuerungen anfänglich nur sporadisch Bahn, waren auf einige Orte und auf wenige Sektoren beschränkt.

Dem deutschen Südwesten mangelte es an den Grundvoraussetzungen der Industrialisierung, reichlich flossen nur die vielen retardierenden Momente, Hindernisse, Belastungen, Nachteile. So gab es so gut wie keine Rohstoffe, setzten Staat und Gesellschaft auf eine Förderung der Agrarwirtschaft, dem mit Abstand größten Produzenten, der aber von immer neuen Krisen geschüttelt wurde. Zudem hemmten die gesetzlichen Rahmenbedingungen, fehlten Kapital, Verkehrswege und das technische Know-how. Erst mit der Kompensation oder Überwindung dieser Hindernisse konnte sich die Industrialisierung schließlich Bahn brechen.

Rohstoffe

Die Rohstoffe Kohle und Eisen zählten anfangs zu den wichtigsten Impulsgebern der industriellen Entwicklung, bestimmten diese etwa in England und Belgien oder im deutschen Ruhrgebiet. In Württemberg und Baden fehlten diese Basisrohstoffe. Steinkohle gab es überhaupt nicht und Eisenerz zu wenig. Die württembergischen Erzvorkommen etwa deckten die Nachfrage von Industrie und Gewerbe um die Mitte des Jahrhunderts nur noch etwa zu einem Drittel und dies trotz enormer Produktionssteigerungen. Zumal die Transportwege ungenügend waren, der Kohleimport dadurch viel zu teuer wurde, blieb man auf Holz als Brennmaterial angewiesen, so daß die württembergischen Hüttenwerke gegenüber englischen oder norddeutschen nicht mehr konkurrenzfähig waren, insbesondere da sich der Holzpreis rasch verteuerte – zwischen 1800 und 1840 etwa um das Dreifache. In der Folge blieb Südwestdeutschland ohne Schwerindustrie und mußte einen eigenen Weg der Industrialisierung finden, abweichend von dem der rohstoffbegünstigten Länder.

Eine gewisse, wirtschaftlich nicht unerhebliche Bedeutung hatte der Rohstoff Salz vor allem in Württemberg, zumal er in den Salinen zu Heil-

15 Gut gekleidet und wohlgenährt lehnt sich der oberschwäbische Bauer an seine prall gefüllten Mehlsäcke, ihm entgegen kommt – sein spärliches Hab und Gut im Säckchen tragend – der verhärmte altwürttembergische Bauer: eine ironische Anspielung des Künstlers auf die Folgen der in Altwürttemberg üblichen Realteilung der Güter. Lithografie nach einem Aquarell von Johann Baptist Pflug aus der ersten Hälfte des 19. Jahrhunderts.

bronn und Friedrichshall gute Einkünfte brachte, doch spielte Salz zu Beginn der Industrialisierung keine Rolle. Erst in den späteren Phasen wurden die Steinsalzvorkommen im württembergischen Unterland zum wichtigen Rohstoff für die chemische Industrie, wurde Salz zum Ausgangsmaterial für Industriegüter.

Agrarkrisen

Die sich gegen Ende des 18. Jahrhunderts abzeichnenden Probleme in der Agrarwirtschaft schufen zu Beginn des 19. Jahrhunderts eine krisenhafte Situation. Die in den meisten Gebieten des heutigen Baden-Württemberg einst herrschende Realteilung der landwirtschaftlichen Anbaufläche im Erbfall hatte zu einer Zerstückelung und Kleinparzellierung des Landes geführt. Vielerorts überwog das kleinbäuerliche Element, das den Großteil seiner Erzeugnisse selbst verbrauchte. Der einstige Exportüberschuß landwirtschaftlicher Güter, dem Württemberg bis dahin seinen »Wohlstand«, sein Einkommen, verdankte, verminderte sich durch ein enormes Bevölkerungswachstum. Im Großherzogtum Baden stieg die Bevölkerungszahl laut Statistik zwischen 1810 und 1834 um rund 25 Prozent von 975 000 auf 1 230 000, im Königreich Württemberg im etwa gleichen Zeitraum um rund 15 Prozent von 1 380 000 auf 1 590 000. Ähnlich waren die Verhältnisse in Hohenzollern, wo sich die Bevölkerungszahlen von etwa 50 000 auf rund 58 000 erhöhten. Zudem kam es mit dem Ende der Napoleonischen Kriege und der Armeelieferungen nach 1815 zu einer bis über die Mitte des Jahrhunderts anhaltenden degressiven Agrarpreisentwicklung, die nur wenige konjunkturelle Erholungspausen erlebte. Eine allgemeine Agrarkrise in Deutschland, Naturkatastrophen und damit verbundene Mißernten verschärften die Lage.

»Peitschende Gewitter, Schneeschauer, wochenlanger Landregen und immer wiederkehrender Frost« begleiteten beispielsweise das Jahr 1816, das als Jahr ohne Sonne bezeichnet wurde. »Unter solchen Voraussetzungen war an eine Ernte gar nicht zudenken. Die Frucht war, bevor sie überhaupt reifen konnte, unter Schnee begraben, die Kartoffeln ertranken in den Wassermassen, das Heu verfaulte auf der Wiese.«[5]

Anschaulich schildert der Tübinger Professor Christian Reinhold Köstlin die Verhältnisse: »Verzweifelt sah das arme, durch den Druck harter Zeiten ausgesogene Volk diesem Mißwachs zu, der dem Reichen nur mit ungeheuren Kosten die nächsten Bedürfnisse zu befriedigen erlaubte, den Armen aber rettungslos zum Hungerstod zu verdammen schien. Ein Land, dessen ganze Existenz vornehmlich nur auf Akkerbau und Viehzucht beruhte, sah sich am Ende des Verderbens. Da saßen die Armen frierend und haschten nach Kleie und Mehlstaub, um das elende Leben von einem Tag auf den anderen hinüberzuschleppen. Da standen sie und kochten Wurzeln, Gras und Heu zu kraftlosen Suppen. Stroh und Sägespäne sah man mahlen, Pferde schlachten – die unnatürlichsten Nahrungsmittel als die willkommensten Labsaler von wandelnden Gespenstern an sich gerissen. Die halbe Bevölkerung schlich bettelnd umher, eine hohläugige siechende Armee des Hungers. Die Kinder verließen die Eltern und schrien nach Brot vor fremden Türen. Viele trieb die Not zum Wahnsinn, viele zum Verbrechen, wovon sie den Begriff verloren hatten.«[6]

Armut, Hunger, Perspektivenlosigkeit führten zu masssenhaften Auswanderungen nach Südeuropa oder zumeist nach Nordamerika, in der vor allem jüngere Leute einen Ausweg, die einzige Möglichkeit zu einem besseren Leben sahen. Im ersten Halbjahr 1817 wurde in Baden und Württemberg etwa 40 000 Menschen die Auswanderung erlaubt, keine Statistik erfaßte die illegalen Auswanderer. Zwischen 1845 und 1854 kam es zu einem Massenexodus, zehn Prozent der Bevölkerung in Baden und Württemberg verließen ihre Heimat, um ihr Glück in der Fremde zu suchen. Trotz hoher Geburtenraten sank die Einwohnerzahl.

»Wohlstand« durch Verbesserungen in der Agrarwirtschaft oder nur durch »eine in's Große getriebene Industrie«?

Daß Abhilfe nottat, daß Hilfsmaßnahmen ergriffen werden mußten, darüber waren sich alle einig. Doch wie diese auszusehen hatten, darüber wurde heftig gestritten. Einige immerhin sahen schon früh in der Industrialisierung eine Alternative, eine Verminderung des Elends, eine Lösung der Probleme, beklagten deren Rückständigkeit und forderten deren Unterstützung: »Schon ein flüchtiger Blick in unsere

16 Ein Plakat der Centralstelle des landwirtschaftlichen Vereins von 1861 mit einer Darstellung des von König Wilhelm zur Förderung der Landwirtschaft 1817 eingerichteten Cannstatter Volksfestes.

zum Theil schmutzigen Maschinen-Etablissements, noch mehr aber eine Untersuchung ihrer Leistungen zeigt, wie sehr die industrielle Mechanik noch eine Schattenseite der württembergischen Industrie ist. Wir sind in den wichtigsten Parthien derselben um 20–30 Jahre zurück, und was bedeutet ein Vorsprung von 20 Jahren für die Mechanik in unserer industriellen Zeit, wo jeder Tag neue mechanische Wunder gebährt!«[7], heißt es in der 1821 von der Universität Tübingen preisgekrönten Arbeit des Studenten Moriz Mohl, die dieser als Assessor der

17 Weit ins 19. Jahrhundert hinein blieben die Städte mittelalterlich geprägt, von Mauern und Toren umschlossen, wirtschaftlich von Zunftzwängen beherrscht. Ein Blick von außen auf das 1831 abgebrochene Haagtor der Stadt Tübingen.

württembergischen Ober-Zoll-Administration 1828 bei Cotta veröffentlichte. Mohl, der später auch als Landtagsabgeordneter von sich reden machte, forderte darin: »Württemberg muß mehr als bisher und vielseitiger als bisher ein fabricierender Staat werden«, schließlich sei ein »Wohlstand Württembergs« nur durch »eine in's Große getriebene Industrie« zu erreichen. Die Mehrheit aber hielt es mit dem württembergischen Finanzminister Ferdinand Weckherlin, der 1823 konstatierte: »Württemberg glänzt nicht durch einzelne große Fabrik-Institute, aber ganz Württemberg ist eine Fabrik, eine Manufaktur; wo wir hinblicken, in die Hütten des Landmanns oder in die volkreichen Straßen der Städte, überall finden wir fleißige Handwerker, kunstgeübte Manufakturisten, sinnende Kaufleute...das Wohl und Wehe von Tausenden ist nicht abhängig von dem Glück oder den Launen eines einzelnen Fabrikherren...unterstützt durch ihre kleine Landwirtschaft retten sie wenigstens ein kärgliches Auskommen...«[8]. Ja, Weckherlin sah in der Fabrik »die schwerste Gefahr«, denn sie erziehe den Menschen »entweder zum Bettler oder zum Aufrührer.«

Lange also setzten Staat und Regierung bei der Krisenbewältigung auf eine Verbesserung im agrarischen Sektor und im traditionellen Gewerbebereich, was ja schließlich in einem Agrarstaat auch nicht ganz falsch war. Ein großer Teil der daraus resultierenden Maßnahmen verhalfen – unbeabsichtigt – der Industrialisierung zum Durchbruch.

18 Im Schloß Hohenheim, einst glanzvoller Mittelpunkt höfischen Lebens, wurde 1818 ein Landwirtschaftliches Institut gegründet, das 1847 zur Akademie, 1904 zur Hochschule erhoben wurde.

Staatliche Wirtschaftspolitik, gesetzliche Rahmenbedingungen

Konsolidierung der neuen Länder

Die große Napoleonische »Flurbereinigung«, die Neuordnung des deutschen Südwestens, hat zwischen 1802 und 1806 dessen territoriale Zersplitterung beseitigt, indem sie die bis dahin hier existierenden mehreren hundert Klein- und Kleinststaaten – Ritterherrschaften, Reichsklöster, Reichsstädte, Hochstifte, Grafschaften und kleine Fürstentümer – den beiden allein überlebenden großen Staatsgebilden Baden und Württemberg einverleibte, läßt man die eher zufällig, auf Grund familiärer Beziehungen überlebenden zwei kleinen Fürstentümer Hohenzollern-Sigmaringen und -Hechingen außer Betracht. Allerdings mußte was gewissermaßen mit einem Federstrich verfügt worden war, erst noch zusammenwachsen. So hatte sich das 1806 zum Königreich erhobene Württemberg nicht nur in seiner Fläche verdoppelt und seine Bevölkerung um rund die Hälfte gesteigert, die Neuordnung hat ihm auch ganz unterschiedliche Territorien zugeführt mit verschiedensten Rechten, Gesetzen, Schulsystemen, Konfessionen, Sitten, Gebräuchen und Gewohnheiten, Währungen, Maßen und Gewichten. Neben dem seit der Reformation ganz und gar protestantisch geprägten Altwürttemberg umfaßte das Königreich nun auch zahlreiche katholische Gebiete.

Die Neuordnung, die aufhob, was über Jahrhunderte gültig war, die nicht nur größere politische Einheiten, sondern auch größere Wirtschaftsräume und größere Binnenmärkte schuf, bot Chancen für Neuanfänge auf vielen Gebieten, auch für überfällige Reformen im Wirtschaftsleben, in der Landwirtschaft und im Gewerbe, die noch immer von mittelalterlichen Vorschriften und Ordnungen bestimmt wurden.

19 Die mit Perlen, Smaragden und Diamanten geschmückte goldene Krone, Symbol der Erhebung Württembergs 1806 zum Königreich.

Konzeptionslosigkeit

Dennoch: Zunächst band das Zusammenwachsen die politischen und staatlichen Kräfte. Umfassende Versuche einer wirtschaftlichen Neuordnung gingen in den ersten Jahrzehnten des Jahrhunderts weder von der badischen noch von der württembergischen Regierung aus. Deren Verhalten, Reaktion und Initiative waren gekennzeichnet durch Orientierungslosigkeit. Verschiedene Tendenzen, liberale und merkantilistische, behinderten und überkreuzten sich. Punktuelles Krisenmanagement herrschte an Stelle zielorientierter Konzepte. Staatliche Lenkung setzte lange auf eine »Hebung« der Landwirtschaft und auf eine Leistungsverbesserung des traditionellen Gewerbes, öffnete sich aber nur zögerlich den Bedürfnissen der Industrie.

»Bauernbefreiung«

Schon zu Beginn der Regierungszeit des liberal gesonnenen Königs Wilhelm I. von Württemberg (1816–1864), den man wegen seiner Interessen für die Landwirtschaft und seiner Passion für die Rinder- und Schafzucht auch »rex agricolarum«, »König der Landwirte«, nannte, wurde durch zwei 1817 erlassene Edikte die Leibeigenschaft der Bauern aufgehoben und damit die Grundlage der »Bauernbefreiung« in Württemberg gelegt. Allerdings dauerte es, trotz der von König Wilhelm bekundeten Ansicht, daß die »Landeskultur nur in dem Grade blühen kann, in dem ein freier Bauer auf freiem Eigentum ungehindert die Früchte seiner Arbeit erntet«[9], noch beinahe zwanzig Jahre, bis 1836 drei umfangreiche Ablösegesetze die drückenden »Beden und Fronen« aufhoben. Ja, die finanziell wichtigsten Gesetze zur Beseitigung der auf dem Grund und Boden ruhenden Lasten sowie zur Ablösung der Zehnten erfolgten erst 1848 und 1849. Auch in Baden und in den Hohenzollerischen Fürstentümern vollzog sich die Bauernbefreiung in Etappen, doch werden da Unterschiede in der Entwicklung deutlich: In Baden war der Ablöseprozeß bereits sehr viel früher, nämlich 1833, abgeschlossen, just in dem Jahr, in dem in Hohenzollern-Sigmaringen gerade mal die Leibeigenschaft aufgehoben wurde. Auch wenn sich die Umsetzung der Gesetze und die Ablösung der Lasten gebietsweise bis in die 70er Jahre des Jahrhunderts hinzogen, und mit ihnen keineswegs alle strukturellen Probleme behoben waren – sie hielten weder die Zersplitterung des Bodens, die fortschreitende Teilung des Grundeigentums in immer kleinere, viel zu geringe Betriebsgrößen auf, noch beseitigten sie die schlechte, mangelhafte Ausbildung der Bauern, an der im übrigen auch die Errichtung eines landwirtschaftlichen Instituts in Hohenheim nicht viel änderte –, waren diese Gesetze, die man gemeinhin unter dem Namen Bauernbefreiung zusammenfaßt, dennoch von eminenter Bedeutung. Sie ebneten nicht nur den Weg des Bauern zum gleichberechtigten Staatsbürger und beschnitten, ja vernichteten schließlich die Sonderstellung des Adels, sie schufen auch ganz wesentliche Voraussetzungen für eine künftige Industrialisierung. Man wird wohl mit »der Konstruktion eines kausalen Zusammenhangs zwischen liberalen Agrarreformen und einer *beschleunigten* Industrialisierung«[10] vorsichtig sein müssen, dennoch: Die Aufhebung der »Bindung des Bauern an die Scholle« ermöglichte ihm beispielsweise nicht nur die Auswanderung, sondern auch einem Umzug zur Fabrik.

20 König Wilhelm I. von Württemberg (1781–1864), der ab 1816 regierte, setzte sich sowohl für die Landwirtschaft ein, was ihm den Ehrennamen »Rex agricolarum« (König der Landwirte) einbrachte, als auch für die Industrialisierung des Landes.

Gewerbefreiheit

Als einer der größten Hemmschuhe für Veränderungen erwies sich das alte Zunftwesen, das starr und zäh an seinen Überlieferungen, Privilegien und Monopolen, an mittelalterlichen Handwerks- und Gewerbeordnungen festhielt. Zwar gab es in Baden und Württemberg zu Beginn des 19. Jahrhunderts durchaus schon einige Ausnahmen, Fertigungsstätten und Unternehmungen, die als Fabriken bezeichnet wurden. In einigen wenigen wurden auch ungelernte Arbeiter beschäftigt, war der Produktionsprozeß gar arbeitsteilig organisiert und auf hohe Stückzahlen ausgelegt, doch trugen diese Fabriken alle einen manufakturartigen Charakter, erfolgte die Herstellung der Waren noch von Hand. Zum Teil konnten sie auf eine lange Tradition zurückblicken wie etwa die von den Zisterziensern im Mittelalter gegründeten Königsbronner Eisenwerke, die 1760 in Kirchheim/Teck begonnene Baumwollmanufaktur Kolb und Schüle oder die 1770 ins Leben gerufene Ludwigsburger Tuchfabrik, sowie die staatlichen Monopolbetriebe zur Salzproduktion. Als Beispiele für Baden können die Fayencefabriken in Mosbach und Durlach oder die Tapetenfabrik in Mannheim von 1775 genannt werden.

Die Gründung solcher Betrieb war nur durch staatliche Ausnahmegenehmigungen, durch Privilegien möglich. Einige dieser Manufakturen waren gar fürstlicher Laune und Attitüde entsprungen, dienten – wenig rentabel – dem höfischen Glanz, etwa die 1758 vom württembergischen Herzog Karl Eugen in Ludwigsburg eingerichtete »Herzoglich ächte Porcellaine-Fabrique« oder die 1767 vom Badischen Markgrafen im Pforzheimer Waisenhaus etablierte Schmuckuhrenfabrik.

Ein das Gewerbe insgesamt beherrschendes Zunftwesen schrieb für alle Handwerksberufe vor, daß die Meister sich nur an einem Ort niederlassen, keine auswärtige Arbeit übernehmen und nicht mehr als zwei Gesellen beschäftigen dürfen, zudem ihrer Branche verbunden bleiben müssen. So spielten diese »Fabriken«, und dazu wurden alle nicht zunftmäßig gebundenen Betriebe mit mehr als zehn »Gehilfen« gerechnet, in der Erwerbsstruktur so gut wie keine Rolle. In Baden waren 1810 rund 52 Prozent der Erwerbstätigen in der Landwirtschaft und 33 Prozent im zünftig gebundenen Kleingewerbe sowie im Handel beschäftigt, die Manufakturen – ohne die Heimarbeiter – weisen gerade ein Prozent auf. Oder um es mit anderen Zahlen auszudrücken: Damals standen neben rund 78000 Kleingewerbetreibenden gerade mal 163 Fabriken, also nichtzünftige Betriebe,

21 Die Ludwigsburger Porzellanmanufaktur aus der Zeit um 1780 auf einem von ihr stammenden Kännchen.

22 Die Schwäbischen Hüttenwerke in Wasseralfingen, 1806 von der Fürstpropstei Ellwangen an Württemberg gefallen, wurden zu einer Keimzelle der Industrialisierung auf der Ostalb.

mit etwa 2700 Arbeitern. Nur drei Betriebe beschäftigten mehr als 100 Arbeiter: die Baumwollfabrik in Lörrach und die staatliche Eisenhütte etwa je 150 sowie der Eisenhammer von Philipp Merian und Consorten in Wehr bei Säckingen knapp über 100. In Württemberg zählte man 1813 insgesamt 124 Fabrikbetriebe bzw. Manufakturen. Ja, noch 1831 waren im Königreich Württemberg im zunftgebundenen Handwerk 145000 Menschen beschäftigt, in den sogenannten Fabriken und Manufakturen lediglich 9000, wovon noch rund 40 Prozent Heimarbeiter waren.

An den Hemmnissen der alten, mittelalterlichen Wirtschafts- und Zunftordung änderte auch eine neue, 1828 von König Wilhelm I. erlassene Gewerbeordnung, die jedem Württemberger die Ausübung eines Gewerbes erlaubte, wenig. Die meisten Zünfte und ihre Zwänge blieben erhalten, darunter die der Seifensieder, der Tuchscherer, der Kamm- und der Knopfmacher. Eine von manchen erhoffte und gewünschte Gewerbefreiheit lehnte der Landtag 1835 ein weiteres Mal ab.

Fünfundzwanzig Jahre vergingen, bis unter der Maxime »Es ist an der Zeit, mit den Grundsätzen des alten Zunftrechts entschieden zu brechen«, in der Württembergischen Kammer der Abgeordneten über den Entwurf einer neuen Gewerbe-Ordnung ernsthaft beraten wurde.

23 Badische Ausfertigung des vom Deutschen Zollverein mit der Türkei geschlossenen Handels- und Schiffahrtsvertrags vom 14. Mai 1862 mit der Unterschrift des Sultans.

Und die Centralstelle für Handel und Gewerbe ließ nachhaltig verlauten, daß sie »entschieden für die Gewerbefreiheit« sei, man müsse der »Arbeitslust«, der »Geschicklichkeit« und dem »Unternehmungsgeist«, »soweit sie sich in schicklichen Grenzen bewegen«, den »freiesten Spielraum« gewähren. Eine ähnliche Ansicht äußerte 1860 das gerade gegründete badische Handelsministerium: Über die »Nothwendigkeit einer neuen Gewerbegesetzgebung« gebe es »in allen beteiligten Kreisen kein Zweifel mehr«.[11] In beiden Ländern wird schließlich 1862 – die Wirklichkeit hatte sie schon vorweggenommen und der Aufschwung der Industrie war deutlich sichtbar – die Gewerbefreiheit eingeführt.

Zollvereinigung

Eine andere, Handel und Gewerbe nicht minder beeinträchtigende Schranke bildeten in den ersten Jahrzehnten des 19. Jahrhunderts die innerdeutschen Zollgrenzen. Die napoleonische Neuordnung hatte die Kleinststaaterei zwar beendet, dem 1815 im Wiener Kongreß geschaffenen Deutschen Bund gehörten aber neben den Großmächten Österreich und Preußen immerhin noch 37 zum Teil sehr kleine Staaten an. Jedes dieser »Vereins«-Mitglieder verfügte über einen souveränen Herrschaftsbereich, der auch die Zollhoheit beinhaltete. Die 1805/1806 neugeschaffenen südwestdeutschen Staaten haben die verschiedenen Zollordnungen und -vorschriften, die in den ihnen einverleibten alten »Ländern« bestanden, zwar innerhalb ihrer neuen Grenzen schnell vereinheitlicht und damit größere Binnenmärkte geschaffen, doch erwiesen sich diese durch ein neues Grenzzollsystem abgeschotteten Gebiete für eine wirtschaftliche Entwicklung schnell als zu klein. So forderte der in Reutlingen geborene Friedrich List, nachdem er 1819 seine Tübinger Professur niedergelegt hatte und Geschäftsführer des neuen, von Kaufleuten und Fabrikanten gegründeten »Deutschen Handels- und Gewerbevereins« geworden war, den württembergischen König Wilhelm auf, sich für ein gesamtdeutsches Zollgebiet einzusetzten. List schlug vor, zunächst eine Zollvereinigung der »rheindeutschen Staaten«, des »dritten Deutschlands« zu schaffen, der später dann auch die beiden anderen, Preußen und Österreich, beitreten sollten.

Diese Gedanken stießen in Württemberg nicht nur aus wirtschaftspolitischen Erwägungen auf offene Ohren; König Wilhelm war ein nachhaltiger Vertreter der »Triaspolitik« gegenüber Preußen und Österreich. Dennoch dauerte es noch beinahe zehn Jahre, bis am 18. Januar 1828 die beiden Königreiche Bayern und Württemberg als erste einen Vertrag unterzeichneten, der in Süddeutschland einen größeren handelspolitischen Freiraum schuf: »die erste moderne Zollunion auf deutschem Boden«.[12] 1833 kam es schließlich zu einem Zollvereinsvertrag zwischen dem inzwischen entstandenen preußisch-hessischen und dem württembergisch-bayerischen Zollverein, dem noch im selben Jahr Sachsen und die thüringischen Staaten beitraten, so daß dieser »Deutsche Zollverein« bei seinem Inkrafttreten am 1. Januar 1834 unter preußischer Führung gut die Hälfte der deutschen Bundesstaaten umfaßte. Weitere Beitritte erfolgten schnell. Die Arrondierung im deutschen Südwesten verzögerte sich allerdings noch einige Zeit.

Baden, das anfänglich ein großes Interesse am Fallen der deutschen Zollschranken zeigte, übte sich in Zurückhaltung. Wegen seiner engen wirtschaftlichen Verflechtung mit Frankreich und der Schweiz wollte das Großherzogtum seine Niedrigzollpolitik nicht aufgeben, die zudem den beachtlichen Transithandel durchs Rheintal begünstigte und das andernorts weit verbreitete Schmuggelunwesen erheblich minimierte. Erst nachdem ihm, dieser Sondersituation Rechnung tragend, Zugeständnisse gemacht worden waren, schloß sich auch Baden als einer der letzten Bundesstaaten im Mai 1835 dem Deutschen Zollverein an.

Mit der Gründung des Zollvereins wurde dem deutschen Industrialisierungsprozeß ein weiterer wichtiger Impuls gegeben. Zwar sieht man heute die neue Zolleinheit nicht mehr, wie im 19. Jahrhundert, ja, wie noch vor einigen Jahrzehnten, als »den entscheidenden Grundstein der deutschen Industrialisierung« an, doch haben der neue große Binnenmarkt und ein dadurch gegebener gewisser Schutz vor der überlegenen englischen Konkurrenz zweifelsohne zu den wirtschaftlichen Veränderungen des 19. Jahrhunderts in erheblichem Maße beigetragen.

24 und 25 Die 1846 als Aktiengesellschaft gegründete Maschinenfabrik Eßlingen versorgte nicht nur die württembergische Staatseisenbahn, sie wurde rasch zu einer der führenden deutschen Lokomotivfabriken. 1857 zählte sie rund 1000, 1880 fast 2000 Beschäftigte.

Staatliche Gewerbeförderung

Eine staatliche Förderung genoß in der ersten Hälfte des 19. Jahrhunderts in Württemberg fast ausschließlich die Landwirtschaft, deren Produktion man zu steigern und zu verbessern suchte – was im übrigen einem Agrarstaat auch gar nicht schlecht anstand. Eine Gewerbeförderung kam nur in Ausnahmefällen zustande, Anträge wurden bezeichnenderweise von der Zentralstelle des landwirtschaftlichen Vereins begutachtet. Ab 1830 zeitigte das Drängen der »Gesellschaft zur Beförderung der Gewerbe« auf eine aktivere staatliche Gewerbe erste Früchte. So kamen, unterstützt auch von König Wilhelm, der neben der Staatskasse mitunter die eigene Privatschatulle einsetzte, bis 1847 über Staatsdarlehen, Warenkredite, Zuschüsse und Prämien oder durch Überlassung von Grundstücken, Gebäuden, Maschinen und Wasserkräften der Industrie immerhin rund eine Million Gulden an staatlichen Investitionsbeihilfen zugute, was »während der langen Durststrecke bis um die Mitte des 19. Jahrhunderts als sparsam zündende Reiztherapie« wirkte, »um industrielles Wachstum zu entfachen«.[13] Nutznießer war vor allem das Textilgewerbe, allen Firmen voran die mechanische Flachsspinnerei in Urach, der allein 1838 ein Darlehen von 150000 Gulden gewährt wurde.

Ein besonderer Fall staatlicher Gewerbepolitik und -förderung, mit der sich gar eine kommunale Standortpolitik verband, bildete die Gründung der Maschinenfabrik Eßlingen. Mit dem Ziel das »rollende Material« für die im Aufbau befindliche Staatseisenbahn im Land selbst her-

Actie № 1. Grundbuch Fol. 1

MASCHINENFABRIK ESSLINGEN

constituirt durch Gesellschaftsvertrag vom 13. März 1846 auf die Grundlage einer Uebereinkunft mit der Königl. Württemb. Staatsfinanzverwaltung vom 13/19. März 1846 und genehmigt durch Erlaß des Königl. Ministeriums des Innern vom 11/17. April 1846.

ACTIE № 1

für

Herrn Oberlieutenant Louis von Valois in Ulm

über den Betrag von

Zehntausend Gulden

des süddeutschen Münz-Conventions-Fußes,

welche derselbe vollständig an die Gesellschafts-Casse einbezahlt hat und mit deren Einlage die verhältnißmäßige Betheiligung an dem Vermögen und den Verpflichtungen der Gesellschaft nach ihren Statuten verbunden ist.

Eßlingen, den 16. August 1847.

Der …esellschafts-Ausschu

zustellen, konzessionierte die württembergische Regierung 1846 Emil Keßler (1813–1890), der seit 1837 in Karlsruhe eine Maschinenfabrik unterhielt und dort seit 1841 erfolgreich amerikanische Lokomotiven nachbaute. Keßler, der

26 Ferdinand von Steinbeis (1807–1893). Als Leiter der Centralstelle für Gewerbe und Handel in Stuttgart schuf er wichtige Voraussetzungen für den Wandel Württembergs vom Agrar- zum Industriestaat.

versprach, mit inländischem Kapital, mit württembergischen Kaufleuten und Fabrikanten eine Aktiengesellschaft zu gründen, erhielt nicht nur ein zinsgünstiges staatliches Darlehen von 200 000 Gulden, sondern auch ein 15jähriges Absatzmonopol für Lokomotiven und Wagen. Zudem stellte die Stadt Eßlingen ein großes Grundstück am Neckar und ein Wasserrad als Antriebsenergie kostenlos zur Verfügung.

Die Situation verbesserte sich in Württemberg grundsätzlich, als im Zusammenhang mit der Revolution von 1848 eine »Centralstelle für Handel und Gewerbe« mit Sitz in Stuttgart und einem Jahresetat von 62 000 Gulden zur Förderung der Industrie eingerichtet wurde, für die der aus Ölbronn stammende Bergfachmann Ferdinand von Steinbeis zunächst als Technischer Rat und ab 1855 als Leiter gewonnen werden konnte. Zwar betrugen die jährlichen Agrarzuschüsse das Doppelte, 120 000 Gulden, dennoch konnte nun auch auf dem Gewerbesektor einiges bewegt werden. So legte die »Centralstelle« ein Musterlager mit modernsten ausländischen Maschinen und Geräten an und verlieh diese, schuf mit dem »Gewerbeblatt« eine publizistische Plattform für sich und alle Interessierten, prämierte wüttembergische Waren, vergab Reise- und Fortbildungsstipendien, vermittelte Lehrstellen im Ausland, organisierte die Präsentation von württembergischen Produkten auf Messen und Ausstellungen, ja, warb für das heimische Gewerbe ausländische Fachleute an. So halfen Iren nach der Londoner Weltausstellung 1851 bei der Modernisierung der Bleichereien in Blaubeuren und Heidenheim, wurde 1857 eine Fachkraft aus dem sächsischen Erzgebirge zur Verbesserung der Spitzenfabrikation angestellt. Neben dem Technologietransfer und der Informationsbeschaffung legte Steinbeis ein Hauptaugenmerk auf die Förderung der gewerblichen Fortbildung. So wurde 1855 in Reutlingen eine Webschule gegründet, dieser dann zehn Jahre später eine Abteilung für mechanische Weberei angegliedert, aus der sich bald das Textil-Technikum, »die führende Textilfachschule Deutschlands« entwickelte. Auch wenn die Wirkung der Centralstelle oft überschätzt wird, von großer Bedeutung war sie allemal.

In Baden lehnte die liberale Regierung – im Ge-

27 Das erste, nach dem württembergischen König Wilhelm benannte Dampfschiff auf dem Bodensee in Friedrichshafen, dessen Stapellauf 1824 für Reisende und Handel eine neue Zeit einläutete. Gemälde von Franz Stirnbrand um 1840.

gensatz zu Württemberg – über Jahrzehnte hinweg mit dem Argument, es stehe dem Staat nicht zu, dem Bürger Kapital für seine Gewerbe zu verschaffen, grundsätzlich jede Förderung privater Unternehmen ab. Ein Abweichen von diesem Grundsatz erfolgte lediglich 1847, als durch den Konkurs des Karlsruher Bankhauses Haber der Zusammenbruch der drei größten badischen Fabriken und der Verlust von mehreren Tausend Arbeitsplätzen drohte. In diesem Fall sprang der Staat mit billigen Darlehen ein. Ansonsten förderte der badische Staat die Industrialisierung allenfalls indirekt durch hohe Investitionen in das Ausbildungswesen.

Eine der württembergischen Centralstelle für Handel und Gewerbe entsprechende Einrichtung gab es in Baden nicht. Eine Gewerbeförderung, wie sie diese praktizierte, überließ man regional agierenden privaten Vereinen, insbesondere dem Karlsruher Gewerbeverein, dem Industriellen-Verband oder dem Mannheimer Gewerbeverein. Erst 1865 entschloß man sich, »Versäumnisse« nachzuholen und eine Zentralanstalt zu gründen, »in welcher die Gewerbetreibenden die Belehrung über ihr Fach erhalten können, welche sie sich ohne unverhältnismäßige Opfer mit eigenen Mitteln nicht zu verschaffen mögen«.[14] Unter Leitung von Rudolf Dietz (1814–1870) entstand in Karlsruhe die Badische Landesgewerbehalle, die allerdings viel kleiner war als ihre württembergische Schwester, mit weit weniger Personal auskommen mußte und mit nur etwa 10000 Gulden jährlich ausgestattet war.

Verbesserung der Infrastruktur

Die Verkehrswege

Der Südwesten Deutschlands, insbesondere Württemberg, galt als ein seit dem Mittelalter gut ausgebautes »klassisches Durchgangsland«, doch war das Straßennetz eher großmaschig und nicht für Massenfracht geeignet, wie sie das Industriezeitalter mit sich brachte. Daran änderte auch der in Baden und Württemberg zu Beginn des 19. Jahrhunderts energisch vorangetriebe Ausbau der Staatsstraßen nichts. Die offenkundige Unzulänglichkeit der Verkehrswege schützte zwar die heimische Wirtschaft vor unliebsamen billigen Importen, behinderte aber offenkundig und nachhaltig auch jede notwendige Landesentwicklung, jeden Fortschritt. Mit dieser Erkenntnis versuchten beide Länder ihr Glück in der Nutzung und im Ausbau ihres Gewässernetzes, schließlich verfügte man, was die Nutzung der Flüsse als Transportwege anbelangte, über nicht unerhebliche Kenntnisse. Man denke an die riesigen Flöße auf Murg, Kinzig oder Neckar, mit denen Schwarzwälder Holz bis in die Niederlande transportiert wurde. Die Schiffahrt also sollte dazu beitragen, das Verkehrshandicap abzubauen.

In Württemberg boten sich dazu eigentlich nur der Neckar und der Bodensee an. Kanalprojekte Donau-Bodensee oder Neckar-Donau wurden zwar hin und wieder diskutiert, der hohen Kosten wegen aber nie in Angiff genommen. Auf staatliche Initiative und mit staatlicher Beteiligung kam es so 1824 zur Gründung einer »Aktiengesellschaft für die Dampfschiffahrt auf dem Bodensee«, die noch im selben Jahr ihr in Bordeaux gebautes, nach dem König Wilhelm benanntes erstes Boot in Betrieb nehmen konnte. Damit war in Ablösung der Segelschiffer eine »moderne«, vielseitig nutzbare Verbindung zwischen Friedrichshafen und dem schweizerischen Rorschach hergestellt, die dem Warenaustausch mit der Schweiz, mit Österreich und Italien eine neue Dimension gab.

Auch auf dem Neckar, der durch den 1819/21 erfolgten Bau des Wilhelmkanals in Heilbronn von dort für kleinere Lastkähne bis Cannstatt schiffbar gemacht worden war, wurden ab 1841 französische Dampfschiffe zum Personen- und Frachttransport eingesetzt. Doch nach dem Aufkommen der Eisenbahn wurde die zunächst hochgelobte Dampfschiffahrt auf dem Neckar immer unrentabler und schließlich in den 70er Jahren eingestellt.

Von größerer Bedeutung wurde in Baden die 1817 unter Leitung von Johann Gottfried Tulla in Angriff genommene »Korrektion« des Oberrheins, der Durchstich der Flußschlingen und die Begradigung des Stromes, die ja nicht nur die mitunter verheerenden und ganze Dörfer verschlingenden Überschwemmungen verhindern, sondern auch den Einsatz größerer Schiffe ermöglichen sollte. Von allen Rheinaktivitäten – und diese beschränkten sich ja beileibe nicht nur auf Baden – am meisten profitierte die Stadt Mannheim bzw. der dortige Hafen, an dem 1825 erstmals ein (niederländisches) Dampfschiff anlegte. Rasant entwickelten sich, nachdem 1831 die »Rheinuferstaaten« ihren Strom zur frei befahrbaren Wasserstraße von Basel bis zur Mündung erklärt hatten, der Umschlag und der Ausbau des Freihafens und – damit verbunden – die Ansiedlung neuen Gewerbes und neuer Industriebetriebe. Einen zusätzlichen Entwicklungsschub brachte die Aufhebung der Rheinzölle. In der Zeit von 1843–1871 verfünffachte sich der Mannheimer Hafenverkehr.

Letztendlich aber war für die verkehrsmäßige Erschließung Baden-Württembergs die Eisenbahn entscheidend, ja, das Eisenbahnnetz wurde zum eigentlichen Katalysator und Motor der ersten großen Industrialisierungswelle. Die Eisenbahn brachte den schon bestehenden und noch in den Kinderschuhen steckenden Industriebetrieben neue Impulse, führte ihnen Auf-

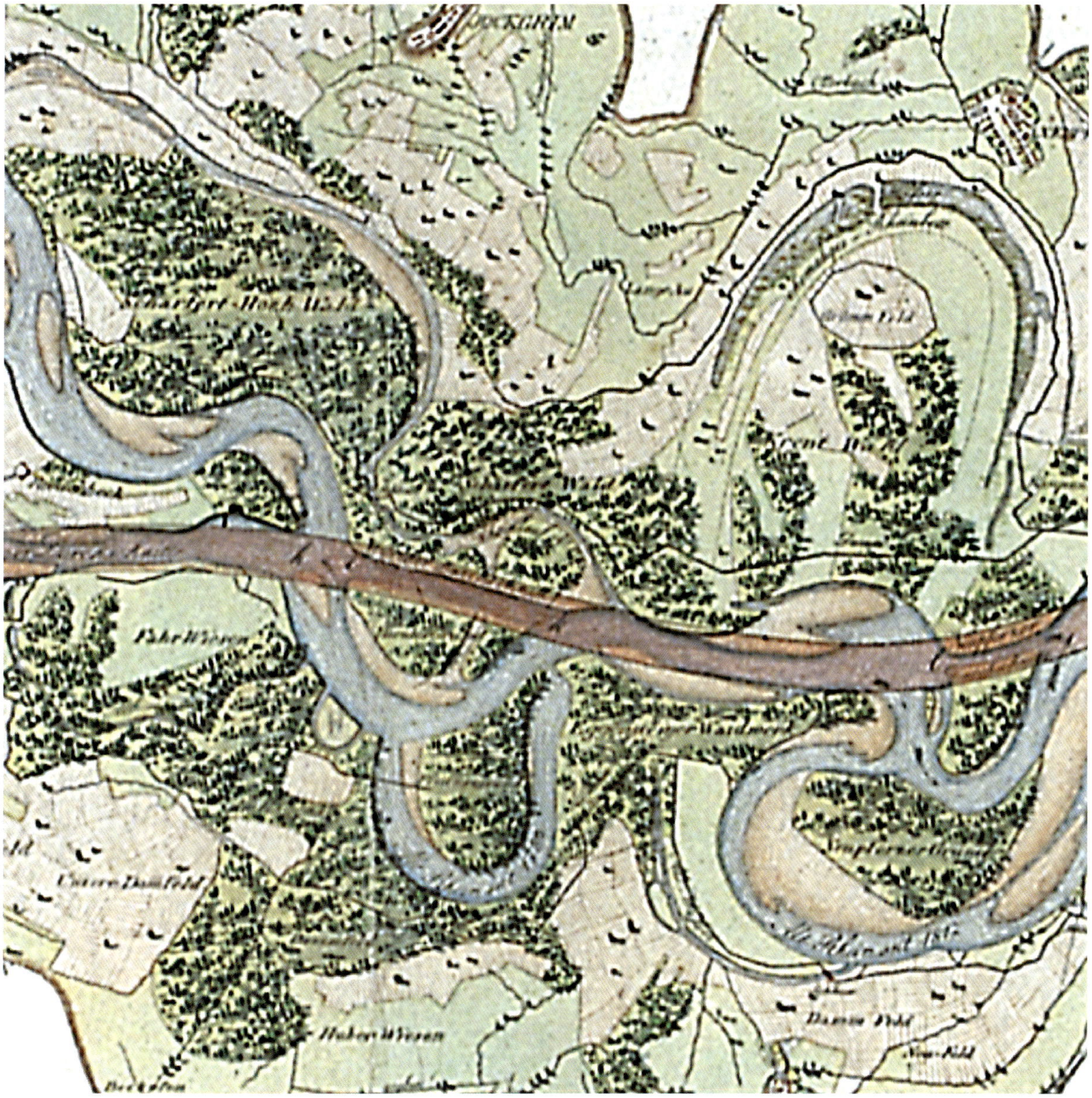

28 Die 1817 unter Leitung von Johann Gottfried Tulla begonnene Rheinregulierung ermöglichte den Einsatz größerer Schiffe. Die Karte von 1822 zeigt den mäandernden Rhein und die geplante Begradigung.

träge zu, schuf aber insbesondere auch neue Industriezweige.

Auch hier hatte, wie bei der Schiffahrt, Baden die Nase vorn. Nach vielen Debatten entschied sich 1837, als französische Pläne über den Bau einer Eisenbahnstrecke von Straßburg nach Basel bekannt wurden, das badische Parlament auf einer Sondersitzung für den raschen Bau eines Eisenbahnnetzes durch das Rheintal von Mannheim bis Basel. Dies war ein gewaltiges, aber

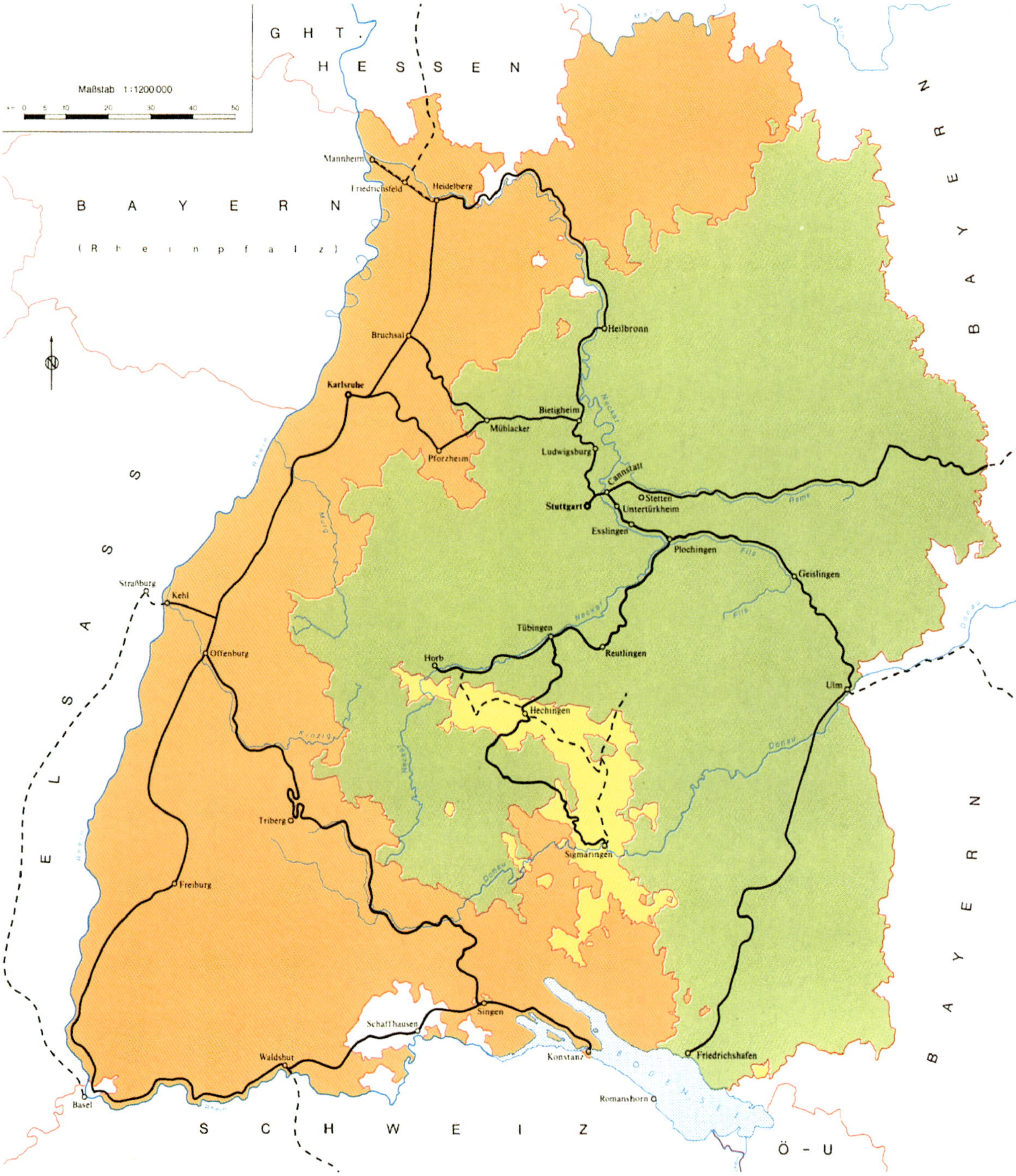

29 Die Hauptstrecken des Eisenbahnbaus in Baden, Württemberg und Hohenzollern.

30 Am 12. September 1840 begann das Eisenbahnzeitalter im deutschen Südwesten mit der Eröffnung der Strecke Heidelberg-Mannheim. Der Bahnhof Heidelberg mit dem von der Lokomotive »Loewe« gezogenen Zug.

auch vielversprechendes Unternehmen, stand doch damit in Aussicht, eine Entfernung in einem Tag überbrücken zu können, zu deren Bewältigung man damals mit dem Schiff »bei gutem Wind und Wasser« zwölf bis 14 Tage, mit Pferdefuhrwerken selbst auf guten Straßen acht Tage und mit der schnellen Postkutsche, die allerdings nur wenig Last transportieren konnte, immerhin noch 18 Stunden benötigte.
Wichtig wurde für die weitere Entwicklung, daß das im März 1838 erlassene erste Eisenbahngesetz den Bau eines *Staats*eisenbahnnetzes verfügte. Schon am 12. September 1840 konnten die ersten 18 km von Mannheim nach Heidelberg eröffnet werden, wodurch die Fahrzeit von zwei Stunden mit der Postkutsche auf 40 Minuten verkürzt wurde. 1843 erreichte der Gleisbau Karlsruhe, 1845 Freiburg. Nun dauerte die Fahrt im Personenzug von Mannheim nach Freiburg nur noch sieben bis acht Stunden.
Mit einem Gesetz vom April 1843 hatte sich schließlich inzwischen nach längerer Diskussion auch Württemberg für die Staatseisenbahn entschieden und plante »ungeachtet der vielfach durchschnittenen hüglichten und bergigen Beschaffenheit«[15] des Landes, wie man mit ei-

31 Plakat der Hohenzollerischen Landesbahnen von 1905.

32 Die Eröffnung der Remstalbahn: Am 18. Juli 1861 traf, begeistert bejubelt, der erste Zug in Wasseralfingen ein.

nem Seitenblick auf die günstige Naturlage Badens am Rhein verlauten ließ, eine große Hauptlinie von Stuttgart über Ulm nach Friedrichshafen an den Bodensee und die dortigen Schiffahrtslinien.
1846 – zum 30. Regierungsjubiläum König Wilhelms – konnte die Teilstrecke von Cannstatt nach Ludwigsburg, 1847 die von Ravensburg nach Friedrichshafen eröffnet werden. 1851 verfügte Württemberg immerhin schon über Eisenbahnschienen mit einer Gesamtlänge von 251 km, 1870 hat man das allerdings kleinere Baden (959 km) mit 1052 km gar überflügelt. Wichtig wurde für beide Länder der Anschluß an den internationalen Schienenstrang: 1853 treffen sich die badischen und die württembergischen Staatsbahnen erstmals in Bruchsal, 1854 findet Württemberg in Ulm auf der Donaubrücke Anschluß an Bayern und ein Jahr später erreicht die badische Rheintalstrecke die Schweizer Grenze.
Spät erst erfolgte der Ausbau der oberen Neckarlinie von Plochingen über Reutlingen und Tübingen nach Horb (1859–1866); einem Ondit zufolge war der württembergische König Wilhelm den Städten Reutlingen und Tübingen ihrer aufmüpfigen Rolle in der 48er Revolution wegen gram. Immerhin ermöglichte der Bau dieser Bahnlinie schließlich 1869–1878 den Bau und Anschluß der Hohenzollernbahn, einer Eisenbahnstrecke von Tübingen nach Hechingen und Sigmaringen, in die inzwischen durch die Ereignisse von 1848 preußisch gewordenen Fürstentümer.

33 Die untere Buhlsche Papierfabrik in Ettlingen, Ausgangsort der Produktion von Maschinenpapier in Baden. Ihr Besitzer Franz Anton Buhl (1779–1844) stellte 1817, nachdem er auf einer Englandreise das nötige Wissen erworben hatte, als erster in Baden das Gesuch zur Errichtung einer Papiermaschine.

Wissenstransfer

Die Dominanz der englischen Wirtschaft in Europa zu Beginn des 19. Jahrhunderts entsprang nicht allein der Agglomeration großer mit Maschinen ausgestatteter Industriegebiete, sie beruhte auch auf einem enormen Wissensvorsprung, auf dem Besitz von technischen Kenntnissen und Fertigkeiten. Umgekehrt resultierte die Rückständigkeit der südwestdeutschen Industrie nicht allein aus dem Mangel an Maschinen, es fehlten die technischen Kenntnisse, das mechanisch-technische Wissen. Um aufzuholen, mußten kurz- und mittelfristig Maschinen gekauft, abgeschaut und nachgebaut, kenntnisreiche Menschen angeworben werden; langfristig galt es den gesamten Bildungsbereich zu verbessern und den Bedürfnissen der Zeit anzupassen.

Daß der Erwerb der notwendigen Kenntnisse nicht immer ganz einfach und leicht vonstatten ging, vermittelt 1817 ein Schreiben von Franz Anton Buhl, dem badischen Papierfabrikanten, der sich, um die moderne »Papiermacherei« kennen zu lernen, nach England begeben hatte. Darin teilt er mit, daß es ihm »zuletzt nach einem einmonatlichen Aufenthalt, vielen Aufopferungen, Kosten und unsäglicher Mühe« gelungen sei, »die Eifersucht der Fabrikanten zu überwinden« und eine Papiermaschine »zu sehen«.[16] Diese Form der »Werkspionage« war gang und gäbe und wurde nicht nur von Privatleuten betrieben. So sandte der durchaus auch technisch interessierte König Wilhelm von

Württemberg 1823 den jungen Kaufmann Friedrich Schmidt für zwei Jahre nach England, um »verpflanzungswürdige« Gewerbe und Arbeitsmethoden zu erforschen und so – wie dieser es ausdrückte – »unsern Gewerbsfleiß« unabhängig zu machen »von der Laune englischer Verbote«. Tatsächlich konnte Schmid Seiner Königlichen Majestät auch bald berichten, daß er »das genaue Verfahren alles dessen bekommen kann, worüber seit 10 Jahren Patente ertheilt worden sind«, und daß »es blos auf den Eifer der Würtemberger ankommt, sich für alle Verbesserungen rege und empfänglich zu zeigen«.[17]
Diese Form des Technik- und Wissenstransfers war anfänglich sicher wichtig, auch wenn er nur halb legal zustande kam. Wollte man jedoch nicht stets hinterherlaufen, mußte man im »Land der Tüftler, der Dichter und Denker« ein verstärktes Augenmerk auf den gesamten Bildungsbereich richten, insbesondere auf die technische und gewerbliche Ausbildung. So kam es bereits 1825 nach dem Vorbild der Pariser »École Polytechnique« in Karlsruhe zur Gründung einer Polytechnischen Schule, der ersten Technischen Hochschule Deutschlands. Auch im schulischen Bildungswesen, insbesondere im Berufsschulwesen übernahm Baden eine Vorreiterrolle und richtete 1834 in kommunaler Trägerschaft Gewerbeschulen ein mit Besuchspflicht für alle Lehrlinge und praxisbezogenem Unterricht. Merkwürdigerweise hinkte Württemberg mit weitem Abstand hinterher. Dort forderte noch 1850 Ferdinand Steinbeis, daß nicht Privatleute, etwa Gewerbetreibende oder Fabrikanten, sondern vor allem der Staat für die gewerbliche Bildung zu sorgen habe und schreibt: »Entweder muß die Masse in der Finsternis leben…oder man muß sie bilden.«[18]

Wasserkraft als Energieträger

Reichlich vorhanden war Wasser, das sich als Produktionsmittel eignete, etwa zum Walken und Färben bei der Tuchherstellung, das aber vor allem als Antriebskraft und Energieträger benutzt wurde. Wasser war schon deshalb außerordentlich wichtig, weil es in vielem die Dampfmaschine ersetzen konnte, die ja einen großen und teuren Kohleverbrauch hatte.
Begünstigt durch die reiche Erfahrung, die man in Baden und Württemberg im Einsatz von Wasserkräften bei Mühlen, Eisenschmieden, Hammerwerken seit Jahrhunderten hatte, galt die überall zu beobachtende Devise: Man benutze ein Maximum an Wasserkraft und verwende Dampfkraft nur als Ergänzung, zur Sicherung, als Ersatz bei vorübergehendem Wassermangel, bei niedrigem Wasserstand. So arbeitete die Esslinger Maschinenfabrik lange Zeit fast ausschließlich mit Wasserkraft, verfügte noch 1858 über nur eine einzige Dampfmaschine, nämlich eine alte Lokomotive aus Manchester, die einst der badischen Staatsbahn gedient hatte, und benutzte diese auch nur als Reserve, zur gelegentlichen »Ergänzung der Wasserkraft«, für den Fall, daß der Neckar zu wenig Wasser lieferte. 1861 wurden in Württemberg 37443 PS Antriebsenergie aus Wasserkraft und nur 2654 PS von insgesamt 236 Dampfmaschinen gewonnen, ähnliche Verhältnisse herrschten in Baden.

Kapitalwirtschaft

Als ein besonderes Handikap der Industrialisierung in Baden und Württemberg erwies sich die Kapitalwirtschaft. Es gab weder eine staatliche Leitbank, noch ein Bankensystem, somit auch keinen leistungsfähigen Kapitaltransfer mit dem Ausland. Zumal ein großer Teil des im Lande erwirtschafteten, überschüssigen Kapitals ins Ausland wanderte – die meisten der durch die Maßnahmen zur »Bauernbefreiung« freigesetzten Gelder etwa wurden ins Ausland verborgt, in fremde Effekten und Hypothekarkrediten angelegt –, konnte der Kreditbedarf junger Unternehmer oder Unternehmen auf dem heimischen, regional begrenzten Kapital-

34 und 35 Die beiden Banknoten, das erste badische und württembergische Papiergeld, das ab 1871 emittiert wurde, zeigen dem Zeitgeschmack entsprechend auf der Vorderseite das Wappen des jeweiligen Landes. Auf dem württembergischen Geld sind zudem allegorische Putten abgebildet, die (links) den Verkehr, das Gewerbe und die Wissenschaft, (rechts) den Ackerbau und das Handwerk symbolisieren. Auf den badischen Banknoten verkörpern die beiden Gruppen die Landwirtschaft (links) und das Handwerk (rechts).

markt nicht oder nur ungenügend befriedigt werden.
Notwendiges Startkapital beschafften sich Kleinunternehmer vorwiegend aus dem Verwandten- und Freundeskreis, mitunter von einer der kleinen, regional begrenzt operierenden Privatbanken. Gelang es, an ausländisches Kapital zu kommen, mußte dies in der Regel der fehlenden Sicherheiten wegen hoch verzinst werden, zudem waren die Laufzeiten – die meisten Geldgeschäfte liefen über Wechsel – meist so knapp bemessen, daß Rückzahlungen dann anstanden, wenn ihre Realisierung problematisch war oder die neuen Unternehmen gerade begannen, ihre Anlaufschwierigkeiten zu überwinden. Konnten nun keine neuen Kredite erlangt werden, folgte das Ende trotz bester Zukunftsaussichten.
Eine Bankenreform, die Gründung von Staats- und Notenbanken hielten viele Leute aus der Wirtschaft auch deshalb für geboten, weil die deutsche Währungslandschaft im 19. Jahrhundert so bunt wie der deutsche Föderalismus war. Einen gewissen Fortschritt brachte der Dresdner Münzvertrag von 1838, der innerhalb des norddeutschen Taler- und des süddeutschen Guldengebiets Vereinheitlichungen schuf; dennoch herrschten bis zur Reichsgründung 1871 sieben verschiedene Münzsysteme, was nicht unerhebliche Schwerfälligkeiten und manche

Unsicherheit bei spontanen Wechselkursänderungen mit sich brachte. Doch trotz aller Probleme und Bedürfnisse: Die beiden südwestdeutschen Staaten weigerten sich länger als alle anderen deutschen Staaten mißtrauisch und skeptisch, Notenbanken zu gründen und neben der Gold- und Silberwährung Banknoten und Staatspapiergeld, die man abschätzig als »Zettelgeld« oder »Bankzettel« apostrophierte, zu drucken oder einzuführen. Die Gründung der Badischen Bank erfolgte so erst am 9. Mai 1870, zu einer Ausgabe badischer Banknoten kam es erstmals am 18. Januar 1871. In Württemberg wurde gar erst im Juli 1871 vom Landtag ein Gesetz zur »Errichtung einer Notenbank« unterzeichnet, die schließlich am 20. Dezember 1871 erstmals Banknoten ausgab.

36 Die »Dunk« unter der Wohnstube, Arbeitsstätte eines Leinenwebers in Laichingen auf der Schwäbischen Alb, Ende des 19. Jahrhunderts.

Der Durchbruch

Die Pionierbranchen

Das Zusammenwirken vieler Faktoren hat in Südwestdeutschland schließlich in den späten 50er und in den 60er Jahren des 19. Jahrhunderts zum industriellen Durchbruch, zur Take-Off-Phase geführt. Staatliche Maßnahmen, gesetzliche Reformen, private Initiativen, Wissenstransfers, Besinnung auf vorhandene Energieen, eine Neuordnung der Kapitalwirtschaft und des Bankenwesens, eine Verbesserung der Verkehrswege beförderten die Ansätze zur Industrialisierung. Als ein gewaltiger Katalysator in vielfältiger Weise erwies sich der Ausbau des Eisenbahnnetzes. Mit ihm erfolgte nicht nur eine »Industrialisierung von Raum und Zeit«,[19] das Verkehrswesen und der Transport von Menschen oder Waren erreichten eine neue Dimension. Der Eisenbahnbau wirkte als Konjunkturspritze, als Förderer des Maschinenbaus und der Industrialisierung allgemein. Ein gutes Beispiel dafür bietet das Entstehen der Württembergischen Metallwarenfabrik W M F in Geislingen. Beim dortigen Bahnbau verdiente der findige Müllerssohn Daniel Straub (1815–1889) sein Geld. Nach Fertigstellung der Strecke 1850 begann er, Mühlen- und Sägewerkseinrichtungen herzustellen, schließlich gründete er 1853, angeregt von der Pariser Weltausstellung, eine Firma für »silberplattierte und kupferbronzierte Metallwaren«, die alsbald durch ihre mit Silber »plaquetierten« Bestecke bekannt wurde; die W M F war geboren.

Das Textilgewerbe als Schlüsselindustrie

Die Mechanisierung des Textilgewerbes in England leitete die industrielle Revolution ein. In Baden, vor allem aber in Württemberg wurde das Textilgewerbe zum »Leitsektor« der Industrialisierung, der andere Bereiche, insbesondere den Maschinenbau, nach sich zog. Wohl zu Recht kann man um 1830 in Württemberg die Textilwarenproduktion als die »Schlüsselindustrie« des damaligen industriellen Wachstums bezeichnen. Um 1850 war mehr als die Hälfte aller Arbeiter beider Länder in Stoff- und Garnfabriken beschäftigt. Allerdings schuf dieser Strukturwandel nicht nur zahlreiche neue Arbeitsplätze, er vernichtete auch

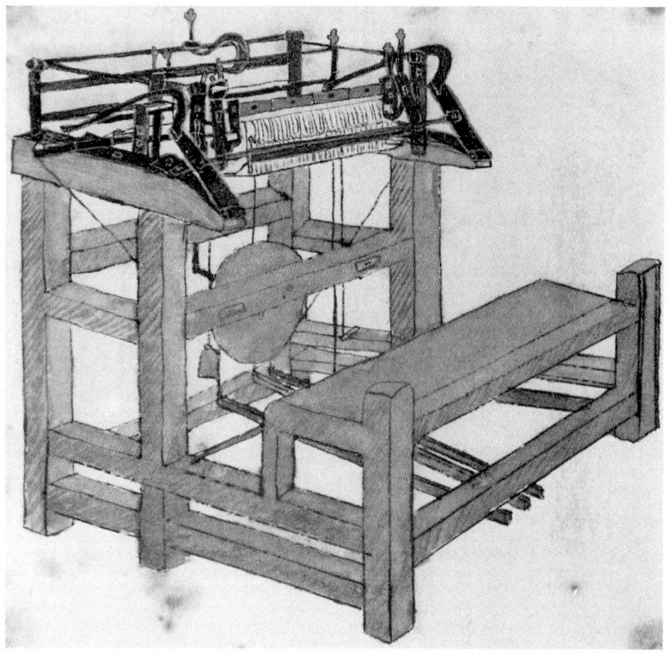

37 Ein Strumpfwebstuhl, Zeichnung eines Ebinger Strumpfwebers 1876.

Tausende von althergebrachten Arbeitsplätzen. Eine Statistik von 1832 zählt allein für Württemberg 27 804 selbständige Meister und Gehilfen auf, die für die 21 im Land existierenden Manufakturen und »Handlungen« Leinwand herstellten.

Seit dem späten Mittelalter nachweisbar, hatten der Flachsanbau, das Garnspinnen und die Leinenweberei vielen Menschen insbesondere auf der Schwäbischen Alb und im Gebiet des mitt-

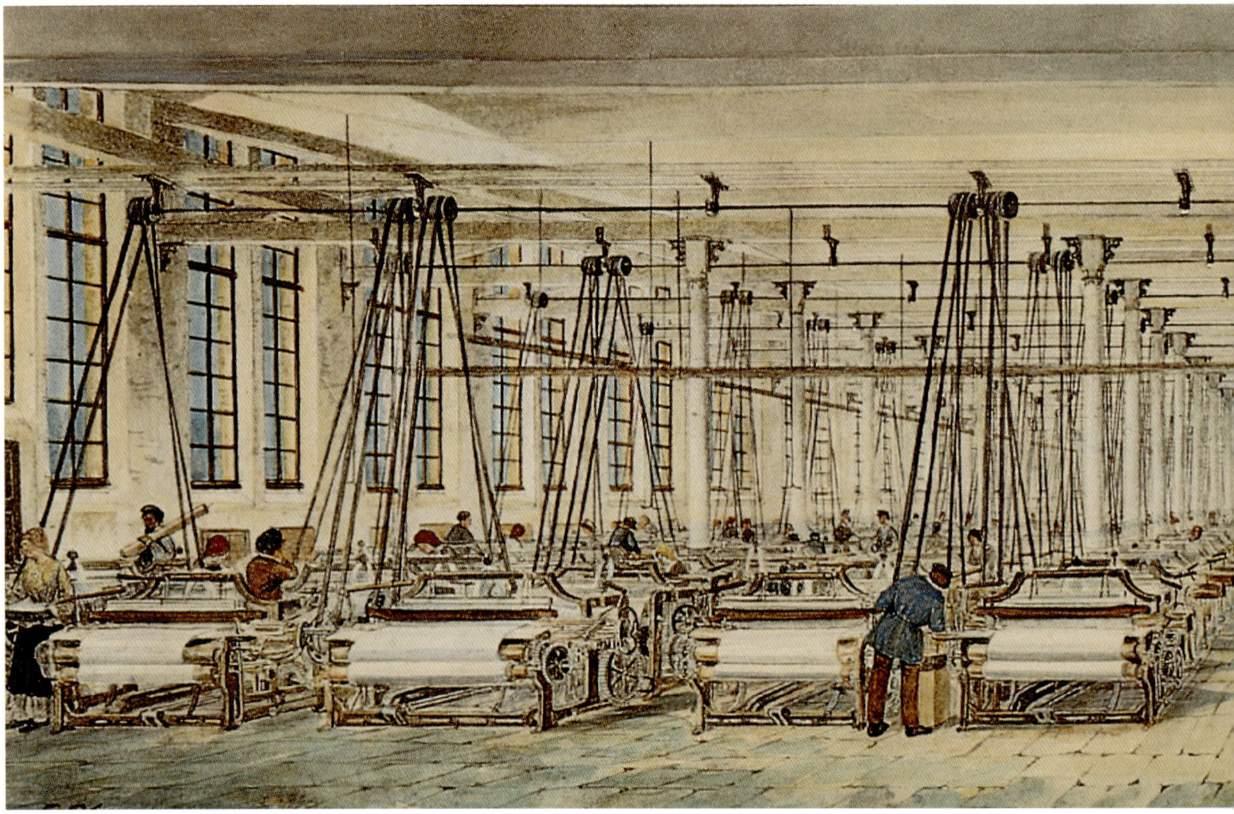

38 Der Websaal in Kuchen um 1862. Mit über 400 mechanischen Webstühlen war er der wohl größte Websaal in Europa. In der Bildmitte mit Zylinder der Unternehmer Arnold Staub.

leren Neckars Arbeit und Brot verschafft. Leinwand war neben Wein und Fleisch im 18. Jahrhundert Württembergs wichtigster Exportartikel. Die Uracher »Privilegierte Leinwand-Handels-Companie« beschäftigte, bis sie 1793 wegen Unrentabilität geschlossen wurde, in den Dörfern der Umgebung zeitweilig 900 Leineweber, die alle in Heimarbeit tätig waren. Bedenken muß man dabei auch die große Zahl der dadurch beschäftigten Spinnerinnen, schließlich konnte ein Weber an einem Tag etwa soviel Garn verarbeiten, wie vier bis fünf Spinnerinnen in der gleichen Zeit herstellten. Das größte Leineweberdorf war Laichingen, in dem in der zweiten Hälfte des 18. Jahrhunderts allein 150 Webemeister ansässig waren. Auf den Fildern vor den Toren Stuttgarts hatten in jener Zeit etwa die Hälfte aller Wohnhäuser eine Weberwerkstatt.

Die aus England und Amerika kommenden neuen maschinengestützten Spinnverfahren – sie ermöglichten die 30- bis hundertfache Leistung eines Handspinners – und die Mechanisierung des Webens, die ebenfalls eine enorme Produktionsteigerung erlaubte, brachten dem traditionellen Textilgewerbe den Niedergang. Trotz der überlegenen ausländischen Konkurrenz hielten die meisten an den althergebrachten Herstellungsmethoden fest. Doch einige griffen die Chancen der Mechanisierung auf, wie etwa der 23jährige Johann Georg Bodmer aus Zürich, der 1809 im leerstehenden, säkula-

risierten Kloster St. Blasien die früheste mechanische Baumwollspinnerei Badens gründete, oder Carl Bockshammer, dem es 1810 gelang, auf abenteuerlichem Weg sowohl das strenge englische Ausfuhrverbot, das für Spinnmaschinen bis 1842 galt, wie auch die napoleonische Kontinentalsperre zu umgehen und eine englische Spinnmaschine nach Württemberg zu schleusen. Sie wurde zum Ausgangspunkt der dann in Stuttgart-Berg am Neckar gegründeten ersten mechanischen, wassergetriebenen Baumwollspinnerei in Württemberg. 1812/13 kam es durch Louis Hartmann zur Gründung einer Spinnerei in Heidenheim.

Den Spinnereien folgten – sehr viel später – die mechanischen Webereien. Wieder ging Heidenheim voran. Dort wurde 1826 die erste mechanische Baumwollweberei in Württemberg eingerichtet.

Ein für die Zeit geradezu gigantisches Unternehmen, eine Baumwollspinnerei und eine mechanische Weberei mit geplanten 26 000 Spindeln und 750 Webstühlen, etablierte sich 1836 in Baden. Dort schlossen sich mit einem Grundkapital von 2 Millionen Gulden 181 Aktionäre zur badischen »Gesellschaft für Spinnerei und Weberei Ettlingen« zusammen, die 1844 bereits 1 150 Menschen, darunter 100 gelernte Maschinenspinner und Weber aus dem Elsaß, beschäftigte und damit zur größten Arbeitgeberin Badens wurde.

Doch trotz solcher Vorbilder, die das Ende der

39 Farbstoffmuster der Firmen Kolb und Schüle in Kirchheim unter Teck aus dem 19. Jahrhundert.

reinen Handarbeit signalisierten, paßten sich die meisten in Heimarbeit tätigen Weber und Spinnerinnen nicht an.

Die Firma Kolb und Schüle, seit 1760 als Textilhaus und Färberei in Kircheim u.T. ansässig, bemühte sich, ihre Weber zur Modernisierung, zur Anschaffung mechanischer Webstühle, sogenannter »Kraftstühle«, zu bewegen. Als sich aber dazu, wie Rudolf Schüle 1854 berichtete, bisher nicht ein einziger hatte überreden lassen, beschloß die einstige Manufaktur, selbst eine Leinenweberei mit mechanischen Webstühlen einzurichten. Auch die 1726 in Blaubeuren gegründete »Blaich-Companie«, Abnehmerin der Erzeugnisse vieler Weber auf der Schwäbischen Alb, richtete 1864 eine mechanische Weberei ein, die sieben Jahre später bereits 400 Arbeiter beschäftigte.

Wenngleich in Krisenzeiten, bei kurzzeitig stockendem Absatz etwa, deutlich wurde, daß die meisten neuen Textilfabriken eine viel zu dünne Kapitaldecke hatten und manche Fabrik so schnell aufgegeben werden mußte, wie sie gegründet worden war, die Mechanisierung schritt ab etwa 1850 rasch voran und verdrängte in der zweiten Jahrhunderthälfte die Handwerksbetriebe völlig.

Es liegt auf der Hand, daß Gebiete, in denen das Textilgewerbe seit Jahrhunderten heimisch war, in diesem Veränderungsprozeß einen Standortvorteil hatten und einige haben ihn auch genutzt. In Ebingen auf der Schwäbischen Alb waren um 1800 rund 700 Strumpfwebstühle in Betrieb, zudem etwa 2000 Menschen in Heimarbeit damit beschäftigt, Wolle und Garn für die Weber aufzuarbeiten oder Strümpfe zu nähen. Dort paßte man sich schließlich an: Aus Strumpfstrickern wurden »Maschenwaren- und Trikotagen-Hersteller«. Auch Heidenheim, wo die Mechanisierung, wie beschrieben, schon sehr früh einsetzte, blieb ein solches Textilzentrum. Neue und alt eingesessene Firmen waren in der Lage, sich dem Markt anzupassen, ja übernahmen – immer wieder innovativ – schließlich führende Rollen. Etwa die 1856 gegründete Württembergische Cattunmanufaktur, die bis 1966 produzierte und zeitweilig 1400 Menschen beschäftigte, oder die Paul Hartmann AG, die 1870 mit der Herstellung von Verbandwatte aus Baumwolle begann und zum führenden Verbandstoffhersteller wurde.

Die dezentrale, im Land gestreute Ansiedlung von Industriebetrieben, wie sie für Südwestdeutschland insgesamt typisch ist, zeigt sich im Textilbereich besonders ausgeprägt. Die Industrialisierung konzentrierte sich nicht an wenigen großen Ballungsgebieten, sondern erfaßte auch viele kleine Städte und Dörfer. Dies ermöglichte die Herausbildung eines Baden und Württemberg eigentümlichen Fabrikarbeiterstandes mit ländlichem Grundbesitz. Der von der Scholle befreite Bauer blieb ihr als Fabrikarbeiter im Nebenerwerb verbunden, wobei nicht selten ein Großteil der landwirtschaftlichen Arbeit von der Ehefrau und den Kindern erledigt wurde.

Die Papierherstellung

Wesentlich rascher als im Textilbereich vollzog sich bei der Papiererzeugung, dem anderen »Vorreiter« der Industrialisierung Südwestdeutschlands, der Übergang zu industriellen Fertigungsmethoden und die Übernahme neuer mechanischer, thermischer und chemischer Verfahren. Innerhalb weniger Jahrzehnte, im Kern der Spanne zwischen 1825 und 1845, löste die Papierfabrik die herkömmliche Papiermühle ab. Das seit Jahrhunderten bewährte Schöpfen des Papiers von Hand wurde verdrängt von einer massenhaften industriellen Herstellung im vollmechanisierten Produktionsprozeß. Vorteilhaft wirkte sich dabei unter anderem die Aufhebung der Einschränkungen beim Sammeln von Lumpen aus, dem Rohstoff der Papierherstellung, sowie die althergebrachten Erfahrungen der Papierhersteller im Umgang mit

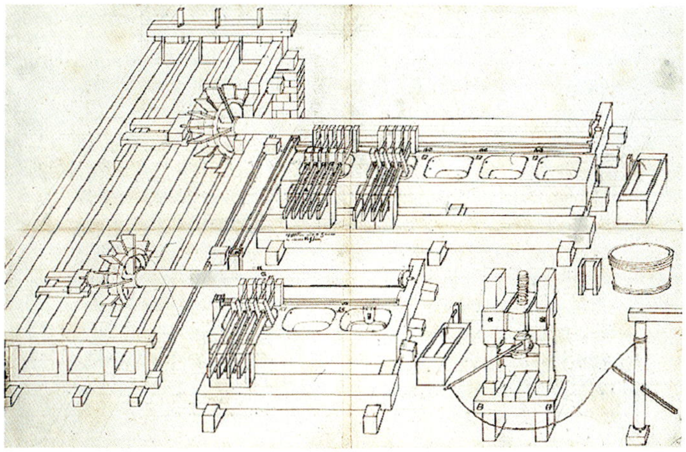

40 Den klassischen Rohstoff für die Papierherstellung bildeten Lumpen. Die älteste technische Darstellung eines Lumpenstampfwerks mit Wasserradantrieb stammt vom württembergischen Baumeister Heinrich Schickhardt aus dem Jahr 1596.

41 Durch den Neckar getrennt: Die neue Papierfabrik der Gebr. Rauch (links) in Heilbronn und die alte Papiermühle, die von Gustav Schaeuffelen in eine Papierfabrik umgewandelt worden war.

Wasser und dem Einsatz von Wasserkraft als Hauptenergiequelle. Entscheidend aber war, daß die Papierproduktion keinem Zunftzwang und keiner Zunftordnung unterlag und – vor allem – daß dafür, auch dies im Gegensatz zu der Textilbranche, die Möglichkeit bestand, Maschinen, Knowhow und Arbeitskräfte aus England zu importieren, da der führende englische Papiermaschinenhersteller Bryan Donkin sich immer wieder Spielräume zu verschaffen wußte, um kontinentale Fabriken mit den modernsten Mitteln auszustatten.

So lieferte er den Brüdern Adolf und Moriz von Rauch in Heilbronn, als diese 1824 die erste moderne Papierfabrik im deutschen Südwesten errichteten, »nicht nur die Papiermaschine, die Holländer, die Pumpen, die Triebwerke etc., ferner die Siebe, Filze und sonstigen Materialien«, sondern auch englische Arbeiter, »um die Fabrikation selbst zu ermöglichen.«[20]

Schnell fand dieser umfassende Technologietransfer der Gebr. Rauch trotz eines ihnen vom württembergischen Staat gewährten zehnjährigen Patents auf ihre Maschine Nachahmer. Weitere Donkin-Maschinen wurden 1829 in Niefern/Baden und 1831 im württembergischen Faurndau installiert. Eine französische Maschine besorgte sich 1828 der Ettlinger Papierhersteller Franz Anton Buhl (1779–1844), der dafür seit 1817 eine großherzogliche Konzession besaß (Abb. 33).

Bald schon wurden diese aus England importierten Maschinen durch einheimische Konstrukteure nachgebaut, insbesondere durch Jo-

42 Die Wasseralfinger Hüttenwerke zu Beginn des 19. Jahrhunderts.

hann Jakob Widmann, dessen erste Maschine im Jahr 1830 in der den Brüdern Rauch benachbarten, nur durch den Neckar getrennten Papiermühle von Gustav Schaeuffelen (Abb. 41) zum Einsatz kam.

Wie schnell die Verbreitung der Papiermaschine vonstatten ging, zeigt die Statistik: In den ersten 25 Jahre nach dem Beginn durch die Gebr. Rauch in Heilbronn wurden in Südwestdeutschland in immer rascherer Folge 42 neuangefertigte Papiermaschinen, 15 in Baden, eine in Hohenzollern und 26 in Württemberg aufgestellt. Ein Vergleich Badens mit Württemberg macht Unterschiede deutlich. Die badischen Papierfabrikanten bezogen ihre Papiermaschinen meist aus dem Ausland, aus England, dem Elsaß und der Schweiz, die württembergischen Fabrikanten bevorzugten die billigeren, mitunter aber auch schlechteren Eigenerzeugnisse. Hatte zunächst Württemberg die Nase vorn, brachte in der zweiten Jahrhunderthälfte die Veränderung in der Rohstoffbasis – an Stelle der Lumpen und Hadern traten Holz und Zellstoff – dem holzreichen Großherzogtum Baden Vorteile.

Die Mechanisierung der Papierherstellung hatte nicht nur eine gewaltige Produktionssteigerung zur Folge. Ganz offensichtlich verursachte sie auch ein Aufblühen des Buchgewerbes; Stuttgart wurde um 1850 zur drittgrößten Verlagsstadt Deutschlands. Darüberhinaus vermittelten die Papierindustrie und ihr Bedarf dem Maschinenbau und der chemischen Industrie wichtige Impulse.

Ein neuer Industriezweig: Der Maschinenbau

Schon in den ersten beiden Jahrzehnten des 19. Jahrhunderts lassen sich im deutschen Südwesten einige wenige Werkstätten, die Maschinen bauten, nachweisen. So beschäftigte 1812 der Schweizer Johann Georg Bodmer (1786–1864), der 1809 im Kloster St. Blasien mit der Herstellung von Spinnmaschinen begonnen hatte, bereits 154 Personen. Doch bildete er damit eine große Ausnahme. Neben den allgemeinen Defiziten behinderte das strenge Maschinen-Exportverbot aus England, von dem nur Dampfmaschinen ausgenommen waren, zunächst die Entstehung und Entwicklung dieses Industriezweigs. Die Lockerung dieses englischen Ausfuhrverbots 1825 erleichterte den Import nach Deutschland nicht nur für jene Fabrikanten, die mit den ausländischen Maschinen Produktionsstätten aufbauen und betreiben wollten, sondern auch für alle, denen die Maschinen vor allem als Muster zum Nachbau dienen sollten. Mitunter bestand beim Kauf zunächst nur die Absicht, mit den Maschinen Ware zu produzieren. Doch je erfolgreicher die Produktion und deren Absatz waren, um so größer wurde der Wunsch nach zusätzlichen Maschinen, und diese versuchte man nun, um Kosten zu reduzieren, selbst herzustellen.
Der Heilbronner Papierhersteller Gustav Schaeuffelen berechnete 1830 die Herstellungskosten der in seinem Betrieb gebauten Papiermaschine auf etwa 10000 Gulden gegenüber 25000 bis 30000 Gulden, die er für eine gleichwertige englische Maschine hätte aufbringen müssen. Nicht selten verselbständigte sich dann der für den eigenen Bedarf begonnene Maschinenbau und entwickelte sich zur eigenständigen Maschinenbaufabrik.
Mit dem Nachbau ausländischer Maschinen begann der Maschinenbau in Südwestdeutschland. Die beiden mechanischen Webstühle, die der Heidenheimer Gottlieb Meebold 1828 aus

43 Die Eisenbahn gab dem Maschinenbau wichtige Impulse. Der 1921 erbauten 4 000. Esslinger Lokomotive gab man den Vers mit auf den Weg: »Schwabenfleiss und Kraft und Treue/ Haben Dich gebaut/ Des Heimatlandes Nutz und Frommen/ Sei Dir anvertraut/ Ein Glück auf zur frohen Fahrt/ Möge Dich begleiten/ Bring uns langersehnte Fracht/ Bessere Menschen, bessere Zeiten«.

44 Die Uhren-Firma Junghans in Schramberg 1874.

England bezog, dienten den Wasseralfinger Hüttenwerken als Muster zum Bau weiterer 120 Webmaschinen. Auch die Esslinger Maschinenfabrik besorgte sich 1846 zunächst Lokomotiven des amerikanischen Systems »aus ihrer ächten Quelle« und baute diese nach. Ähnliches geschah bei der jungen Papierindustrie. Allerdings verband sich mit der Imitation, wie man fast überall feststellen kann, auch immer die Innovation, der Wille, die Maschinen besser und billiger zu bauen, sie speziellen Bedürfnissen und Erfordernissen anzupasssen. Und nicht selten entwickelte sich daraus ein technologisches Potential, das den ausländischen Importen überlegen war.

So konstruierte die Esslinger Maschinenfabrik zur Überwindung des Aufstiegs der Schwäbischen Alb einen neuen Lokomotivtyp, der sich auch in Österreich und in der Schweiz zum Einsatz in den Alpen verkaufen ließ. Von den bis 1914 insgesamt gebauten 3312 Lokomotiven traten nur 858 ihren Dienst bei der württembergischen Staatseisenbahn an, 2454 gingen ins Ausland. Und beim württembergischen Papiermaschinenbau übertraf bis 1849 der Export den Import ebenfalls um ein Mehrfaches.

Einen weiteren Ausgangspunkt des Maschinenbaus bildeten, neben dem Nachbau, die handwerklich-mechanischen Werkstätten, die Schlossereien und Schmieden, die im Umkreis der verschiedenste Maschinen einsetzenden Unternehmen be- oder entstanden und diesen als Reparaturbetrieb dienten.

Ein Beispiel dafür ist die Firma Gebr. Boehringer in Göppingen, die 1844 als Reparaturwerkstatt für Webereien und Spinnereien begann,

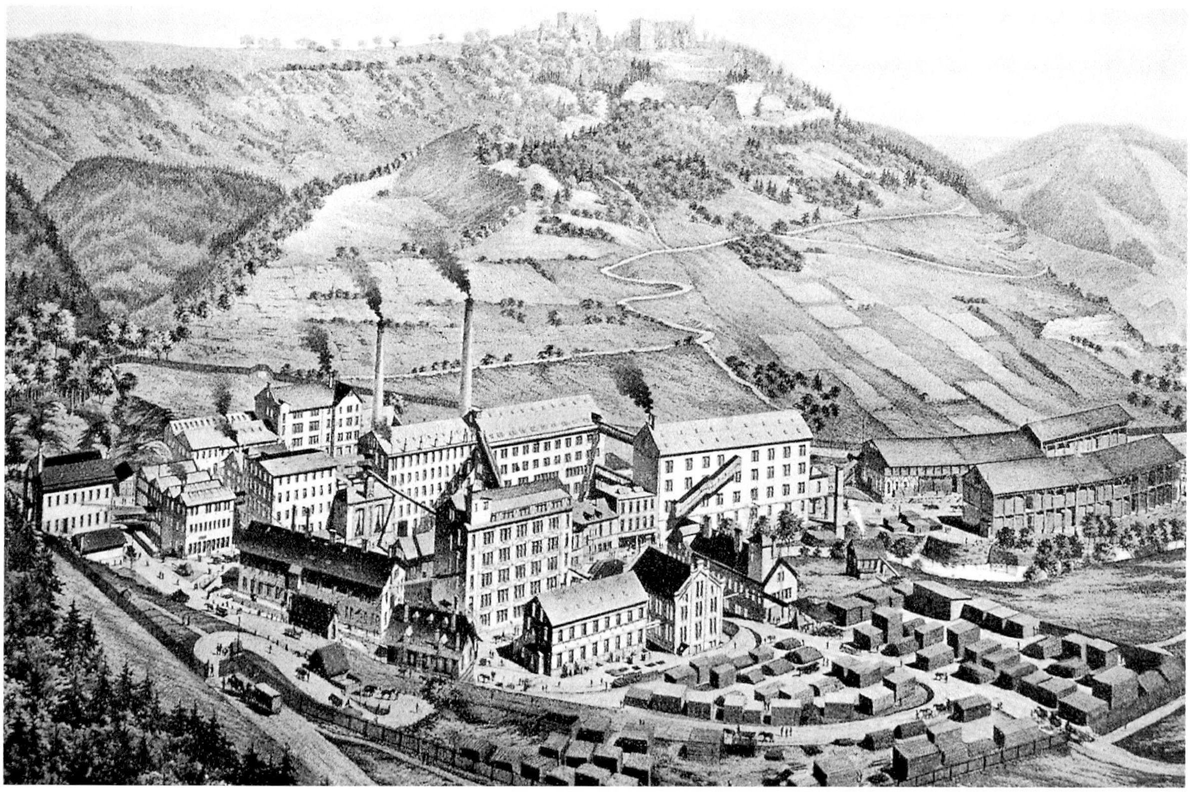

45 Die Uhren-Firma Junghans 1903.

oder die Firma Vögele aus Mannheim, die sich aus einer Schmiedewerkstatt zur Maschinenbaufabrik entwickelte. Auch die Maschinenfabrik Gebr. Bellmer in Niefern entstand aus einer bescheidenen mechanischen Werkstatt, die im Jahr 1846 gerade mal aus »einer Hobelmaschine, 2 Drehbänken, 1 Handkranen, 2 Werkbänken, 3 Hobelbänken, 1 Bohrmaschine, 1 Schleifstein, 3 Amboßen und acht Schraubstöcken sowie einer Einrichtung zum Schneiden von Schrauben« bestand.[21] Solche einfachen Werkstätten konnten sehr flexibel auf lokale Bedürfnisse reagieren, eigneten sich bestens zur Erfüllung spezieller Wünsche, taten sich hervor mit stets neuen Erfindungen und raffinierten Verbesserungen, wurden zur Quelle der für den Maschinenbau des Südwestens typischen Spezialisierung.

Die Uhrmacherei, vom traditionellen Handwerk zur industriellen Fertigung

Wie das Textilgewerbe konnte auch die Uhrmacherei zu Beginn der Industrialisierung in Südwestdeutschland auf eine lange Tradition zurückblicken. Seit etwa 1680 nachweisbar, wurde sie zu Beginn des 19. Jahrhunderts im südlichen Hochschwarzwald von etwa 1500 Meistern in häuslicher Produktion ausgeübt. Die Zahl der Uhrmachermeister hatte stark zugenommen; allein in Furtwangen hatte sie sich zwischen 1796 und 1808 auf 136 vervierfacht, wenig später zählte man dort 150 Meister und 270 Gesellen. Den Vertrieb der steigenden Produktion besorgten sogenannte »Speditoren« oder »Pakker«, Uhrenträger, die mit ihren Uhrenknechten als fliegende Händler von Haus zu Haus zogen und in ganz Europa anzutreffen waren. Eine weitere Produktionssteigerung wurde dadurch erzielt, daß sich die Branche spezialisierte und die Uhren arbeitsteilig hergestellt wurden. So gab es neben dem Uhrmacher noch Uhrenzeigermacher, Uhrenkettenmacher, Uhrenräderdreher, Uhrenglocken- und Uhrenrädergießer, Schildbrettmacher, Schildmaler und Gestellmacher.

Die wachsende Uhrenproduktion – 1810 wurden im Schwarzwald etwa 150000 bis 200000 Uhren hergestellt, 1840 waren es rund 600000 –, vor allem aber die Konkurrenz besserer und billigerer amerikanischer Ware führte das Uhrmacherhandwerk in den 40er und 50er Jahren in eine ernste Krise. Daran änderte die auf Betreiben der badischen Uhrmacher 1850 erfolgte Gründung einer staatlichen Uhrmacherschule in Furtwangen wenig. Wie in anderen Bereichen verdrängten maschinell gefertigte Erzeugnisse aus dem Ausland die heimische Schwarzwälder Handarbeit mehr und mehr vom Markt. In der Folge starben die handwerklichen Familienbetriebe aus: 1879 arbeiteten in Furtwangen gerade noch 77 Meister mit 27 Gehilfen.

Doch Unternehmergeist, Handwerkskunst und eine Anpassung an die neue Zeit trugen dazu bei, die Krise zu überwinden. Wiederholt kam es zur Gründung von Aktiengesellschaften, da der einzelne Uhrmacher in der Regel über zu wenig Kapital verfügte, um in eine fabrikmäßige Produktion einzusteigen, Staats- und Bankenhilfen nicht möglich waren. So beschäftigte die 1851 gegründete Aktiengesellschaft für Uhrenfabrikation in Lenzkirch schon bald 400 Arbeiter in verschiedenen Fabriklokalen und 250 in Heimarbeit.

Ebenso wichtig wie das Kapital erwies sich das technische Wissen, der Einsatz von Maschinen. Der Aufstieg der Uhrenfirma Junghans begann damit, daß der in Amerika lebende Xaver Junghans auf die drängenden Bitten seines Bruders Erhard dort alle nur erdenklichen Apparaturen zur Uhrenherstellung aufkaufte, damit 1862 nach Schramberg zurückkam und man nun da »nach amerikanischem Prinzip« – Gestelle, Räder und dergleichen werden nicht mehr gegossen, sondern gestanzt – arbeitsteilig und mit den »nöthigen Hülfsmaschinen« versehen »fabrikmäßig« produzieren konnte. Schon 1869 beschäftigte die Junghans-Familie 72 Arbeiter, die wöchentlich 300 Uhren herstellten; 1878 wurden dann mit rund 350 Arbeitskräften etwa 100000 Uhren im Jahr produziert, 1904 waren dies schließlich 15000 Uhren am Tag (!), nachdem vier Jahre zuvor zur weiteren Expansion und Kapitalbeschaffung die Firma in eine Aktiengesellschaft umgewandelt worden war.

Neben Schramberg entstand in Württemberg im letzten Viertel des Jahrhunderts in Schwenningen mit den Firmen Mauthe und Kienzle ein weiterer Schwerpunkt der industriellen Fertigung von Schwarzwalduhren, die ihre großen Umsätze vor allem mit Metallweckern und Federzug-Regulatoren erzielten. Eine Besonderheit, die nicht unwesentlich zum guten Image der Schwarzwälder Uhren in aller Welt beitrug, bildete die Kuckucksuhr. Um die Jahrhundertwende war die Schwarzwälder Uhrenindustrie in Deutschland mit großem Abstand führend, ja, hatte im Weltexport die einstige Konkurrenz USA weit hinter sich gelassen, exportierte etwa dreimal so viel wie diese und etwa zehnmal soviel wie das Mutterland der Industrialisierung.

46 Die klassische Schwarzwälder Kuckucksuhr orientiert ihr Äußeres am Bahnwärterhäuschen der badischen Staatsbahn, einem Entwurf des Karlsruher Architektur-Professors Friedrich Eisenlohr. Zu jeder Stunde öffnet und schließt der Kuckuck sein Türchen selbständig, verbeugt sich bei jedem Stundenschlag und bewegt gleichzeitig Schnabel und Flügel. Der Kuckucksruf entsteht durch zwei kleine Pfeifen, die mit Blasebälgen versorgt werden. Um 1860.

Elektrizität
früh
und spät

Die zweite Phase der industriellen Revolution

Wann genau die erste Phase der technisch-industriellen Revolution endete und in welchem Jahr die zweite begann, ist in der Literatur umstritten; die einen meinen, der Übergang sei um 1850 erfolgt, andere verweisen auf die 80er Jahre, manche gar nennen präzise Jahreszahlen, etwa 1854 oder 1873.[22] Wie auch immer: Die Grenzen sind fließend, regional verschieden und gewiß nicht auf ein Jahr zu fixieren. Sicher ist: In den 70er und 80er Jahren des 19. Jahrhunderts nimmt die Industrialisierung eine neue Qualität an, erfährt eine rasante Beschleunigung, die in den 90er Jahren in einen »Entwicklungsrausch« mündete. In die Zeit von 1885 bis 1904 fallen 21 grundlegende Erfindungen, Basisinnovationen, die einen gewaltigen Schub brachten. Es ist nicht zufällig, daß sich nun für all diese Veränderungen durch Arnold Toynbees 1884 erschienenes Buch der Terminus von der »industriellen Revolution« durchsetzt.

Diese neue Phase profitierte in Deutschland von der Reichsgründung 1870/71, der ihr folgenden Vereinheitlichung und Normierung auf vielen Gebieten – Maße, Gewichte, Währung, Post, Uhrzeit –, vom vergrößerten Markt, wobei Baden insbesondere durch den Anschluß von Elsaß-Lothringen gewann, zunächst auch von den französischen Reparationsleistungen.

Große Bedeutung für die Entwicklung Deutschlands hin zum führenden Industriestaat hatte die Montanindustrie. 1913 war Deutschlands Anteil an der Weltförderung von Kohle und der Stahlproduktion auf jeweils 25 Prozent gestiegen, Englands Anteil von 31 (1880) auf 10 Prozent gefallen. Bei der chemischen Industrie erwarb sich Deutschland vor dem ersten Weltkrieg innerhalb weniger Jahre eine Vormachtstellung in Europa. Charakteristisch für die Zeit ist das Entstehen von Großbetrieben, Kartellen, Monopolen in den großen Ballungsgebieten.

Geprägt, beherrscht und bestimmt werden die Jahrzehnte der zweiten industriellen Revolution aber vor allem durch die Elektrotechnik und die von ihr ausgehenden bahnbrechenden Erfindungen und Neuerungen sowie – in Verbindung mit der Erschließung des Erdöls als neuer Energiequelle – vom Siegeszug des Automobils. Weit stärker und nachhaltiger als alles vorher haben die Elektrifizierung und die Motorisierung die Welt verändert. Durch sie vollendete sich der Wandel von der Agrar- zur Industriegesellschaft.

48 Die erste elektrische Handbohrmaschine baute 1895 die Stuttgarter Firma Fein, der Lötkolben (1925) konnte auch als Hammer verwendet werden.

Der elektrische Strom läßt sich nicht nur zu vielem gebrauchen – er »arbeitet, steuert, heizt, leuchtet, kühlt, schreibt, überträgt Informationen und rechnet«[23] – er kann als Energieträger auch poblemlos und leicht weite Strecken überwinden, kann über Netze flächendeckend alle Regionen versorgen. Seine wichtigsten Erscheinungsformen waren zunächst das Licht, die Be-

49 Neckarwerke-Plakat von 1910, im Mittelpunkt die »Überlandcentrale«, das 1904 nach fünfjähriger Bauzeit eingeweihte Neckarwerk Altbach.

leuchtung, die die Nacht zum Tag machen kann, und der Elektromotor, der einerseits die Fabrikarbeit sicherer, leiser, mobiler und sauberer machte, andrerseits gerade der mobilen Verwendbarkeit wegen auch zum »Retter der Handwerker« wurde und ganz wesentlich zum Erhalt bzw. zur Entwicklung klein- und mittelständischer Unternehmensstrukturen beitrug. Eine gewichtige Rolle in dieser zweiten Industrialisierungsphase spielte auch die Chemie, die Gewinnung synthetischer Stoffe aus Teerderivaten, die Entwicklung von Kunststoffen.

Die weiße Kohle gleicht Standortnachteile aus

Im rohstoffarmen Südwesten gewann der elektrische Strom als »weiße Kohle« eine zentrale Bedeutung, glich Standortnachteile aus und beeinflußte die dezentrale Gewerbe- und Industriestruktur des Landes. Ein sichtbares Zeichen der neuen Zeit, an deren Schwelle die Erfindung der Telegraphie, der Glühbirne durch Edison 1879, des Dynamos durch Siemens 1866 und des Wechselstroms durch Nikola Tesla 1888

standen, setzte die Internationale Elektrizitätsausstellung 1891 in Frankfurt. Dorthin wurde erstmals 175 km weit vom württembergischen Lauffen am Neckar mittels einer Hochspannungsleitung Drehstrom – 15000 Volt – übertragen, der zum Staunen des Publikums 1000 Glühbirnen zum Leuchten brachte.
Nach dem Motto »was die kleinen Flüsse wie der Neckar können, können große Flüsse erst recht und noch viel mehr«, richtete sich das Augenmerk der Stromerzeuger auf den Rhein als Kraftlieferanten. Unter Mitwirkung eines deutsch-schweizerischen Bankkonsortiums wurden 1894 die »Kraftübertragungswerke Rheinfelden« gegründet, die dann schon 1898 das erste große Laufwasserkraftwerk Europas am Rhein bei Rheinfelden oberhalb von Basel in Betrieb nehmen konnten. Errichtet wurde es von der Allgemeinen Elektrizitäts-Gesellschaft AEG, die damals zusammen mit Siemens – AEG baute Kraftwerke, Siemens die Apparate – den kartellmäßig aufgeteilten Markt beherrschte. In kurzer Zeit entstand dann in Rheinfelden nicht nur eine Stromvernetzung, ein badisch-elsässisch-schweizer Stromverbund. Im Gefolge der hohen Energieleistung ließen sich dort und in der Nähe eine ganze Zahl von Unternehmen aus der Elektrochemie und -metallurgie nieder, darunter Dynamit-Nobel, Degussa, Hoffmann-La Roche und Aluminium-Hütte. Die ganze Region, insbesondere das badische Rheinufer, erlebte einschneidende Veränderungen. Die badische Bahnstation Rheinfelden, die 1890 25 Personen umfaßte, wuchs zur Industriegemeinde, die 1922 mit 5000 Einwohnern zur Stadt erhoben wurde.
Beim Aufbau einer Elektrizitäts-Versorgung ihrer Länder beschritten Baden und Württemberg unterschiedliche Wege. In Baden nimmt der Staat schon bald die Energieerzeugung aus Wasserkraft in eigene Regie und entwickelt ein Energieversorgungskonzept, das ihm eine führende und regulierende Rolle zuweist und die Bereitstellung von elektrischem Strom flächendeckend vorsieht, also auch abgelegene oder für die profitorientierten Unternehmen uninteressante Gebiete mit einschloß. So finanzierte der badische Staat den 1907–1912 erfolgten Bau des Wasserkraftwerks Augst-Wyhlen am Rhein, danach wurde der Bau eines E-Werks an der Murg begonnen, um die ländlichen Gebiete des Nordschwarzwalds zu erschließen. Nach dem Ersten Weltkrieg wurden die verschiedenen Elektrizitätswerke unter einem Dach, dem »Badenwerk« zusammengefaßt. Welche Bedeutung der badische Staat der Elektro-Energie beimaß und wie sehr er sich selbst bei deren Anwendung engagierte, zeigt sich unter anderem darin, daß er schon 1913 einen Teil der Eisenbahn, die Wiese- und Wehratalbahn, elektrifizierte, was damals als »technische Großtat« galt.

50 Das älteste Wasserkraftwerk Baden-Württembergs in Rheinfelden, Luftaufnahme von 1998.

Im Gegensatz dazu hielt sich der württembergische Staat, allerdings auch nicht wie Baden mit Großwasserkräften gesegnet, in der Energiepolitik lange zurück und überließ den Aufbau von Kraftwerken privaten, kommunalen und regionalen Unternehmen, Zweckverbänden und Amtskörperschaften. So wurde das nach Lauffen früheste E-Werk in Württemberg 1895 von der AEG im Auftrag der Stadt Stuttgart gebaut, noch im selben Jahr folgte die Stadt Ulm. Doch auch ohne Staat gelang in Württemberg die flächendeckende Elektrifizierung. 1916 waren im Land 243 Elektrizitätswerke im Betrieb, waren 1800 der 1899 Gemeinden an ein Stromnetz angeschlossen; lediglich 2,8 Prozent der württembergischen Bevölkerung waren noch ohne Stromversorgung.

Robert Bosch und der Magnetzünder

Neben den Berliner Monopolisten hatten es neue Unternehmen nicht leicht, auf dem Elektrotechnik-Markt Fuß zu fassen. Die 1883 in »Aufbruchstimmung« nach der Frankfurter Messe mit einem Stammkapital von 500000 Mark gegründete »Elektrotechnische Fabrik Cannstatt« mußte schon nach drei Jahren wegen Unrentabilität aufgegeben und unter ihrem Aufsichtsratsvorsitzenden Emil Keßler in die Maschinenfabrik Eßlingen eingegliedert werden. Auch die »Werkstätte für Feinmechanik und Elektrotechnik« von Robert Bosch, die 1886 ihre Arbeit auf einem Hinterhof in der Stuttgarter Rotebühlstraße aufnahm, geriet nach Anfangserfolgen schnell in eine Krise. Im Winter 1892/93 mußten von 24 Arbeitern 22 entlassen werden. Doch kann gerade Bosch als Beispiel dienen, wie sich genialer Erfindungsgeist und zäher Unternehmerwillen durchsetzen und zu atemberaubendem Erfolg führen konnten. Zum Ausgangspunkt der wirtschaftlichen Expansion wurde die Entwicklung eines Magnetzünders, dessen Vorbild der magnet-elektrische Zündapparat der Gasmotorenfabrik Deutz war. 263 Zündapparate verließen 1896 die sich zur Fabrik mausernde Werkstatt. Die Weiterentwicklung der Zündung zum Hochspannungsmagneten für Benzinmotoren – 1902 wurden die ersten Zündkerzen gefertigt – und die Erweiterung der Produktpalette im Bereich Autozubehör – Lichtanlagen, Anlasser, Scheibenwischer – vervielfachte die Aufträge. 1901 beschäftigte Bosch 54 Menschen, 1912 waren es 4000. Mit der Zahl der Beschäftigten stieg auch Boschs Privatvermögen. Im Jahrbuch der Millionäre 1914 findet sich nicht nur sein Name, darin wird auch festgehalten, daß er von allen Württembergern das höchste Jahreseinkommen, nämlich 4 Millionen Mark, zu versteuern hat. Der württembergische König Wilhelm II. brachte es gerade mal auf ein Jahreseinkommen von 2,9 Millionen.

51 Robert Bosch auf dem Fahrrad unterwegs zur Kundschaft 1890.

Wie sehr der Elektrotechnik-Markt boomte, zeigt sich auch bei einem Blick auf das Zweigwerk des Schweizer Unternehmens Brown Boveri & Cie (BBC) in Mannheim. Der schon gleich mit 400 Werktätigen im Jahr 1900 begonnene Betrieb konnte bis zum Ersten Weltkrieg auf 3000 Beschäftigte aufstocken.

BERNHARD
Bosch=Licht
und
Anlasser

Die Motorisierung

Anders als im Bereich der Elektrotechnik übernahm der deutsche Südwesten beim Aufbau der Autoindustrie, der anderen großen Antriebskraft der zweiten industriellen Revolution, von Anfang an eine führende Rolle. In Stuttgarts Umgebung entwickelten und bauten Gottlieb Daimler und Wilhelm Maybach ab 1882 den Daimler-Motor, stellte die »Daimler-Motorengesellschaft« ab 1901 den Mercedes her, im badischen Mannheim baute parallel dazu Carl Benz in seiner »Rheinischen Gasmotorenfabrik« ab 1885 Motor-Dreiräder, ab 1893 vierrädrige Autos namens »Victoria«.

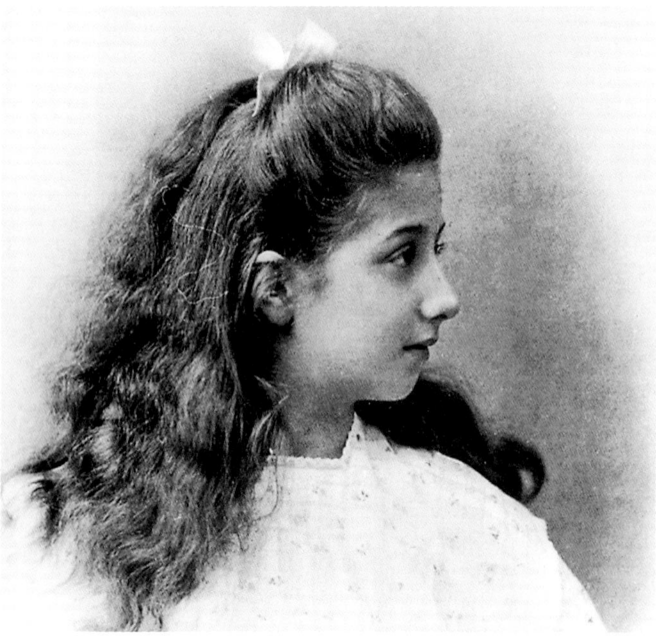

53. Mercedes Jellinek wurde 1901 zur Namenspatronin des Daimler-Autos.

Im Wettlauf der beiden schon bald nach ihrer Gründung in Aktiengesellschaften umgewandelten Unternehmen war zunächst die Carl Benz AG führend. Während Gottlieb Daimler und Wilhelm Maybach ihre Benzin-Motoren für alles, was sich bewegen ließ, bauten, die Karosserie gewissermaßen dem Kunden überließen oder sie nach dessen Wünschen gestalteten, spezialisierte sich die Benz-AG sofort auf Serienfertigungen. 1895 verließen 36 Automobile der Marke »Victoria« und 62 der Marke »Velo«, Victorias kleinerer und billigerer Schwester, die Mannheimer Fertigungsstätten; 1900 produzierte die Benz-AG mit 400 Beschäftigten rund 600 Automobile: Die erste Autofabrik der Welt war geboren.

Eine größere Serie von Fahrzeugen, 36 Stück, die alle mit dem neuen Bosch-Zünder ausgerüstet waren, baute die Daimler AG erstmals 1901 auf Bestellung von Emil Jellinek, nach dessen Tochter Mercedes diese Autos benannt wurden. Der Erfolg war überwältigend. 1902/03 wurden bereits 400 Stück produziert, der Personalstand stieg von 300 um das Jahr 1900 auf 821 im Jahr 1903 und auf 3000 im Jahr 1906. Für einige Zeit gar hatte man der Mannheimer Konkurrenz den Rang abgelaufen. Doch nicht für lange. Mit der Produktion des weltschnellsten »Blitzen-Benz« eroberte die Benz AG ihre Spitzenposition zurück und festigte diese 1910 durch die Übernahme der im badischen Nordschwarzwald tätigen »Süddeutschen Automobilfabrik Gaggenau«. 1914 beschäftigte die Benz AG mit 7700 Menschen mehr als doppelt soviele Personen wie Daimler.

Ähnliche Erfolge erlebte auch die zweirädrige Motorisierung, auf die sich die *Ne*ckars*ul*mer Fahrradwerke NSU spezialisert hatten. 1911 fertigten dort 1200 Mitarbeiter neben 20000 Fahrrädern rund 3000 Motorräder. Für eine Motorisierung der Landwirtschaft sorgte Heinrich Lanz in Mannheim, der 1899 2600 Arbeiter beschäftigte und dessen »Bulldog« Weltgeltung erlangte. Ja, die Motorisierung erfaßte gar bald auch den Luftraum. In Friedrichshafen am Bodensee gründete 1908 Graf Zeppelin eine »Luftschiffahrt GmbH«, 1914 Claude Dornier eine Flugzeugwerft.

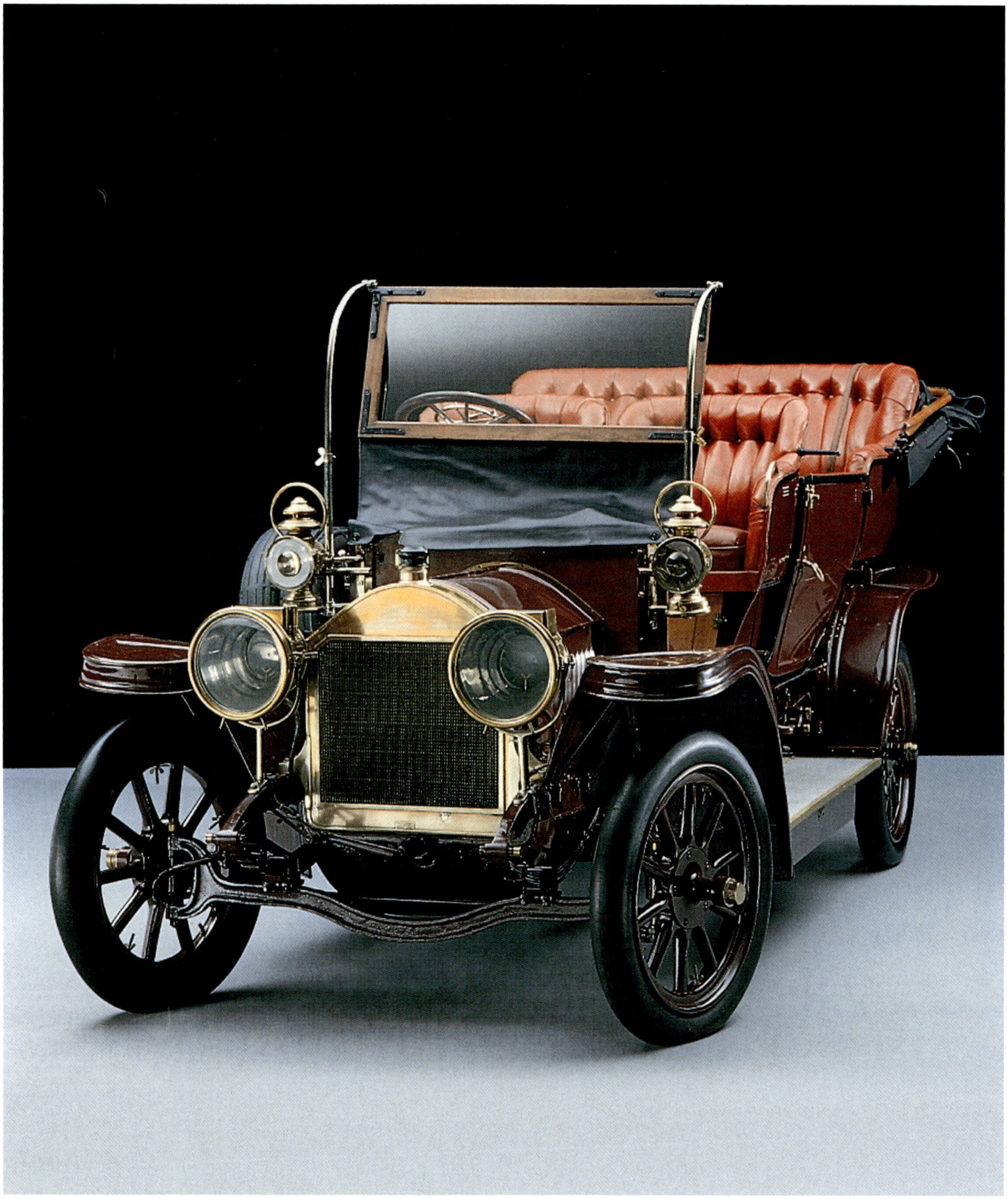

54 Früher als Daimler ging die Carl Benz AG zur Serienfertigung über. Von der hier abgebildeten Victoria wurden bereits 1895 36 Exemplare gefertigt.

55 und 56 Auch die Landwirtschaft wird industrialisiert: Heinrich Lanz in Mannheim baut Lokomobile, Dampfdreschmaschinen, Strohpressen und Strassen-Lokomotiven, mechanisiert aber auch Schrot- und Backmehlmühlen.

Alte Branchen wachsen, neue entstehen; der deutsche Südwesten wird Spitze

Daß sich der deutsche Südwesten in den Jahrzehnten um die Jahrhundertwende endgültig vom Agrarland zu einer führenden Industrieregion in Europa entwickelte, dafür sorgten allerdings nicht nur die stark wachsenden Bereiche der Elektrotechnik und der Motorisierung sowie deren »Neben- und Zubringerzweige«, die wie im Schneeballsystem laufend neue Produktionsbereiche anstießen. Daran beteiligt sind auch die Pionierbranchen der ersten Industrialisierungsphase – Textil, Papier, Eisenbahn – oder solche Branchen, deren Wurzeln dorthin zurückgehen, wie die Uhrenindustrie im Schwarzwald, der Tabakbau in Baden, die chemische Industrie mit Farbstoffen, Arzneimitteln, Kunststoffen oder der Spezialmaschinenbau. In Baden gab es 1899 bereits sechs metallverarbeitende Betriebe mit je über 1000 Beschäftigten. Von großer Bedeutung wurden aber auch ganz neue Branchen, wie die Nahrungsmittelindustrie – man denke an Maggi im badischen Singen, an Knorr im württembergischen Heilbronn, an Hengstenberg in Eßlingen, an Drei-Glocken-Nudeln in Weinheim oder an Birkel im Remstal. Zu den neuen Branchen gehörte auch die Schmuckindustrie, die ein Zentrum in Pforzheim hatte, der Spielzeugbau, der Musikinstrumentenbau, die optische Industrie. Hand in Hand mit dem Bau von Fabriken und Wohnungen, von Straßen und Autobahnen, von Kasernen und Mietshäusern, von Häfen

Schrot-und Backmehl-Mühlen
HEINRICH LANZ
MANNHEIM
HEINRICH LANZ MANNHEIM

und Bahnhöfen entstand die Zementindustrie im Alb-Donau-Raum und in Heidelberg.
Gegen Ende des 19. Jahrhunderts hat Baden zu den frühindustrialisierten Gebieten des Deutschen Reichs aufgeschlossen, 1895 entfallen im Großherzogtum auf 1000 Einwohner 210 gewerblich Beschäftigte, der Durchschnitt im Reich liegt bei 196, in Württemberg nur bei 189. Das Königreich beginnt erst um die Jahrhundertwende auf- und den Reichsdurchschnitt einzuholen, muß das Großherzogtum Baden allerdings bis zum Ersten Weltkrieg einen, wenngleich nun nur noch geringen Industrialisierungsvorsprung lassen.
Beide Länder zählen 1913 zu den produktivsten des Reiches. Insbesondere Württemberg hat in den davor liegenden 20 Jahren eine weit überdurchschnittliche industrielle Wachstumsrate aufzuweisen. 1891 bestanden in Württemberg 3219 Fabriken mit mindestens zehn Arbeitern, 1913 waren es 14274, 1895 beschäftigten nur vier Betriebe mehr als 1000 Arbeiter, 1913 waren es 18. Weltweit bekannt und tätig waren neben den Daimler Motorenwerken, der Schwarzwälder Uhrenindustrie und der Firma Bosch das Unternehmen Voith in Heidenheim, das den USA die Turbinen zur Gewinnung von elektrischem Strom aus den Niagarawasserfällen geliefert hatte, die Orgelfabrik Walcker in Ludwigsburg, die Württembergische Metallwarenfabrik in Geislingen, Kaffee-Franck in Ludwigsburg, die Gewehrfabrik Mauser in Oberndorf, die Firma Knorr in Heilbronn.

Die Industrialisierung verändert das Leben radikal: Im Südwesten anders als anderswo?

Die Epoche der zweiten industriellen Revolution ist nicht nur von Erfindungen und Entdekkungen, technischem Fortschritt, neuen Branchen und neuen Industriezweigen geprägt, in ihr ergreift die Industrialisierung alle Bereiche

Portland-Cement-Fabrik
Fabrik: WEISENAU bei Mainz,
Käuflich erworben 1887.
ctionsgebäude
in MANNHEIM
LITH. FRIEDR. SCHOEMBS, OFFENBACH a/M.

58 Mitarbeiter in der Schlosserei und dem Wagenbau bei der Firma Carl Benz Mannheim 1897.

menschlichen Lebens und verändert diese umfassend und radikal. Die moderne Welt bildet sich im deutschen Südwesten wie im übrigen Deutschland. Auch hier kommt es zur Agglomeration und Verstädterung, wie das Beispiel Rheinfelden zeigte, es entstehen Großstädte wie Stuttgart oder Mannheim. In Stuttgart stieg die Einwohnerzahl von 139000 im Jahr 1890 auf 317000 im Jahr 1916, was allerdings auch, teilweise durch die Eingemeindung von fünf Dörfern verursacht wurde. Auch im Südwesten kommt es zu sozialen Spannungen, werden Konflikte zwischen Arbeitern und Unternehmern ausgetragen, gibt es die verschiedensten Versuche zur Lösung der sozialen Frage, werden neben den Fabriken Arbeitersiedlungen gebaut.

Und doch heben einige bemerkenswerte, auf Fortschritt deutende Kleinigkeiten, auch solche, die vordergründig mit der Industrialisierung nichts zu tun haben, die südwestdeutschen Länder von den anderen ab. Zwei willkürlich herausgegriffene Beispiele mögen es verdeutlichen: So ist das Großherzogtum Baden 1899 das erste deutsche Land, in dem Frauen zum Studium (an den Universitäten Freiburg und Heidelberg) zugelassen werden. Und Württemberg ist nach Bayern (1903) 1904 das dritte Land, das

59 Arbeitsbedingungen: »Conditionen« bei Salamander: Geschäftszeit an Werktagen: Morgens 6 Uhr bis 12 Uhr mit 20 Minuten Vesperzeit/Mittags 1 Uhr bis 7 Uhr mit 20 Minuten Vesperzeit/Kündigung: gegenseitig 14tägig u. zwar muß solche beim Ausbezahlen des Arbeitslohnes stattfinden/Ausbezahlen des Arbeitslohnes: Es wird jeden Samstag Abend bezahlt was bis Donnerstag Abend fertig abgeliefert worden ist./Während der Arbeitszeit ist jede irgendwie störende Unterhaltung untersagt.

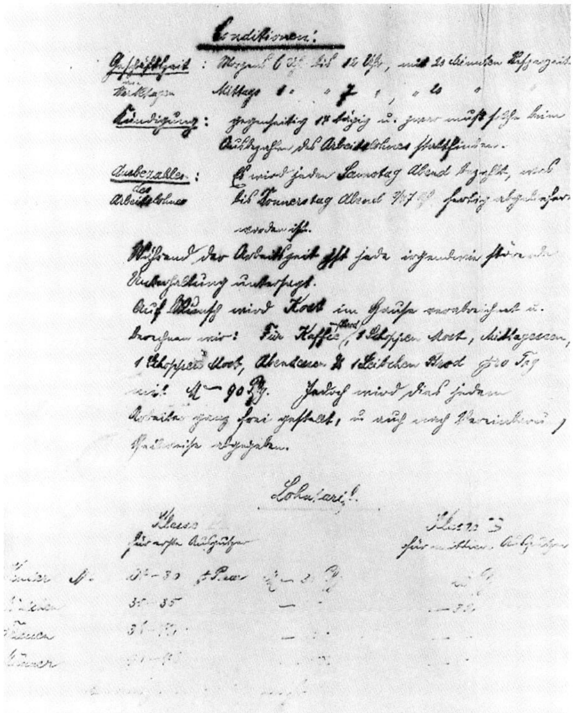

Conditionen:

60 Mitarbeiter und Mitarbeiterinnen der Schleiferei in der Württembergischen Metallwaren Fabrik Geislingen 1899, Firmenprodukte in der Hand.

61 1916 gab es in Württemberg schon über 29000 Telefonteilnehmer, das Land hatte das dichteste Fernsprechnetz Deutschlands.

an seiner Universität Tübingen das Frauenstudium einführt, immerhin noch fünf Jahre vor Preußen. Auch auf einem ganz anderen Gebiet, nämlich dem der Telekommunikation, zeigte sich der Südwesten an der Spitze des Fortschritts. 1892 verfügte Württemberg über elf Fernsprechanstalten mit 2252 Teilnehmern, 1916 waren es 1152 mit 29587 Teilnehmern. Damit hatte das Land das dichteste Fernsprechnetz Deutschlands.

Neben solchen »Kleinigkeiten« sind durchaus auch strukturelle Unterschiede zwischen dem Südwesten und anderen deutschen Ländern und Regionen zu beobachten: So gab es nirgendwo in Deutschland so viele Industrie-Arbeiter, die mit ihrer Familie auch als Nebenerwerbslandwirte tätig waren und so Einkommensschwankungen, Arbeitskrisen besser bewältigen konnten als andere. Ermöglicht wurde ihnen dies auch durch eine Dezentralisierung der Industrieansiedlung, es gab eben nicht nur industrielle Ballungsgebiete. Tatsächlich gingen von mancher badischen oder württembergischen Kleinstadt industriell gefertigte, berühmte und bekannte Waren hinaus in alle Welt, etwa die Tiere mit dem Knopf im Ohr aus Giengen im Brenztal, die Schwarzwälder Kuckucksuhr aus Schramberg und Furtwangen, die Mundharmonika der Firma Hohner aus Trossingen oder die Märklin-Eisenbahn aus Göppingen.

62 Kleinkinderschule des Heidelberger Zementwerks in Leimen.

Neben den Großunternehmen waren eben die Klein- und Mittelbetriebe zahlreich und wirtschaftlich potent, was wohl damit zusammenhängt, daß in Baden und Württemberg die Industrialisierung stärker als anderswo von Einzelunternehmern, von Unternehmerpersönlichkeiten getragen worden war, die oft aus dem kleinbürgerlichen Handwerkerstand stammten. So dominierten und prägten zunächst vorwiegend Familienunternehmen und nicht Aktiengesellschaften die Industriestruktur.

Die Vorteile der Dezentralisierung, der Branchenvielfalt und der vielen eigenständigen Unternehmen gegenüber der an wenigen Orten und in der Hand weniger Firmen konzentrierten Schwerindustrie begannen sich schon in den Krisen nach dem Ersten Weltkrieg abzuzeichnen.

63 Gedenkblatt des Vereins Deutscher Portland-Zement-Fabrikanten 1919 mit einer Ansicht der Firma.

64 Auch die Wasseralfinger Hüttenwerke hatten Rüstungsaufträge und stellten Munition her.

Der Erste Weltkrieg und die Krisen in der Weimarer Republik

Am überdurchschnittlichen Wachstum des deutschen Südwestens änderte auch der Erste Weltkrieg nichts. Wie das Beispiel Daimler zeigt, konnten Exportverluste durch Kriegsaufträge mehr als ausgeglichen werden. Das Unternehmen expandierte während des Krieges, seine Belegschaft verfünffachte sich und wuchs von 3000 auf 15000 an, zu denen noch weitere 5000, die in der neuen Sindelfinger Flugzeugfabrik beschäftigt wurden, zu zählen waren. Oder, um noch ein anderes Beispiel zu nennen: Der kriegsbedingte Bedarf an Flugzeugen bzw. Luftschiffen ließ die Belegschaft bei der Zeppelin GmbH in Friedrichshafen von rund 500 vor dem Krieg auf etwa 8000 während des Kriegs hochschnellen, wie überhaupt das militärische Interesse für die Flugzeugentwicklung höchst bedeutsam war. Der Krieg verhalf der jungen Luftfahrtindustrie zum Durchbruch. Flugzeuge und Luftschiffe aus Friedrichshafen wurden zu Kriegsbeginn als Aufklärer eingesetzt und übernahmen im Kriegsverlauf auch die Funktionen von Bombern und Jägern.

65 und 66 Schwäbische Dichter und Banknoten: Württembergisches Inflationsgeld geschmückt mit den Porträts von Ludwig Uhland und Friedrich Schiller.

Größere Probleme brachten der Wirtschaft die Nachkriegszeit, die Bestimmungen des Versailler Vertrags, die Reparationszahlungen und die Inflationszeit. Badische Unternehmer machten sich in unmittelbarer Nachbarschaft zu Frankreich Sorgen um die Sicherheit ihrer Unternehmen und verlegten diese ins Reichsinnere, zumal französische Truppen die Stadt Kehl und den dortigen Hafen seit 1918 besetzt hielten und 1923 im Zusammenhang mit dem Einmarsch ins Ruhrgebiet auch Offenburg und Appenweier sowie die Rheinstädte Karlsruhe, Mannheim und Rheinau besetzten, zudem die Rheinschiffahrt stillegten.

Mit dem Ende der Inflation (im November 1923, damals entsprach eine Goldmark einer Billion Papiermark) und dem Abzug der französischen Truppen 1924 (in Kehl erst 1930) kam es zu einer konjunkturellen Belebung, die sich in vielen Bereichen auswirkte. Sinkende Zinsen förderten die Bautätigkeit, Bausparkassen wurden gegründet: 1924 Wüstenrot, 1929 die Leonberger Bausparkasse.

Als Zeichen des Neubeginns, als Ausdruck der Überwindung von Not und Elend der Nachkriegszeit feierte man 1924 Hugo Eckener, dem es erstmals gelang, mit einem Zeppelin L. Z. 126 den Atlantik zu überqueren. Weit bedeutsamer freilich war die Eröffnung eines Programmbetriebs der Süddeutschen Rundfunk AG durch den Rundfunksender Stuttgart im selben Jahr und die 1926 erfolgte Inbetriebnahme des Zwischensenders Freiburg. Damit vollzog sich eine Revolution in der Massenkommunikation, die mit ihren Möglichkeiten erstmals in aller Breite die späteren NS-Machthaber auszunutzen wußten.

Als Beispiel für die Chancen, aber auch die Schwierigkeiten der Nachkriegszeit kann das Unternehmen Walther Steiger (Abb. 67) in

Burgrieden bei Laupheim dienen. Während des ersten Weltkriegs zwangsweise von der Textilherstellung auf kriegswichtige Produktion, insbesondere die Reparatur von Flugzeugmotoren umgestellt, mußte der Betrieb mit Kriegsende nach einem anderen Geschäftsfeld Ausschau halten, zumal in Deutschland auf Grund des Versailler Vertrags der Flugzeugbau verboten war. So nahm das Unternehmen 1918 den Bau von Automobilen auf, die bald als »deutsche Bugatti« weit über die Grenzen Baden-Württembergs hinaus bekannt wurden und sich auch im Rennsport einen Namen machten. Namhafte Steiger-Rennfahrer waren Fritz von Opel oder Erbgraf Alexander zu Erbach. Zur Kapitalbeschaffung in eine Aktiengesellschaft umgewandelt, trieb 1925/26 ein Großaktionär mit Insiderwissen und betrügerischen Manipulationen die blühende Firma in den Bankrott.

Wie schnell die Wirtschaft wieder Fuß faßte und welche Vorteile die spezifischen südwestdeutsche Industriestruktur hatte, zeigte sich in der großen Weltwirtschaftskrise ab 1929. Insbesondere die württembergische, mit relativ hohem Eigenkapital versehene Qualitätsindustrie reagierte weit weniger krisenempfindlich oder -anfällig als die Industrie anderer Länder; selbst Baden, zwar immer noch erheblich besser als der Reichsdurchschnitt, zeigte sich stärker betroffen. Stuttgart hatte während der Wirtschaftskrise von allen deutschen Großstädten mit weitem Abstand die niedrigsten Arbeitslosenzahlen, und dies trotz rapide steigender Einwohnerzahlen. Stuttgart und in kleinerem Maße ganz Württemberg galten als »Wirtschaftsoasen«. Ein Blick auf die Arbeitslosenzahlen unterstreicht diese Stellung: Im Deutschen Reich sind Ende Januar 1933 je 1000 Einwohner 92, in Baden 76 Arbeitslose registriert, in Württemberg »nur« 49.

67 Zeitschriften-Anzeige der Firma Walther Steiger 1921, deren von 1918 bis 1926 gebaute Autos als »deutsche Bugatti« weit über die Grenzen von Baden-Württemberg hinaus bekannt waren.

In der Zeit nationalsozialistischer Herrschaft

Erstaunlich schnell folgte der Weltwirtschaftskrise in Baden-Württemberg wie in ganz Deutschland nach 1933 eine Vollbeschäftigung, die allerdings weniger – wie immer zu hören und manchmal auch zu lesen ist – durch den schon vor der NS-Zeit geplanten Bau der Reichsautobahnen verursacht wurde als vielmehr vor allem durch die bald nach der »Machtübernahme« erfolgte militärische Aufrüstung und Kriegsvorbereitung. Neue Kasernen wurden gebaut, allein in Baden-Württemberg entstanden 40 Militärflughäfen. Diesen Bemühungen verdankt auch der Flughafen Stuttgart-Echterdingen seine Entstehung. Da der zur Versorgung der württembergischen Hauptstadt dienende Böblinger Flughafen, trotz gewaltig gestiegenem zivilem Flugverkehr, ab 1935 immer mehr für die Luftwaffe in Anspruch genommen wurde, war ein Aus- oder Neubau unumgänglich. Nach einigem Hin und Her entschied sich das Reichsluftfahrtsministerium schließlich für einen Neubau auf einem bei Echterdingen gelegenem Gelände. Unter Ernst Sagebiel (1892–1970), der sich in der NS-Architekturszene bereits einen Namen gemacht hatte, wurde 1937 mit dem Bau eines Flughafens für den zivilen Personen- und Frachtverkehr begonnen. Über sein weiteres Schicksal vermeldet die Chronik der Stadt Stuttgart zum 1. September 1939 lapidar: »Die Luftwaffe übernimmt den vor der Fertigstellung stehenden Flughafen Stuttgart-Echterdingen, der zivile Luftverkehr wird eingestellt.«[24]

Wie sehr die Industrie boomte, zeigt die Personalentwicklung bei der Firma Bosch. 1933 zählte man dort 11235 Beschäftigte, 1936 waren es 18292 und 1938 schließlich 23233 Beschäftigte, man hatte also in fünf Jahren sein Personal verdoppelt. Vergleicht man die Entwicklung in Baden und Württemberg miteinander, wird deutlich, daß Baden nicht nur der Bevölkerungszahl nach Wanderungsverluste hinnehmen mußte, Württemberg dagegen Gewinne verzeichnen konnte.

Die NS-Wirtschaftspolitik zielte insbesondere im Infrastrukturbereich auf eine staatliche Einflußnahme und Mitbestimmung, wofür die Entwicklung im Elektrizitätsbereich ein gutes Beispiel bietet. So wurde der auch schon in der Weimarer Republik diskutierte und als »Elektrizitätsbalkan« gescholtene energiepolitische Sonderweg Württembergs mit seiner Dezentralisierung vieler Kleinkraftwerke im Eigentum und in der Verfügungsgewalt von Kommunen und Zweckverbänden durch die NS-Machthaber zwangsweise beendet. Die nationalsoziali-

68 Der Flughafen von Stuttgart-Echterdingen, ein repräsentativer Staatsbau in monumentalisierender Architektur, während der Bauzeit 1939.

stische Führung in Württemberg zerschlug das gewachsene System des »dezentralisierten Individualismus« und ersetzte es 1939 »auf Veranlassung des Herrn Reichsstatthalters und Gauleiters in Württemberg unter Führung von Partei und Staat« durch eine Fusion unter der »Führerschaft« einer neu gegründeten »Energie-Versorgung Schwaben A.G.«.[25]

Der Krieg, zunächst ein Förderer der Industrieeinrichtungen, zeigte schon bald seine negativen Seiten. So waren beispielsweise bereits im Frühjahr 1943 in Friedrichshafen durch Luftangriffe die Dornierwerke und die Zahnradfabrik weitgehend zerstört. Hier wie an zahlreichen anderen Orten mußten deshalb die Fertigungsanlagen in unterirdische Ausweichquartiere verlagert werden. Kriegsbedingt war eine Verlagerung des Industrieschwerpunktes von der Verbrauchsgüterindustrie hin zu der vielseitigen und äußerst flexiblen Metallindustrie. So stieg der Absatz des Werkzeugmaschinenbaus um 40 Prozent, bei der Fertigung von Maschinenteilen kam es teilweise zu Steigerungen von mehreren hundert Prozent. Zudem entwickelte sich Südwestdeutschland während des Kriegs zu einem Produktionsschwerpunkt der deutschen Elektroindustrie. Beide Vorgänge hatten Auswirkungen bis weit in die Nachkriegszeit.

Eine wichtige Rolle spielte im Rüstungsprozeß der Kriegszeit der Einsatz ausländischer Zivilar-

69 NS-Ideologie sah Frauen lieber am Herd, eine Betriebssportgruppe der Neckarwerke Esslingen 1939.

beiter, Kriegsgefangener und KZ-Häftlinge – ein Thema, das bis vor wenigen Jahren tabuisiert wurde. Ohne diese zwangsweise und in erniedrigenden, oft menschenunwürdigen, Umständen arbeitenden Ausländer wäre die Rüstungsindustrie – und immer mehr Unternehmen stellten ihre Produktion auf kriegsbedingte Güter um – viel früher zusammengebrochen, zumal die NS-Ideologie den Einsatz von deutschen Frauen weitgehend ablehnte und so die von Einberufungen und Dienstverpflichtungen gelichteten Reihen der Stammbelegschaft nicht gefüllt werden konnten. Bei der Geislinger Firma WMF beispielsweise, in der 1939 von den rund 4500 Beschäftigten etwa zehn Prozent, 1940 bereits 70 Prozent für die Herstellung von Rüstungsgütern arbeiteten, wurde, wie anderswo, der Personalverlust durch an die Front abkommandierte Männer mit der Einstellung von Zwangsarbeitern und -arbeiterinnen ausgeglichen. 1942 arbeiteten bei WMF 508 Ausländer, darunter 50 französische Kriegsgefangene. Im Mai 1944 war der Ausländeranteil auf 37 Prozent gestiegen, von den 5110 Beschäftigten waren 1906 Zwangsarbeiter, darunter mehr als doppelt soviele Frauen wie Männer.

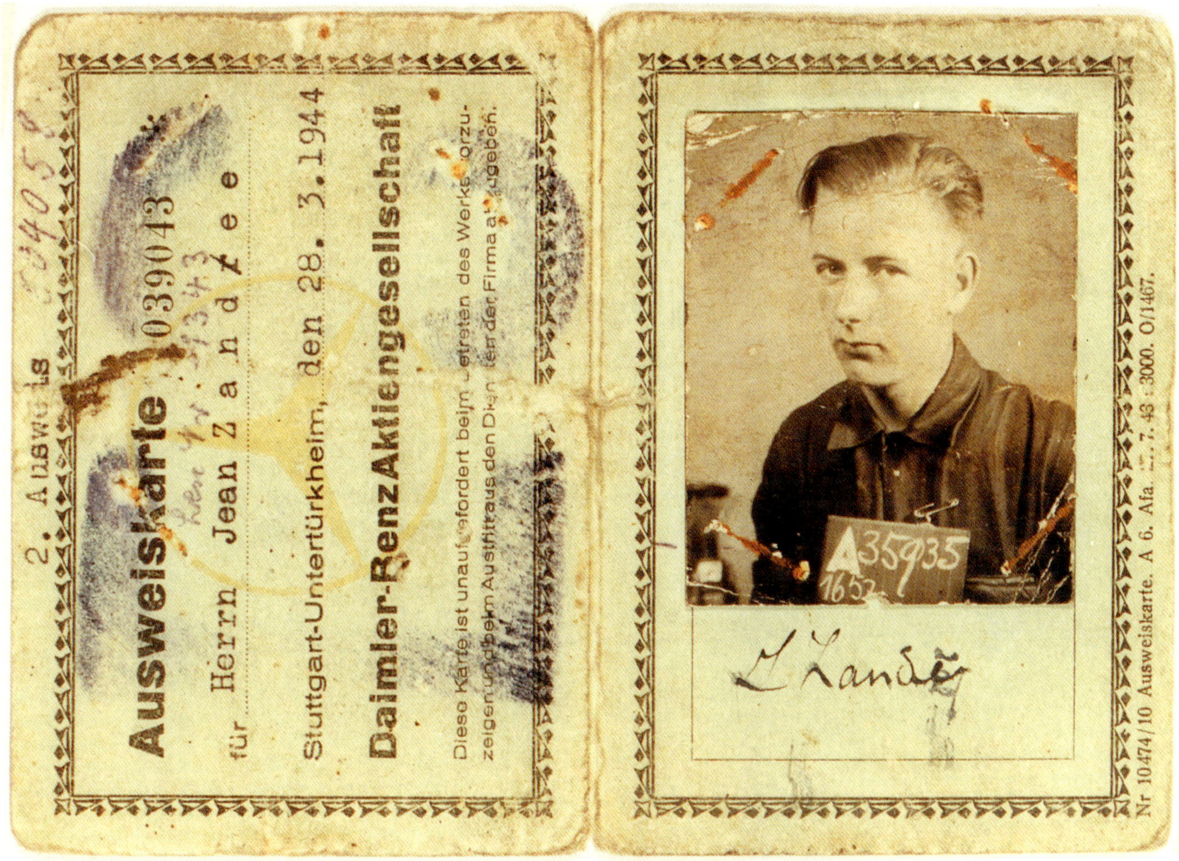

70 Werksausweis von Daimler-Benz für einen aus den Niederlanden stammenden Zwangsarbeiter 1944.

71 Auf der Kleidung aufzunähendes Kennzeichen »P« für polnische Zwangsarbeiter während des Zweiten Weltkriegs.

Freie Bahn
ZOLL
GRENZE
ERP
DEM
MARSHALLPLAN

73 Oberkochen 1946. In dem seit Kriegsende leerstehenden Fabrikgebäude (links im Bild) begann im August 1946 das Unternehmen Carl Zeiss (ehemals Jena) seine Produktion im Westen.

Das Ende des Zweiten Weltkriegs, der Wiederaufbau und die dritte industrielle Revolution

Vom Morgenthau- zum Marshallplan

Am Ende des Zweiten Weltkriegs war die deutsche Industrie nicht nur heruntergewirtschaftet, sondern ausgelöscht. Die Verkehrswege waren unbrauchbar, die Industrieanlagen zerstört, die Städte zerbombt, viele Arbeiter gefallen oder in Kriegsgefangenschaft. Schwarzhandel ersetzte Güter- und Geldverkehr. Verbunden mit der totalen und bedingungslosen Kapitulation war die militärische Besetzung. Eine in den Unmenschlichkeiten des NS-Regimes begründe internationale Verachtung leitete auch die Wirtschaftspolitik der Besatzungsmächte. Der amerikanische Morgenthau-Plan sah, nach der Parole »Deutschlands Weg zum Frieden führt über den Bauernhof«, eine völlige Entindustrialisierung und Reagrarisierung des einst in Europa führenden Industriestaats vor. Konsequent wurden vor allem in der französischen und russischen Zone Wirtschaftsgüter beschlagnahmt sowie die Demontage und der Abtransport von Industrieanlagen betrieben.

74 Der Mensch auf dem Mond, ausgestattet und fotografiert mit Geräten von Zeiss, Oberkochen.

Deutschland sollte dadurch und durch eine notwendige Enttrümmerung zur »aufgeräumten Wüste« werden.
Doch überraschend schnell änderte sich die politische Großwetterlage. Im Zeichen des »West-Ost-Konflikts« revidierten die Westallierten, allen voran die USA, ihre Deutschlandpolitik. Um die weitere Expansion der Sowjetunion aufzuhalten, sollte Europa, sollten insbesondere die drei Westsektoren über gezielte Wirtschafts- und Wiederaufbauhilfen politisch stabilisiert werden. Das dafür entwickelte 1949 in Kraft tretende European Recovery Program, der berühmte Marshall-Plan, brachte auch den im Südwesten Deutschlands ansässigen Betrieben die zum Wiederaufbau benötigten Kredite und Zuschüsse. Gefördert wurden auch neu angesiedelte namhafte »Flüchtlings- und Umsiedlerbetriebe«, darunter Zeiss in Oberkochen (ehemals Jena), Siemens & Halske in Bruchsal (ehemals Berlin), Friedrich Heyking Stahlbau in Crailsheim (ehemals Danzig). Eine Statistik zählte in Baden-Württemberg 1948 insgesamt 1625 »Vertriebenen- und Zugewandertenbetriebe«.

Das Wirtschaftswunder

So erlebte der auch politisch neu geordnete deutsche Südwesten – 1952 schlossen sich die von den Besatzungsmächten nach Kriegsende gebildeten Länder (Süd-)Baden, Württemberg-

75 Zentralörtliche Gliederung Baden-Württembergs, um 1985.

Hohenzollern und Württemberg-Baden zum neuen Bundesland Baden-Württemberg zusammen – eine Wiedererstehung seiner zerstörten und demontierten Betriebe. Die Neuansiedlungen aus dem Osten vermittelten der alten Wirtschaft neue Impulse, verbreiterten die Produktpalette des neuen Bundeslandes und erbrachten eine hervorragende vorteilhafte Ergänzung namentlich im Investitionsgütersektor.

Die breit gefächerte, viele kleine und mittelständige dezentral angesiedelte Betriebe umfassende Wirtschaftsstruktur zeigte sich schon bald der anderer Bundesländer überlegen. Die

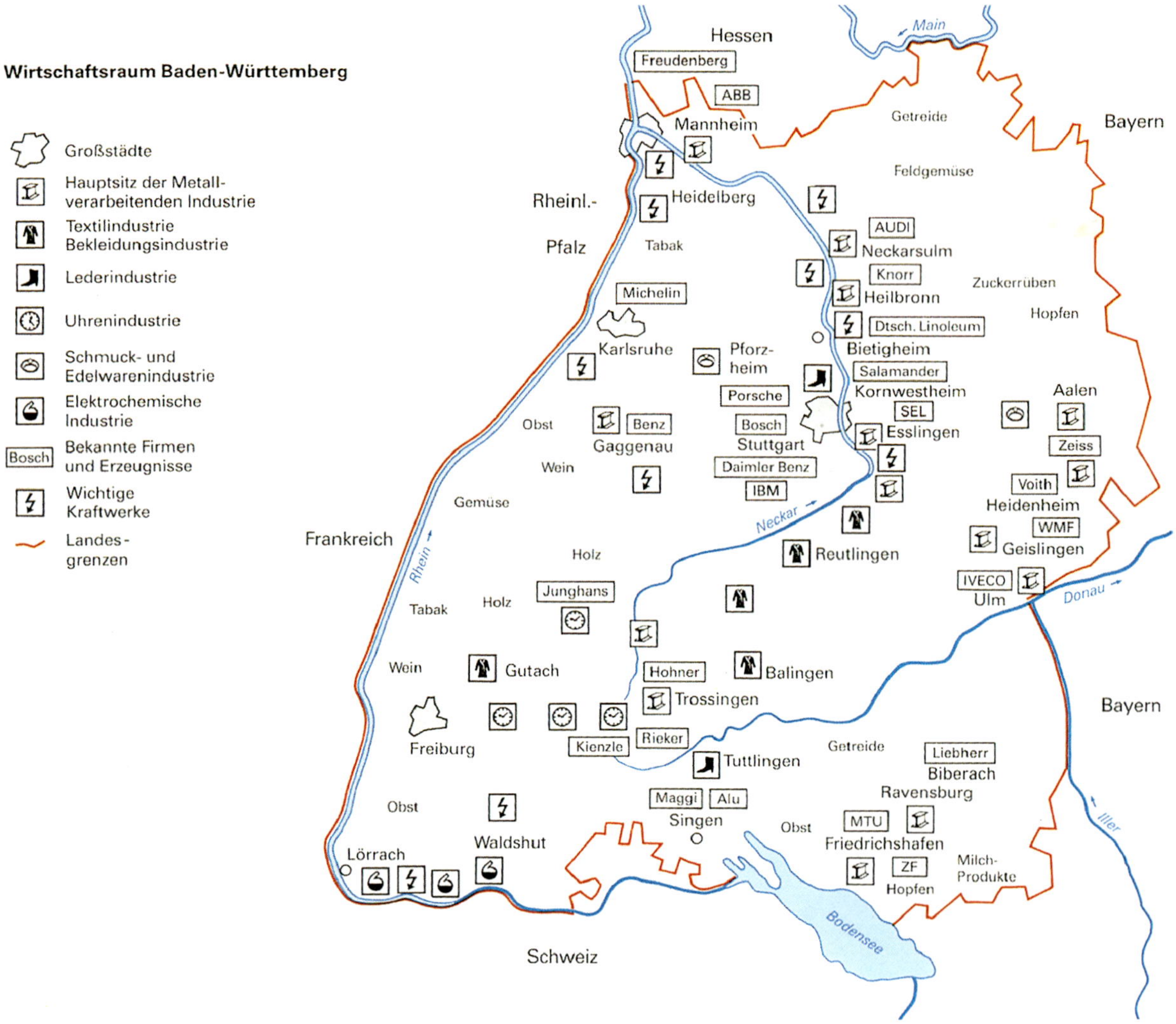

76 Wirtschaftsraum Baden-Württemberg, um 1985.

einst führende Montanindustrie wurde trotz aller Förderung zur »Nachhut der technischen Entwicklung«, wurde überholt von der durch den Rohstoffmangel entstandenen hochwertigen Qualitäts- und Feinindustrie, die Baden-Württemberg – ergänzt durch Neuansiedlungen – mit fast lückenloser Vielseitigkeit und Vielfalt wie ein Netzwerk durchzog. Die tendenzielle Verlagerung von Wirtschaftskraft und Produktivität, die Zuwanderungen von Arbeitskräften, Kapital und Unternehmen und die daraus resultierenden Folgen wurden als Nord-Süd-Gefälle bezeichnet. Bereits in der Mitte der 50er Jahre erreichte man in Baden-Württemberg die Voll-, gegen Ende des Jahrzehnts eine Überbeschäftigung.

Überdurchschnittlich wuchs der Wohnungsbau – die Wohnbevölkerung stieg von 1951 bis 1973 in der Bundesrepublik um 22, in Baden-Württemberg um 43 Prozent, – unterstützt durch große in Baden-Württemberg ansässige Bausparkassen, Schwäbisch Hall, Leonberger, Wü-

77 Radio-Röhren werden abgelöst von Transistoren.

stenrot. Überdurchschnittliches Wachstum gegenüber dem Bundesdurchschnitt zeigten auch die Industriegruppen Steine und Erde, sowie Eisen-, Stahl-, Blech- und Metallwaren, der Fahrzeugbau, die Gummiverarbeitung, die Elektrotechnik, die Leder-, die Schuh- und die Textilindustrie.

Positiv wirkte sich für Baden-Württemberg die europäische Einigungsbewegung aus, erhielt doch das bislang sich in einer Randlage Deutschlands befindliche Bundesland durch die neue Wirtschaftsgemeinschaft eine günstigere Zentrallage, die sich durch die Wiedervereinigung Deutschlands und die Aufhebung des eisernen Vorhangs allerdings noch einmal anders akzentuiert hat.

Mit dem für die gesamte Bundesrepublik typischen Wirtschaftswunder verband sich nicht nur ein weite Teile der Bevölkerung umfassender Wohlstand, der sich unter anderem in einer bald hundertprozentigen Versorgung der Privathaushalte mit Kühlschränken, Telefonen, Staubsaugern, Waschmaschinen, Radios, Plattenspielern und Fernsehern ausdrückte. Die Entwicklung führte auch zu Arbeitszeitverkürzungen, die dem Freizeitbereich einen neuen, weit höheren Stellenwert als jemals zuvor brachten, was wiederum neue Industriezweige

78 Ein Zeiss-Planetarium erlaubt die Simulation kosmischen Geschehens in ferner Zukunft und in der Vergangenheit.

im Bereich Sport, Freizeit und Tourismus entstehen ließ. Ein Beispiel dafür bietet die Firma Erwin Hymer in Bad Waldsee, die Mitte der 50er Jahre begonnen hat, Wohnwagen, Anfang der 70er Jahre, Reisemobile herzustellen und heute bei einem Umsatz von beinahe einer Milliarde Marktführer in Deutschland ist.

Nach einem statistischem Vergleich gilt Baden-Württemberg 1982 vor allem durch seine Investitionsgüterindustrie als »der am stärksten industrialisierte Flächenstaat der Bundesrepublik«. Zudem ist Baden-Württemberg nach Nordrhein-Westfalen das zweitstärkste Exportland. Aus ihm stammen 1980 sieben Prozent aller Kolbenverbrennungsmotoren, elf Prozent aller optischen Geräte, zwölf Prozent aller Werkzeugmaschinen und 16 Prozent aller Druckereimaschinen, die weltweit exportiert wurden. Noch 1988 meldet die Statistik: Auf 1000 Einwohner kommen 165 Industriebeschäftigte, mehr als in allen anderen Bundesländern.

Rezessionen wie 1967, in der erstmals nach dem Krieg Beschäftigtenstand, Umsatz und Produktion rückläufig waren, wurden bis in die 90er Jahre relativ gut und schnell überwunden. Positiv wirkte sich in Baden-Württemberg wie in der ersten Jahrhunderthälfte neben ihrer Struk-

79 Ein Beispiel für internationale Zusammenarbeit und Verflechtung in der Wirtschaft heute bietet das Airbus-Konsortium, an dem beteiligt sind: die spanische Casa mit 4,2 Prozent, British Aerospace mit 20 Prozent sowie die französische Aerospatiale und die Daimler-Benz Aerospace (Dasa) mit je 37,9 Prozent.

tur auch die Dezentralisierung der Industrie aus, die sich durch eine staatliche Förderung von Industrieansiedlungen in strukturschwachen Gebieten – Hohenlohe, Odenwald – und durch die Knappheit an Arbeitskräften seit den 50er Jahren noch ausgeweitet hatte.
Doch werden seit Mitte der 70er Jahre auch sektorale Anpassungsschwierigkeiten und Einbußen gerade in den in Baden-Württemberg dominierenden Industriebranchen – Textil, Uhren, Unterhaltungselektronik, Buchdruck – sichtbar. Deutlich wird ab dieser Zeit aber auch, daß es nicht nur einzelne vorübergehende Anpassungsprobleme sind, ausgelöst durch ein verändertes Käuferverhalten oder ein neues Umweltbewußtsein, sondern daß es sich um gänzlich neue Phänomene handelt, ja um Auswirkungen einer schon vor einiger Zeit begonnenen dritten industriellen Revolution.

High-Tech, die dritte industrielle Revolution?

Bei der ersten und zweiten Phase der industriellen Revolution waren es die Dampfmaschine und die Eisenbahn, die Elektrizität und der Ottomotor, die als Basisinnovationen revolutionierend auf alle Teile der Volkswirtschaft wirkten und den Anfang langfristiger Wachstumsschübe markierten, die sich je über einen Zeitraum von gut 50 bis 60 Jahren hinzogen. Die Basis einer neuen Entwicklung, die etwa in den 60er Jahren des 20. Jahrhunderts einsetzte, bil-

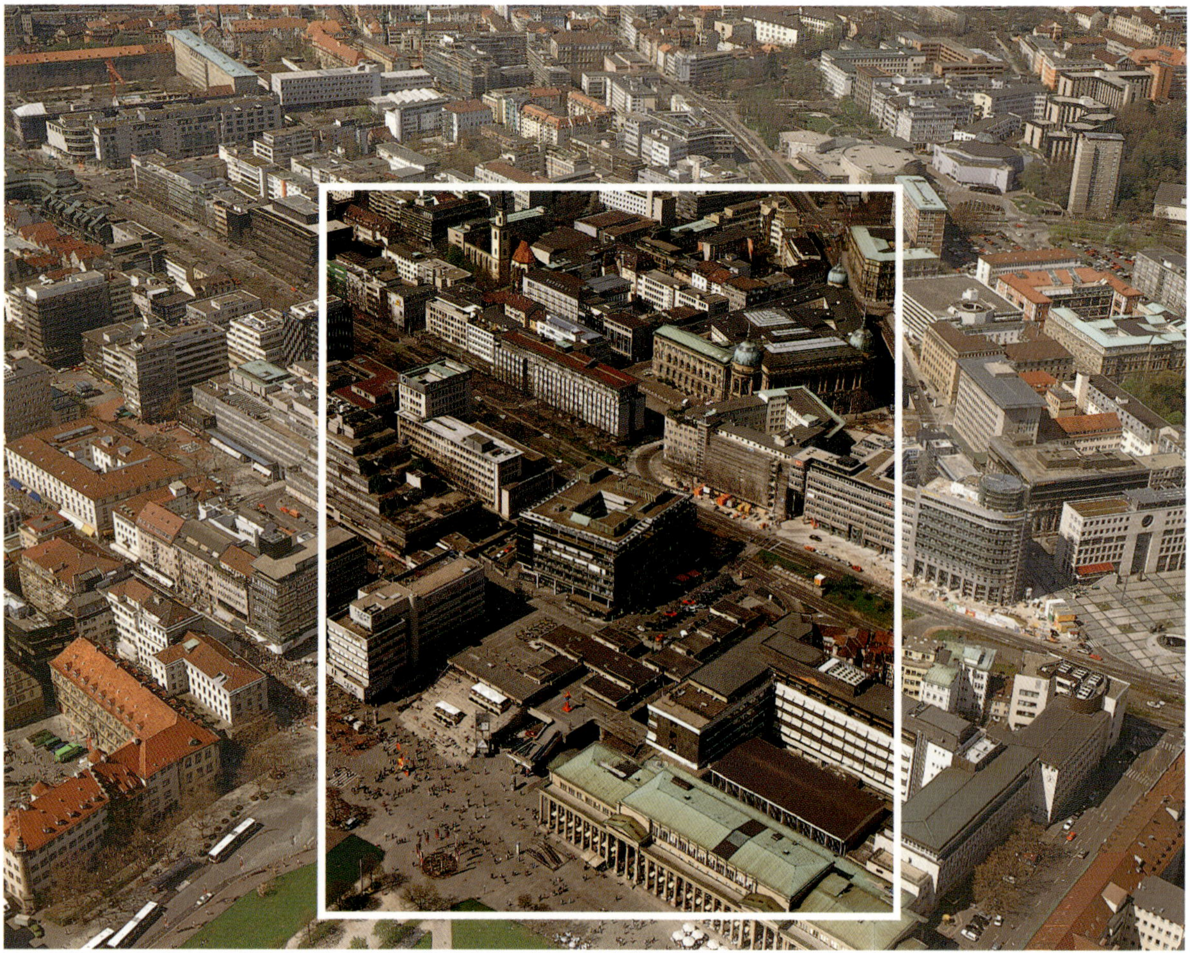

80 Die urbane Welt heute, auch in ihrem Äußeren geprägt von den letzten zwei Jahrhunderten. Ein Blick auf Stuttgarts Innenstadt, im Vordergrund der kleine Schloßplatz mit dem in Form eines griechischen Tempels zwischen 1856 und 1860 errichteten Königsbau und der Baden-Württembergischen Bank (Bildmitte) darüber rechts das Landesgewerbeamt (1889–1896).

deten zahlreiche naturwissenschaftlich-technische Entdeckungen und Erfindungen im Bereich der Mikroelektronik, die, sich gegenseitig beeinflussend, neue Industriezweige entstehen ließen oder alte grundlegend veränderten: Informations-, Bio- und Gentechnologie, Optoelektronik, Energie- und Umwelttechnik, Luft- und Raumfahrt. Mittelpunkt der neuen Entwicklung sind nicht die klassischen Maschinen, sondern der Computer und der Roboter, die den Menschen und die Maschine ersetzen, Mikroprozessoren, die »denken« und das menschliche Gehirn ersetzen. Markante Wegmarken sind beispielsweise die Ablösung der Elektroröhre durch Transistoren (um 1960) und deren Ablösung durch hochintegrierte Schaltkreise ab 1970 in der elektronischen Datenverarbeitung.

Daß Wissenschaft und Forschung, Technik- und Wissensentwicklung an diesem Prozeß einen hohen Anteil haben, ihnen eine höchste Bedeutung zukommt haben Industrielle, Manager, Politiker, Techniker, Hochschullehrer auch in Baden-Württemberg früh erkannt. Insbesondere wird dies an den Aktivitäten der Wirtschaft

und der Technologiepolitik des Landes ablesbar. Erste »Maßnahmen für die Zukunft« geschahen im Zeichen der »Atom-Euphorie«: In der zweiten Hälfte der 50er Jahre wurde in Karlsruhe das erste deutsche Atomforschungszentrum aufgebaut, das bald über 3000 Menschen beschäftigte, 1968 in Obrigheim das erste Kernkraftwerk in Betrieb genommen. Zu High-Tech fand das Land dann in den späten 70er und frühen 80er Jahren, so initiierte und förderte es unter dem Motto »unser Land ist spitze« zehn »Technologiezentren oder -parks« in Aalen, Freiburg, Heidelberg, Karlsruhe, Konstanz, Mannheim, Offenburg, St. Georgen, Stuttgart und Ulm. Zur Initiative des Landes zählt auch die Gründung des Landesmuseums für Technik und Arbeit in Mannheim 1990, sollte mit dieser Einrichtung doch nicht nur eine Stätte zur Dokumentation der Vergangenheit geschaffen, sondern mit ihr auch eine größere Technikakzeptanz erreicht werden. Sie sollte dazu beitragen, die »Technologiefeindlichkeit der späten siebziger Jahre in ein wieder positives Technologieverständnis, den ›Wachstumspessimismus‹ in eine erneut zukunftsorientierte Investitionsneigung«[26] umzukehren.
Eher handfeste Ergebnisse erwartet sich die Wirtschaft von zahlreichen eigenen Forschungs- und Entwicklungseinrichtungen. 1985 waren darin weit über 62000 Menschen tätig, davon gut 40 Prozent im Bereich der Elektrotechnik. Ergänzt wurden und werden diese Anstrengungen durch universitäre und außeruniversitäre Forschungseinrichtungen wie den Instituten der Max-Planck-Gesellschaft und den Fraunhofer-Instituten, etwa dem für Systemtechnik und Innovationsforschung in Karlsruhe oder dem für Arbeitswirtschaft und Organisation in Stuttgart.
Noch immer zählt Baden-Württemberg zu den forschungsintensivsten Regionen Europas, weist ein hohes technisches Innovationspotential aus, wie unter anderem auch die Zahl der Patentanmeldungen und die Ingenieurdichte beweisen. Noch immer gehören zu den größten, innovativsten Unternehmen der Welt auch solche aus Baden-Württemberg. Erwähnt seien in der Reihenfolge der Umsatzzahlen von 1997: die Daimler-Benz AG Stuttgart mit einem Umsatz von 125 Milliarden DM bei rund 300000 Beschäftigten, die Robert Bosch GmbH mit 47 Milliarden DM bei 179000 Beschäftigten, der Kfz-Zulieferer ZF Friedrichshafen AG mit 9 Milliarden DM bei 35000 Beschäftigten, die

81 Fast eine Stadt für sich: die Daimler Konzernzentrale.

82 Nachbau der ersten mechanischen Rechenmaschine der Welt 1623 von Wilhelm Schickhard (1592–1635), Professor in Tübingen.

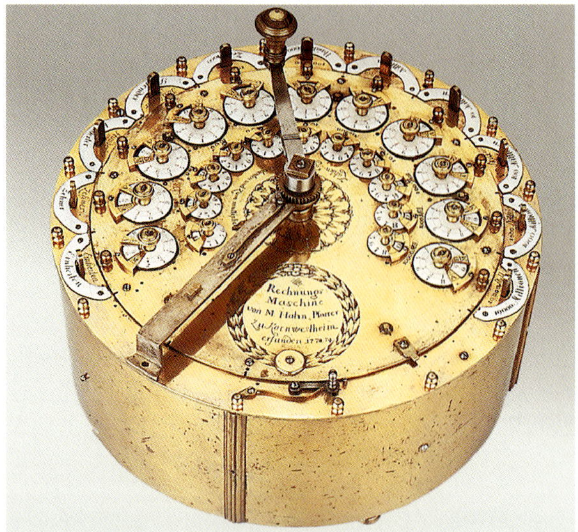

83 Die um das Jahr 1770 konstruierte Rechenmaschine des pietistischen Theologen Philipp Matthäus Hahn (1739–1790).

Heidelberger Zement AG mit 7 Milliarden DM bei 24000 Beschäftigten, die Carl-Zeiss-Stiftung Oberkochen mit 5,5 Milliarden DM bei 28000 Beschäftigten.

Den Herausforderungen der neuen Zeit, wie sie sich zudem durch die Vergrößerung des deutschen Binnenmarkts infolge der Wiedervereinigung ergaben, wurde vielfach mit Fusionen begegnet, wie etwa jüngst mit Wirkung zum 1. Januar 1997 im Energiebereich geschehen, wo sich EVS und Badenwerk zur Energie Baden-Württemberg mit Sitz in Karlsruhe (8 Milliarden DM Jahresumsatz 1997 und 12000 Mitarbeiter) und die Neckarwerke mit den Technischen Werken der Stadt Stuttgart zur NWS Neckarwerke Stuttgart (4 Milliarden DM und 5000 Mitarbeiter) zusammengeschlossen haben. Eine neue, nun zu den zehn größten deutschen Banken zählende Landesbank mit 9000 Mitarbeitern, einem Stammkapital von 2,5 Milliarden DM und einer Bilanzsumme von rund 400 Milliarden DM entstand 1998 aus einer Fusion der SüdwestLB, der Landesgirokasse (LG) sowie der landeseigenen Landeskreditbank, an der die Sparkassenverbände und das Land je 39,5 Prozent und die Stadt Stuttgart 21 Prozent halten. Die wohl spektakulärste Fusion des Jahres 1998 schaffte Daimler durch die Fusion mit dem amerikanischen Autoproduzenten Crysler. Daß es auch ohne Fusionen geht, ja, daß man gewissermaßen auch bei Null anfangend zu den Umsatzmilliardären gelangen kann, bewies Reinhold Würth, der Mitte der 50er Jahre den Zweimannbetrieb seines Vaters übernahm und heute mit einem Sortiment von 38000 verschiedenen Schrauben, Muttern, Dübeln, Beschlägen und Werkzeugen Weltmarktführer im Segment der Befestigungs- und Montagetechnik ist. Sein Unternehmen, das 1998 rund 50 deutsche Niederlassungen und rund 75 Auslandsgesellschaften umfaßt, stand 1997 in Baden-Württemberg nach dem Umsatz von über 6 Milliarden DM bei 25000 Mitarbeitern an 18. Stelle aller baden-württembergischen Unternehmen. Wie man sich auf dem Weltmarkt behaupten kann, selbst in der Automobilbranche, beweist Porsche bei 4 Milliarden DM Umsatz und 8000 Mitarbeitern 1997.

Das Ende der Fabrik und die virtuelle Wirklichkeit

Von den 50 größten Unternehmen in Baden-Württemberg, gerechnet nach deren weltweitem Umsatz, konnten 45 im Jahr 1997 ihren Umsatz zum großen Teil mit zweistelligen Ziffern steigern, allein nur 31 erhöhten auch die Zahl ihrer Beschäftigten, 15 bauten ihr Personal gar ab. Dabei wird eine großes Problem deutlich, das diese Phase von den vorhergehenden abhebt. In den früheren Perioden haben Maschinen nicht nur menschliche Arbeit, Menschenkraft freigesetzt und übernommen, sie haben auch immer mehr Menschen in den Arbeitsprozeß hineingezogen, haben Arbeitsplätze geschaffen, vor allem höher qualifizierte, und haben Arbeitslosigkeit beseitigt. Jetzt aber hat die Ablösung des Menschen eine höhere Arbeitslosigkeit zur Folge. Im Großraum Stuttgart beispielsweise ging zwischen 1994 und 1997 in der Metall- und in der Elektroindustrie jeder vierte Arbeitsplatz verloren.
Auch andere für die ersten beiden Industrialisierungsphasen charakteristische Merkmale fehlen oder werden gar umgekehrt. Immer mehr verflüchtigt sich die strenge, genau geregelte Arbeitsform der Industriegesellschaft. 1970 kam auf fünf Vollzeitstellen ein Teilzeitjob, 1997 schon auf zwei Vollzeitstellen. Es deutet sich zwar erst an, doch es ist – auch wenn die Computertechnologie noch immer mit dem »Fluidum des Phantastischen« verküpft wird – keine Utopie mehr: Nicht mehr das Unternehmen, sondern der Arbeiter bestimmt seine Arbeitszeit, geregelt ist nur noch der Zeitumfang, nicht das Wann und nicht das Wo. Die Datenleitungen – PC, Telefax, Telefon – bringen die Arbeit wieder aus den Fabriken zurück in die Wohnungen. Der Mensch wird für den Produktionsprozeß immer unwichtiger, seine Aufgabenfelder findet er zunehmend im Organisieren, Managen, Betreuen, Beraten, Forschen, Entwickeln. Das Wissen ist der Rohstoff der Zukunft. Möglicherweise werden die alten Produktionsstätten von Wissensfabriken abgelöst, wo in Teamarbeit nur Software hergestellt, entwickelt und vertrieben wird, wie etwa jetzt schon bei der SAP im badischen Walldorf mit 14000 Mitarbeitern weltweit: 80 Prozent sind Akademiker, ihr Durchschnittsalter beträgt 34 Jahre.

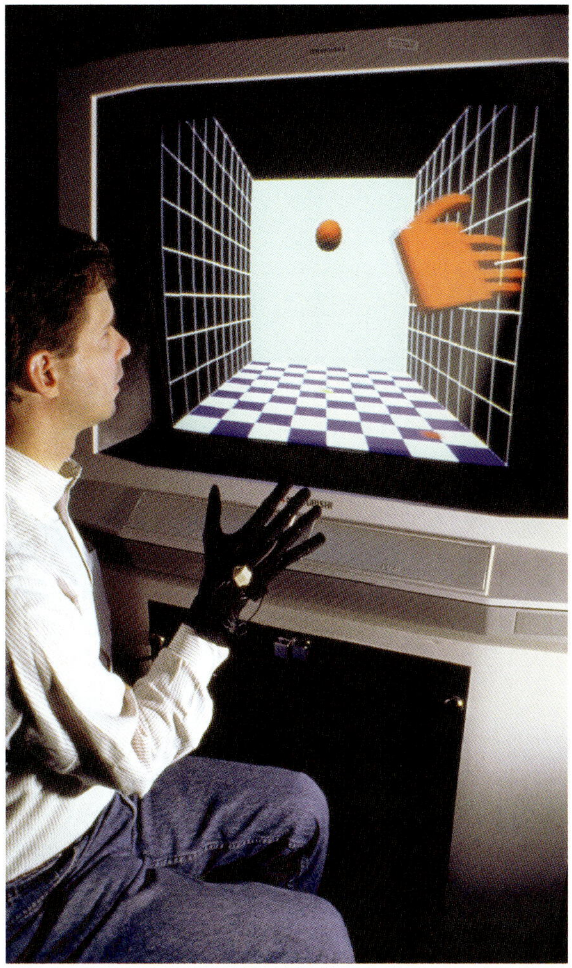

84 Virtuelle Realität: Mit dem Datenhandschuh in die Dreidimensionalität.

Während das Ziel nach der Take-off-Phase von der Devise »immer mehr, immer größer, höher, schneller, besser, bequemer« bestimmt war, geht es nun nicht mehr darum, die alten Wege

85 Computer-Kids können die Autofahrt zum Internet-Surfen nutzen. Keine Vision, sondern Wirklichkeit, Mercedes präsentierte 1997 den ersten multimedialen PKW, der per Tastendruck die Fahrzeuginsassen mit der ganzen Welt vernetzt.

zu verbessern, sondern neue Wege, neue Medien zu finden. Die sich steigernde Kette Eisenbahn-Auto-Flugzeug-Rakete wird durch ein gänzlich anderes Transport- und Kommunikationsmittel, wird von Cyberspace und der Virtual Reality abgelöst. Mit »Eyephone« und »Datenhandschuh« kann der Mensch über Körperbewegung direkt mit dem Rechner kommunizieren, sich mit visueller Simulation einen Weg in die dritte Dimension bahnen. Das Internet ermöglicht nicht nur einen Zugang zum globalen Wissen, es bietet sich auch als riesiges Einkaufszentrum an, eröffnet gänzlich neue Formen des menschlichen Umgangs und wirtschaftlichen Verkehrs, der Erledigung von Geschäften. »Die klassische Industriegesellschaft verabschiedet sich, auch in Deutschland entsteht eine Dienstleistungsgesellschaft«, titelt der SPIEGEL im Juli 1998.

Möglicherweise wird die neue industrielle Revolution in Verbindung mit der wirtschaftlichen Globalisierung eine Veränderung des gesamten wirtschaftlichen, sozialen, gesellschaftlichen und kulturellen Lebens bringen, so radikal wie dies bei der Ablösung der Agrarwirtschaft durch die Industrialisierung geschah.

Infrastruktur: Die Eisenbahn als Träger der Kultur

Die fehlende oder mangelhafte Infrastruktur, die negativen Standortfaktoren haben die Industrialisierung im Südwesten Deutschlands behindert und verzögert. Ihre beharrliche Verbesserung war zugleich Ursache, Motor und Folge der Industrialisierung. Am frühesten vollzog sich der Wandel im Bereich der Verkehrswege, am schnellsten ging es bei der Elektrifizierung, lange hinterher hinkte der Geld- und Kapitalmarkt, ein besonderes Problem brachte die »Entsorgung« von Müll, Abwasser, Schadstoffen, Brennelementen; atemberaubend sind die jüngsten Entwicklungen bei den Kommunikationswegen, eine richtige Investition für die Zukunft bildet noch immer das Bildungswesen, die Wissensvermittlung und die Grundlagenforschung.
Die vielfältigen Beziehungen der Infrastrukturbereiche zur Kultur spiegeln sich in der Literatur und Bildenden Kunst, zeigen sich in ihren äußeren Formen, finden ihren Ausdruck im gesellschaftlichen Kontext, werden deutlich in ihrer Selbstdarstellung und bei der ihrer Produkte. Als Beispiel sollen hier die Verkehrswege, insbesondere die der Eisenbahn dienen, nicht nur wegen ihrer besonderen Bedeutung für die Industrialisierung und die Industriegesellschaft, sondern auch wegen ihrer langen Kontinuität – sie begleiten die Industrialisierung von Anfang an, bestimmen sie mit und werden von ihr mitbestimmt – und weil sie im öffentlichen Raum am sichtbarsten sind, zumal andere Infrastrukturbereiche wie die Energie- oder Kommunikationswege (Gasversorgung, Elektrischer Strom, Telefon) längst in den Untergrund abgetaucht und aus dem Bild der Siedlungen und Landschaften verschwunden sind.

Die Verkehrswege: Straßen, Kanäle und Eisenbahn

Wie wichtig die Verkehrswege im Land für dessen Anschluß an die Industrialisierung waren, hatte sich in der Durchbruchphase der industriellen Revolution gezeigt. Den entscheidenden Fortschritt brachte, nachdem man zunächst auf die Verbesserung der Wasserwege und Straßen gesetzt hatte, der rasche Auf- und Ausbau eines engmaschigen, mit internationalen Strecken verknüpften Eisenbahnnetzes in der

86 Der »verrückte Baron« Carl Friedrich Freiherr Drais von Sauerbronn erfand 1817 das Laufrad, die Draisine, Vorläufer des Fahrrads: Beginn eines neuen Verkehrszeitalters.

zweiten Hälfte des 19. Jahrhunderts. Diesem erwuchs zu Beginn des 20. Jahrhunderts mit der Erfindung des Otto-Motors und dem Siegeslauf des Autos eine ernsthafte Konkurrenz im Straßenbau. Während der weitere Ausbau des Schienenstranges – der Bedarf war gesättigt, verebbte –, erhielt das Straßennetz eine neue, immer größer werdende Bedeutung. Durch den schon in der Weimarer Republik geplanten und 1933 von den Nazis auch mit Blick auf deren militärisch-strategische Funktion begonnenen Reichsautobahnbau erhielt das Straßennetz

87 Nur mühsam behauptete sich die zunächst mit dem Beginn der Industrialisierung favorisierte Schiffahrt neben der Eisenbahn. Ein Ketten-Schleppschiffzug auf dem Neckar bei Heilbronn um 1910.

auch im Südwesten eine neue Qualität. 1936 konnten in Württemberg die ersten 21 Kilometer zwischen Echterdingen und Unterboihingen als Teil der Strecke von Stuttgart nach Ulm und München in Betrieb genommen werden. Sechs Jahre später wurde der Autobahnbau kriegsbedingt gestoppt, 260 Kilometer mit rund 550 Bauwerken waren fertig. Bis zum Kriegsende im Mai 1945 wurden davon allerdings wieder durch aliierte Fliegerangriffe und durch deutsche Sprengungen 119 Brücken und zwei Tunnels zerstört.

So war das Straßenprogramm der jungen Bundesrepublik auch zunächst von Reparaturen und Wiederaufbau bestimmt. Erstmals 1952 legte das Bundesministerium für Verkehr dann Pläne vor, die den weiteren Ausbau des Autobahnnetzes in Baden-Württemberg (von Karlsruhe nach Basel) vorsahen. 1956 verfügte das Bundesautobahnnetz in Baden-Württemberg über 298 Kilometer, 1970 über 566 Kilometer, 1990 über 978 Kilometer, überörtliche Straßen gab es 1990 im Bundesland insgesamt 27960 Kilometer. Der steigende Verkehr machte bis heute einen weiteren Ausbau notwendig. Im Sommer 1998 belief sich der Kraftfahrzeugbestand im Land auf 6,6 Millionen Autos und Motorräder, pro 1000 Einwohner kamen also 641 Fahrzeuge. Durchschnittlich passierten 1997 auf der A 8 das Autobahndreieck Leonberg und das Kreuz Stuttgart 117000 Fahrzeuge am Tag und auf der A 5 nördlich des Autobahnkreuzes Karlsruhe wurden am 25. Juli 1997 150000 Fahrzeuge gezählt.

88 Nach Zeiten des Rückbaus und der Stagnation begann 1976 die Eisenbahn den Bau neuer Trassen für den Fernverkehr: ein ICE auf der Strecke zwischen Markgröningen und Vaihingen 1992.

Doch spielt, entgegen allen Unkenrufen, die Eisenbahn immer noch eine wichtige Rolle im Verkehrswesen und ist keineswegs, wie schon prophezeit wurde, durch vermeintlich bequemere und schnellere Verkehrsmittel, Auto und Flugzeug, abgelöst. Zwar waren die letzten Jahrzehnte, sieht man von den ICE-Strecken ab, eher von Schrumpfungen geprägt. Unrentable Strecken wurden inzwischen aufgegeben, die Schienenstränge abgebaut. Und manche einst feierlich eröffnete und von der Bevölkerung stürmisch begrüßte Nebenstrecke wird heute nur noch für Touristen und Eisenbahnliebhaber an Sonn- und Feiertagen als Nostalgie-Bahn betrieben. Dennoch haben gerade die letzten Jahre bewiesen, daß die Deutsche Bahn AG, Nachfolgerin der Deutschen Bundesbahn bzw. der Reichsbahn, der 1920 die südwestdeutschen Staatsbahnen per Reichsgesetz einverleibt worden sind, den Herausforderungen der Zeit mit neuen Konzepten zu begegnen weiß.

Nach bald einhundert Jahren begann 1976 die Bahn erstmals wieder im großen Maßstab neue Trassen für Fernverkehrsstrecken zu bauen, ein neues Hochleistungs-Schienennetz für Schnellfahrzeuge (Abb. 88). 1984 wurde daraus das Hochgeschwindigkeitsverkehrprojekt neunziger Jahre für Personen und Güterverkehr. 1991 konnte mit der Strecke Mannheim-Stuttgart ein erster großer Abschnitt auch in Baden-Württemberg eingeweiht werden. Für die neuen Strecken wurde mit dem InterCity Experimental/Expreß (ICE) eine neue Fahrzeuggeneration entwickelt, die Geschwindigkeiten bis

89 Bauarbeiten in einem Tunnel beim Isteiner Klotz mit der Vorbereitung von Sprenglöchern, um 1840.

zu 250 km/h zuläßt. 1988 wurde mit einem dieser neuen Züge gar erstmals die Grenze von 400 km/h überschritten.
Die Verkehrswege, Straßen, Kanäle, Eisenbahn faszinierten und faszinieren Menschen nicht nur ihrer Funktion, sondern auch ihrer Gestalt, ihres Aussehens wegen. Dies fand schon im 19. Jahrhundert seinen Niederschlag in Reisehandbücher oder literarischen Reiseführern, in denen eben nicht nur schöne Landschaften, Stadtansichten, Kunstwerke, sondern auch Brücken, Tunnels, Kanäle, Häfen, Eisenbahntrassen in Stahlstichen oder Lithografien abgebildet wurden. Tiefe Schluchten überspannende Brücken wurden nicht nur als technische Meisterleistung gewertet, die Kühnheit ihres Schwungs wurde auch ihrer Form wegen bewundert. Immer wieder wurden Eisenbahntrassen wegen ihrer »die Landschaft verschönende Lage«, wegen ihrer Einbettung in die Umgebung abgebildet.
Doch nicht nur der Betrachter billigte den Verkehrswegen neben der praktischen auch eine ästhetische Funktion zu. Dies taten schon und tun immer noch die Erbauer, die ihre »Ingenieurskunst« nicht nur im Funktionieren, sondern auch in der Form ihrer Bauwerke zeigten und zeigen.
Dies gilt für Bundesautobahnen, wie manche Details, aber auch große Bauwerke – etwa Autobahnkreuze oder -anschlußstellen aus der Luft betrachtet – belegen, ebenso wie für den Hochgeschwindigkeitszug, den InterCity Expreß (ICE) mit seinem »grundlegend neuen, zukunftsorientierten Designkonzept«. Wie sehr die Verkehrswege nach ästhetischen Gesichtspunkten ausgebaut wurden, wie sehr sie aber andererseits auch das Leben der Menschen, deren Gewohnheiten, Arbeiten, Geselligkeit, Freizeit, Kultur insgesamt verändert und beeinflußt haben, wird am offenkundigsten und am augenfälligsten am Beispiel der Eisenbahn, ihrer Entstehung, ihrer Entwicklung, ihrer Bauten, Züge und Strecken.

Die Eisenbahnkultur

Der 1838 in Baden und 1843 in Württemberg per Gesetz beschlossene Eisenbahnbau wurde rasch vollzogen. Innerhalb weniger Jahrzehnte waren die beiden Länder umfassend verschient und an internationale Eisenbahnnetze angeschlossen. 1870 verfügte Baden über 959, Württemberg über 1052 Eisenbahnkilometer, um die Jahrhundertwende waren es, rechnet

90 Die Geislinger Steige, zwischen 1847 und 1850 erbaut, galt als technische Meisterleistung. Auf einer Strecke von 5,6 km mußte ein Höhenunterschied von 112 Metern überwunden werden, wofür die Maschinenfabrik Esslingen eigens eine »Berglok« entwickelte.

man alle Nebenbahnen dazu, um die 3000 Kilometer. Der Eisenbahnbau war zweifellos eine technische Meisterleistung. So mußten Flüsse überbrückt, Berge durchbohrt, Steigungen überwunden werden. Und dies alles überwiegend in Handarbeit, die nicht ganz ungefährlich war, wie die zahlreichen Unfälle belegen. Bewältigt werden mußten neben den bahntechnischen Schwierigkeiten auch die Probleme, die durch die große Zahl der eingesetzten Arbeitskräfte entstanden. So waren beim Bau der Geislinger Steige (Abb. 90) rund 4000 Arbeiter im

Einsatz, die zum größten Teil nicht aus der Umgebung stammten, sondern von weit her kamen. Sie mußten in Baracken, Scheunen und Zelten untergebracht werden; die Stadt Geislingen zählte damals gerade mal 2400 Einwohner. Zudem mußten sie mit Lebensmittel versorgt werden, was gewiß keine leichte Aufgabe war.

Die Eisenbahn ist mehr als nur ein technisches Wunderwerk

Schon ihren Erbauern war klar: Die Eisenbahn ist viel mehr als nur ein technisches Wunderwerk. Mit ihr beginnt ein neuer Abschnitt in der Weltgeschichte, meinte weitsichtig Heinrich Heine. Gefeiert wurde die Erfindung als Transportmittel für Güter, Waren und Menschen, das »für den materiellen Verkehr der Staaten« ebenso wichtig war wie die »Erfindung der Buchdruckkunst für ihren geistigen Verkehr«.[1] Beschworen wurde aber auch die Wirkung der Eisenbahn als »Kulturbeförderungsmittel«, das dem Gedankenaustausch dient, Wissen vervielfacht, Bildung mehrt und Künste befruchtet. »Ohne Vergleichung wichtiger als in den angegebenen Fällen erscheint aber der Eisenbahntransport, wenn man seine Wirkungen auf die Bildung aller Klassen und Stände in Betracht zieht. Auch der minderbemittelte Student wird durch denselben in den Stand gesetzt, die berühmtesten Universitäten des In- und Auslandes zu besuchen und die Institutionen fremder Länder durch eigene Anschauung kennenzulernen (...) es ist nicht unwahrscheinlich, daß in-

91 Beim Bau der Badischen Eisenbahn war er auf der Strecke Mannheim-Basel fast unüberwindlich: der Isteiner Klotz mit der Bahntrasse direkt am Rhein.

92 Bahnbau im Bempflinger Wald bei Reutlingen um 1856.

folge des erleichterten Verkehrs sich Nationalvereine und Versammlungen für spezielle Zweige der Literatur, der Künste und der Industrie bilden«, schreibt Friedrich List 1837.[2]
Und immer wieder wurde in den Diskussionen um Nutzen und Frommen, Schrecken und Gefahren der Eisenbahn auf deren politische Dimension verwiesen. »Die Eisenbahn förderte zunächst einmal die Überwindung der Kleinstaaterei, half mit bei der Erreichung nationaler Einheit (auf der Schiene des technischen Fortschritts).«[3] Die Eisenbahn sei ein »demokratisches Institut«, »das den Armen um nichts langsamer zum Ziele bringt als den Reichen«.[4] Wobei ganz einfach übersehen oder unterschlagen wird, daß die Beförderung dann doch im Klassensystem vonstatten geht und der Arme zwar gleichzeitig mit dem Reichen ans Ziel kommt, aber 4. statt 1. Klasse reisend, möglicherweise in einem anderen Zustand: vom Stehen ermüdet und durchgeschüttelt, vom Regen durchnäßt (Abb. 97).

Eisenbahn als materieller Ausdruck eines neuen Geistes

Für nicht wenige war die Eisenbahn der materielle Ausdruck eines neuen Geistes, kritisch-fortschrittlichen Denkens. Als der Theologe David Friedrich Strauß (1808–1874), geschaßter

93 Alte und neue Zeit begegnen sich: oben die Eisenbahn, unten die Postkutsche. Viadukt beim Bahnhof Laufenmühle-Welzheim.

Tübinger Stiftsrepetent (1835), bekannt, verehrt und gehaßt durch sein »Leben Jesu«, 1841 für die Fahrt von Heidelberg nach Mannheim statt fünf Stunden nur eine halbe benötigte, vermittelte ihm dies »moderne Wunderwerk« einen »bedeutenden Eindruck«, erweckte in ihm »während solchen zauberhaften Fliegens« ein »träumerisches Bewußtsein«, ja brachte ihm die Erkenntnis: »Diese Abstraktion, dieses Fortgerissenwerden des Individuums von einer allgemeinen Macht, wie es bei jenen ungeheuren Reisemaschinen stattfindet, ist ganz dasselbe Princip, was wir in der Wissenschaft vertreten.«[5]
Die Eisenbahn, wurde als vielseitiges Wunderwerk schnell zum Symbol des technischen Fortschritts und der geistigen Reife, zum Synonym für Wohlstand und wirtschaftlichen Aufschwung, zum Zeichen für gesellschaftliche Veränderung und politische Neuerung, ließ Zeit und Raum schrumpfen, hob Entfernungen auf (»vor meiner Tür brandet die Nordsee«, Heinrich Heine), brachte Nähe, machte den Menschen zum Herrn über die Natur.
Solchen Vorstellungen, Bildern und Gedanken anhängend, begrüßten viele die Eisenbahn geradezu euphorisch. »Eisenbahnen sind Träger der Kultur, der Humanität und Gesittung, sie sind das Band der Einzelwesen, wie der Völker, das jedem zugänglich, Künste und Wissenschaften, Licht und Aufklärung und eine gesunde öffentliche Meinung immer mehr befördert und verbreitet.«[6] Doch gab es nicht wenige, für die anfänglich die Eisenbahn zum Symbol der anderen Seite des Fortschritts wurde. Ihnen galt die Eisenbahn als ein Zeichen der himmelstürmenden Vermessenheit des Menschen, dem

Turmbau von Babel gleichzusetzen, als Zerstörerin traditioneller Werte, als Schädigerin der Umwelt, als Dämon der neuen Zeit, der alles Böse, den Antichrist, das teuflische Wesen aus der Offenbarung des Johannes verkörperte. Vor allem die Landbevölkerung traute dem neuen Wunderding nicht recht, machte es für alles Schlechte verantwortlich: »Cholera, Kartoffelkrankheit, verkehrte Witterung, Erdbeben, teure Zeit, Krieg und Aufruhr« seien »das natürliche Gefolge dieser titanischen Neuerung«. Hartnäckig hielt sich bei badischen Bauern das Gerücht, der Teufel hole an jeder Station einen Passagier zum Lohn für seine Arbeit.[7] Die Ängste und Warnungen vor den negativen Seiten des Maschinenzeitalters, die Verluste, die mit der Eisenbahn verbunden waren, die Stimmung vieler brachte Justinus Kerner (Abb. 94) in Gedichtform,[8] erstmals veröffentlicht im »Morgenblatt für gebildete Leser« vom 28. März 1852.

Im Eisenbahnhofe

Hört ihr den Pfiff, den wilden, grellen,
Es schnaubt, es rüstet sich das Tier,
Das eiserne, zum Zug, zum schnellen,
Herbraust's, wie ein Gewitter schier.
In seinem Bauche schafft ein Feuer,
Das schwarzen Qualm zum Himmel treibt;
Ein Bild scheint's von dem Ungeheuer,
Von dem die Offenbarung schreibt.
Jetzt welch ein Rennen, welch Getümmel,
Bis sich gefüllt der Wagen Raum!
Drauf ›fertig!‹ schreit's, und Erd' und Himmel
Hinfliegen, ein dämon'scher Traum.
Dampfschnaubend Tier! Seit du geboren,
Die Poesie des Reisens flieht;
Zu Roß mit Mantelsack und Sporen
Kein Kaufherr mehr zur Messe zieht.
Kein Handwerksbursche bald die Straße
Mehr wandert froh in Regen, Wind,
Legt müd sich hin und träumt im Grase
Von seiner Heimat schönem Kind.
Kein Postzug nimmt mit lust'gem Knallen
Bald durch die Stadt mehr seinen Lauf,
Und wecket mit des Posthorns Schallen
Zum Mondenschein den Städter auf.
Auch bald kein trautes Paar die Straße
Gemütlich fährt im Wagen mehr,
Aus dem der Mann steigt und vom Grase
Der Frau holt eine Blume her.
Kein Wandrer bald auf hoher Stelle,
Zu schauen Gottes Welt, mehr weilt,
Bald alles mit des Blitzes Schnelle
An der Natur vorübereilt.
Ich klage: Mensch mit deinen Künsten
Wie machst du Erd und Himmel kalt!
Wär' ich, eh' du gespielt mit Dünsten,
Geboren doch im wildsten Wald!

94 Justinus Kerner (1786–1862).

Wo keine Axt mehr schallt, geboren,
Könnt's sein, in Meeres stillem Grund,
Daß nie geworden meinen Ohren
Je was von deinen Wundern kund.
Fahr zu, o Mensch! Treib's auf die Spitze,
Vom Dampfschiff bis zum Schiff der Luft!
Flieg mit dem Aar, flieg mit dem Blitze!
Kommst weiter nicht, als bis zur Gruft.

Welche Meinung über die Eisenbahn, wo und wie auch immer, vertreten wurde, sie war in aller Munde und Kopf. Entsprechende Aufmerksamkeit schenkte man deren Erscheinungsbild, sei es bei der Gestaltung von Lokomotiven und Wagen, bei der Architektur von Bahnhöfen, Bahnanlagen oder Bahnwärterhäuschen, bei der Form von Brücken und Tunnels, beim Schriftbild von Stationschildern oder bei der Dekoration des Wartesaales.

Lokomotive und Wagen

Im »Mythos vom Dampf« spielte die Lokomotive eine zentrale Rolle. Anschaulich setzt sie die Vorstellung vom Sieg über die Natur, über Raum und Zeit, über den »gefesselten Prometheus«, den »bezwungenen Herkules«, die zum Weggenossen des Menschen, zu seinem »Dampfroß« werden, ins Bild.

»So macht euch auf, wohlan, auf alten Gleisen
Der Poesie, der flücht'gen, nachzujagen,
Und knebelt mit Gebiß und Strang und Eisen
Das Roß, das edle, freie, vor den Wagen!«[9]

Gekennzeichnet ist das Dampfroß von Kraft, Schnelligkeit, Hoheit, Individualität. So erhalten die frühen Lokomotiven wie lebende Wesen auch Namen, die auf diese Eigenschaften anspielen: Adler, Phoenix, Jupiter, Vulcan, Mercur, Hercules, Hector.

95 Die Lokomotiven, selbst die der Zahnradbahn von Stuttgart nach Degerloch bekamen Namen.

96 Die Gebr. Märklin, Göppingen, auf dem Weg zur Frühjahrsmesse in Leipzig.

97 Karikatur: »die Reisenden der Kostenersparniß wegen auf der vierten Klasse der Eisenbahn«.

Die ersten beiden, 1840 aus Manchester gelieferten Lokomotiven der badischen Eisenbahn wurden auf die Namen Loewe und Greif getauft, nach den beiden badischen Wappenhaltern, und die erste, 1842 im Land hergestellte Lokomotive erhielt den Namen Badenia, eine der nächsten den Namen Fortuna. Je mehr Lokomotiven gebaut wurden, umso schwieriger wurde es, solche klangvollen und beziehungsreichen Namen zu finden, weshalb man schon bald, dem Ausbau des Eisenbahnnetzes folgend, auf Städtenamen zurückgriff. Die ersten waren dementsprechend Heidelberg und Mannheim. 1869 schließlich ging man in Baden zur Seriennumerierung über.

In Württemberg erhielten und trugen die Lokomotiven gar bis 1896 individuelle Namen. Schnellzugmaschinen wurden mit deutschen und ausländischen Städtenamen getauft, alle anderen wurden nach württembergischen Flüssen, Städten und Bergen benannt. Die ersten sechs, 1845 aus England importierten Lokomotiven hießen Donau, Fils, Jaxt, Neckar, Rems und Enz.

Während die Lokomotiven schließlich, ihrer Namen beraubt und durchnumeriert, in die Anonymität verwiesen wurden, gehört heute die individuelle Benennung ganzer Züge zum Marketing der Deutschen Bahn AG. Dies gilt für InterRegio-Züge (Oberschwaben), ebenso wie für den InterCity, (Baden-Kurier, Kaiserstuhl, Ludwig Uhland, Friedrich List, Friedrich Schiller) oder den ICE (Hercules, Hohenstaufen, Wilhelm Hauff).

Die Wertschätzung der »Dampfrösser« fand ihren Niederschlag auch in der äußeren Gestaltung. Deutlich sichtbar trugen sie an zentraler Stelle ihren Namen. Das Äußere sollte trotz aller verborgenen Kraft in erster Linie freundlich wirken. Die ersten in Baden um Einsatz kommenden Lokomotiven zeigten sich »zunächst überwiegend in Hellgrün, seit 1844/45 in Dunkelgrün für Kessel- und Feuerkasten, gedämpftem Rotbraun für Räder und Rahmen bei schwarzer Fassung«. Den Führerstand umgab ein Geländer, das »aus blanken, zierlich gedrehten Säulen« bestand.[10] Noch heute wird die äußere Gestaltung nicht nur von der Funktion, sondern auch von ästhetischen Gesichtspunkten bestimmt.

Bahnhöfe, Bahnwärterhäuschen

Neben den Fabrikgebäuden repräsentieren die Bahnhofsanlagen den Beginn und die Entwicklung des Industriezeitalters, vermitteln die Bahnhöfe, anfänglich mitunter auch serienmäßig gefertigt, eine frühe Form der industriellen Alltagskultur. Keineswegs sind sie nur einfache Bauten im Dienste der Eisenbahn, Orte der Ankunft, des Abschieds und der Wiederkehr, Abfahrts- und Ankunftsstellen der Züge. Sie wurden für die Städte, die fast alle zu Beginn des 19. Jahrhunderts gerade begonnen hatten, ihre mittelalterlichen Mauern und Tore abzureißen, zu einem neuen Stadttor vor der Altstadt, zu einem Kristallisationspunkt neuer städtebaulicher Entwicklung.

Die Bahnhofsstraßen werden, kaum ist der Bahnhof gebaut, besiedelt von Gaststätten und Hotels, von Gewerbebetrieben und Industrieunternehmen. Ja, die Bahnhöfe selbst bieten Raum und Platz für gewerbliche Aktivitäten aller Art. Der Universitätsbuchhändler Karl Schmitt errichtete 1854 nach den weltstädtischen Vorbildern Paris und London im Heidelberger Bahnhof eine Verkaufsstelle für »Reise-Literalien« und gründete so die erste deutsche Bahnhofsbuchhandlung.

In vielen, vor allem in den größeren Städten wurden die Bahnhöfe in den ersten Jahrzehnten auch zum Treffpunkt der bürgerlichen Gesellschaft, bildeten für sie »einen glänzenden Rahmen, der Theater, Salon, Museum und säkularisierte Kirche zugleich war.«[11] Unter der Stuttgarter Bahnhofsuhr trafen sich bis in die Zeit vor dem Ersten Weltkrieg »Schulkinder, Ge-

98 Der Pionier der Badischen Eisenbahn, Friedrich Eisenlohr (1805–1855) im Kreis seiner Freunde (ganz rechts), Gemälde von Friedrich Mosbrugger um 1829.

99 Der Bahnhof Freiburg nach Eisenlohrs Entwurf: Die Fassaden »bestehen aus Quadern von rotem Sandstein, wogegen die Seiten mit den Pfeilern und Bogen aus weißen Backsteinen ausgeführt sind«.

schäftsleute, Liebespärchen, ankommende und abfahrende Reisende, kurzum alle, die einen Treffpunkt vereinbaren mußten«[12].

Für das »Hochbauwesen der badischen Eisenbahn« war von deren Beginn an bis zu seinem Tod zuständig Jakob Friedrich Eisenlohr (1805–1855), Professor (1839) und Vorstand der Bauschule des Karlsruher Polytechnikums (Abb. 98), Schüler Friedrich Weinbrenners, dessen Kunstauffassung und Werke ihn und seine Bauten deutlich beeinflußten. Er prägte das Erscheinungsbild der badischen Eisenbahn in der ersten Generation und wurde zum Vorbild seiner Nachfolger.

100 Giebelverzierungen am Bahnhof Baden-Oos als »gotische Schnitzeleien« verunglimpft.

Bei all seinen Bauten achtete er auf deren Funktionalität und Ästhetik gleichermaßen. Sie sollten die technischen und ökomomischen Anforderungen erfüllen, aber auch ästhetisch befriedigen. Die Sorgfalt, die er der »Kunst am Bau« angedeihen ließ – und er demonstrierte seine Auffassung nicht nur an den Bauten, sondern publizierte zahlreiche Schriften, die er mit vielen Skizzen, Plänen, Grundrissen, Detailzeichnungen versah –, brachte ihm zwar viele Bewunderer, aber – zumal unter den badischen Politikern – auch viele Gegner. Wiederholt kürzte die badische Abgeordnetenkammer Gelder für den Eisenbahnbau, warf Eisenlohr einen »übertriebenen Aufwand« vor, mokiert sich über die »gotischen Schnitzeleien« (Abb. 100), unterstellte seinen Bauten einen »orientalischen Luxus«. Die Bauten sollten lediglich solid und dauerhaft sein, auf Zutaten könne man verzichten. »Wenn die Sache zweckmäßig und billig ist, dann ist sie am allerschönsten«, wurde argumentiert.[13] Er und seine Freunde, mehrheitlich auch die Regierung einschließlich des Großherzogs, hielten dem entgegen, daß die Eisenbahn viele fremde Besucher ins Land brächte, die sehr wohl etwas vom Bauen verständen, so daß es bei dieser Frage auch um das Renomée des Staates ginge und öffentliche Bauten sich doch wohl nicht schlechter präsentieren sollten als private.

Eisenlohr setzte sich durch und konnte seinen Bauten ein Aussehen geben, »das dem Lande Ehre macht«, zumal die »Kunstzusätze« vergleichsweise geringe Kosten verursachten. So

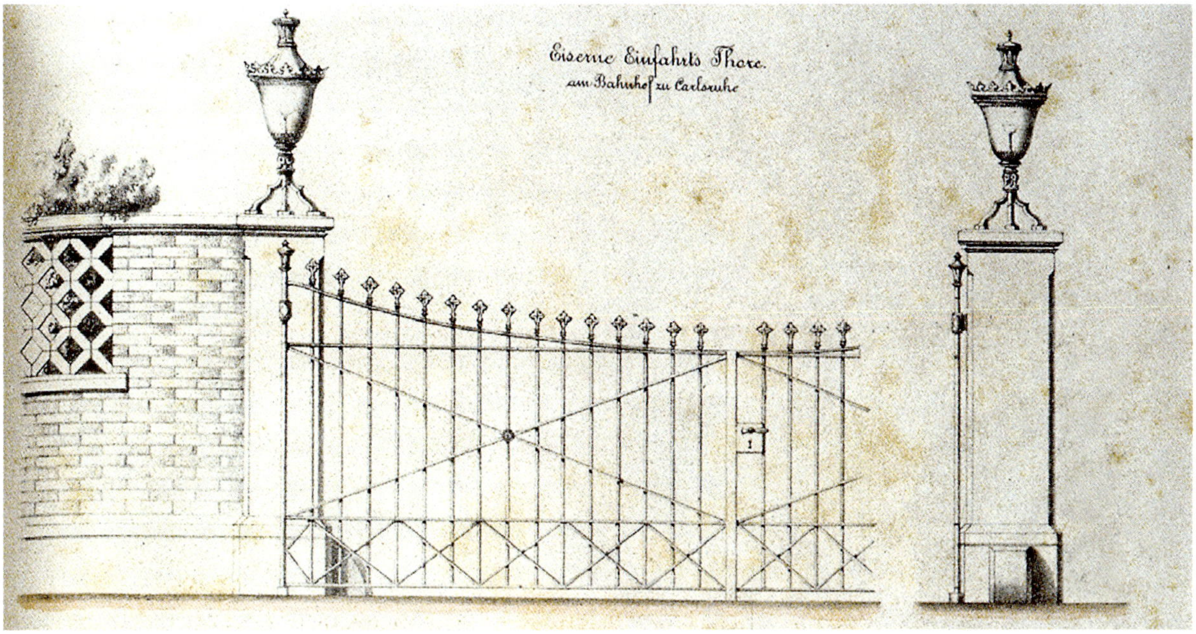

101 Eisernes Einfahrtstor am Bahnhof Karlsruhe nach einem Entwurf von Eisenlohr.

102 Der »orientalische Luxus« der »Wand-Decoration in Wartesälen des Bahnhofs zu Carlsruhe« brachte Eisenlohr manchen Ärger mit badischen Landtagsabgeordneten.

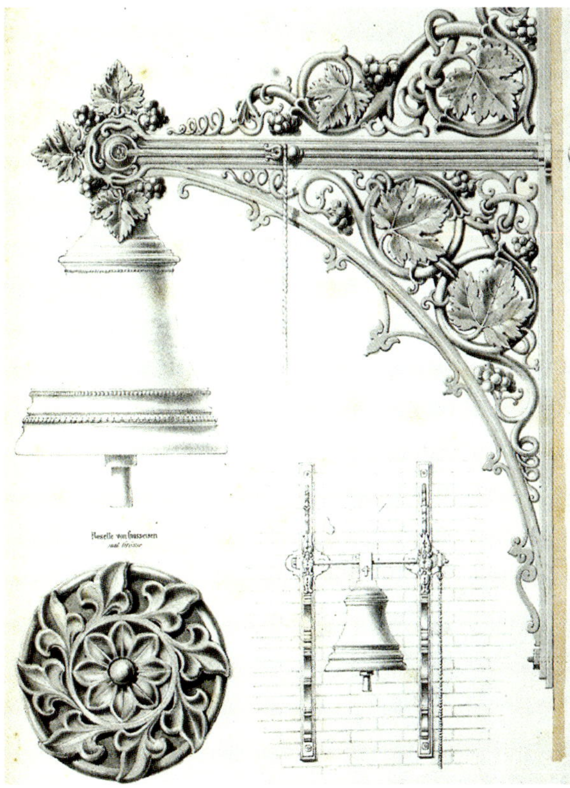

103 Wie sich Eisenlohr einen gußeiserner Glockenträger mit einer Glocke »in den Einsteighallen der bad. Eisenbahn« vorstellte.

104 Das Bahnwärterhaus nach Eisenlohr: Ort des Idylls, dem industriellen Kreislauf ganz nah – und doch abseits. Inmitten der rasenden Zeit ein Stückchen Beharrlichkeit.

ist die zehn Jahre nach seinem Tod veröffentlichte Würdigung vielleicht etwas blumig, aber durchaus zutreffend: »In ungemein zierlicher Auffassung hat er in den Hochbauten der badischen Eisenbahn einen edlen romanischen Styl zugrunde gelegt und die Formen desselben auf geistvolle Weise mit den modernen Bedürfnissen in Übereinstimmung zu bringen gewußt. Die Bahnhöfe zu Heidelberg, Karlsruhe und Freiburg mit ihren weiten Hallen, ihren anmutigen Arkaden und der malerischen Gruppierung gehören in ihrer ächt künstlerischen Haltung zu den liebenswürdigsten Schöpfungen ihrer Art. Aber selbst in den kleineren Stationsgebäuden, ja selbst in den unscheinbaren Wärterhäuschen hat der treffliche Architekt durch glückliche Benützung des Terrains, durch naiven Reiz der Anlage und durch Aufnahme des im Schwarzwald heimischen Holzbaues eine Fülle anspruchsloser und anziehender Werke geschaffen.«[14]

In Württemberg baute man nach den gleichen Grundsätzen wie in Baden, allerdings mehr dem Klassizismus verhaftet und wesentlich nüchterner. Der geistige Vater der frühen Bauten war Nikolaus Friedrich von Thouret (1767–1845), ehemaliger Hofbaumeister König Friedrichs I., dann Professor an der Stuttgarter Gewerbeschule, wo er Architektur und perspektivisches Zeichnen lehrte. Einer seiner Schüler, Karl Etzel (1812–1865), erstellte als königlicher Baurat die ersten »Normalien«, Vorschriften für den Bau und die Gestalt von Bahnhöfen, Bahnwärterhäusern, Haltstationen und sonstigen Betriebseinrichtungen. An seiner Überzeugung: »Was die Konstruktionsweise sämtlicher Dienstgebäude betrifft, so wird bei derselben mehr auf Dauer als gefälliges Äußere gesehen,«[15] orientierten sich im Königreich Württemberg auch andere Techniker und Architekten. Sein von Rationalismus geprägter Stil zog allerdings bald den Kürzeren. Anschaulich schildert Mark Twain 1878 in »Eine Floßfahrt auf dem Neckar« die Ergebnisse: »Überall am Fluß entlang sahen wir in der Nähe eines jeden Dorfes kleine Bahnhöfe (...) Sie sahen so schmuck und niedlich und hübsch aus, wie man sie sich nur immer wünschen konnte. Stets waren sie aus Ziegeln oder Bruchsteinen gebaut und von anmutigem Äußeren (...) Die Bahnhöfe waren alles andere als ein Ärgernis, sie waren eine Zierde der schönen Landschaft (...) nichts an diesen Bahnhöfen und um sie herum und an der Bahnstrecke durfte armselig aussehen oder ohne Schmuck sein.«[16]

Ein Blick auf die weit über 500 bis zur Jahrhundertwende gebauten Bahnhöfe in Württemberg und Baden zeigt eine größere architektonische Vielfalt, als dies die anfängliche Normierung vermuten läßt. Nach der Reichsgründung sind die Bahnhöfe durchweg von den verschiedensten Formen des Historismus geprägt, insgesamt erhalten sie immer mehr das Aussehen palastartiger Empfangshallen, »dekoriert mit Putz, Plüsch und Prunk«, vor allem die großen Kopfbahnhöfe werden nun zu »Kathedralen der Technik«.

Nach der Jahrhundertwende setzt sich das »Wettbewerbsprinzip« durch, die meisten Bauvorhaben werden ausgeschrieben. Vereinzelt zeigt sich nun auch der Jugendstil, etwa an den Bahnhöfen in Plochingen und Balingen, für die der Stuttgarter Architekturprofessor Theodor Fischer als künstlerischer Berater tätig war. Allerdings kam es nun kaum noch zu Neubauten, der Bedarf war weitgehend befriedigt. Zeigte sich ein Bahnhof den Erfordernissen der Zeit nicht gewachsen, etwa dem gestiegenen Personen- und Frachtverkehr oder neueren technischen Errungenschaften, so wurde er in der Regel um- oder ausgebaut, seltener wurde abgerissen und neu gebaut.

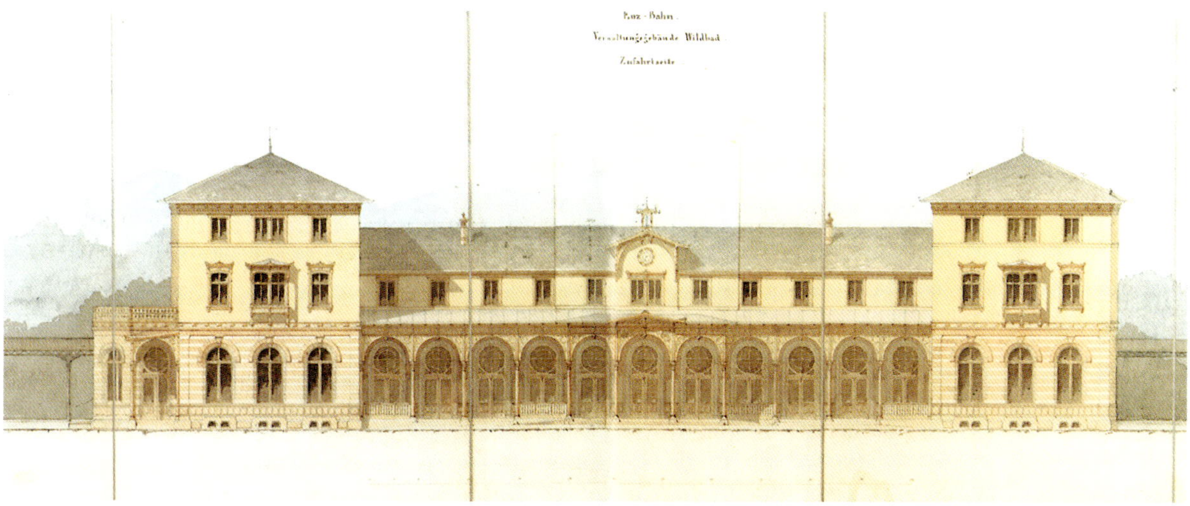

105 Bahnhof Wildbad, der eleganteste aller württembergischen Bahnhöfe.

106 Alter Stuttgarter Hauptbahnhof bei der Schloß-Straße, dessen Mittelgebäude einem gigantischen antiken Triumphbogen glich, um 1855.

Der Stuttgarter Hauptbahnhof im Wandel der Zeit

Ein gutes Beispiel dafür bietet der Stuttgarter Hauptbahnhof, der die Veränderungen seines Äußeren nicht nur funktionalen Gesichtspunkten verdankt, dessen Gestalt dem jeweiligen Zeitgeschmack und Kunstverständnis angepaßt wurde.

Am 12. September 1846, zum Geburtstag des Königs Wilhelm I., wurde der Stuttgarter Zentralbahnhof eingeweiht, nicht wie ursprünglich geplant in Berg, sondern mitten in der Stadt (bei der heutigen Bolzstraße), wie es Karl Etzel mit dem bemerkenswerten Argument, auch Konzert- und Theaterveranstaltungen fänden mitten in Stuttgart statt, vorgeschlagen hatte.

Die Fassade des mehrstöckigen Bahnhofs (Abb. 106) – im Gebäude mußten auch die Kanzlei der Eisenbahnkommission sowie Beamtenwohnungen untergebracht werden – wurde vom Mittelbau, der Ein- und Ausganghalle, den zwei schlichtere Seitengebäude flankierten, dominiert. Im Renaissance-Stil gehalten, glich er einem gigantischen antiken Triumphbogen. Das Erdgeschoß bestand aus fünf hohen Arkaden, die mit einem kräftigen Gesims zusammengehalten wurden. Drüber erstreckte sich die Kanzleietage, deren fünf Achsen wie im Erdgeschoß von Säulen mit korinthischen Kapi-

107 Ein Blick in den alten Stuttgarter Hauptbahnhof. Doppelsäulen mit griechischen Kapitellen tragen die große Halle, deren Mitte durch eine große Kuppel markiert wird.

tellen gekennzeichnet wurden. In der Mittelachse befanden sich drei Standbilder. Den Abschluß bildete ein großer Fries, dessen Mitte durch ein reich verziertes Wandbogenfeld mit einer Uhr betont wurde.
Im Frühjahr 1911 wurde für den Neubau des Stuttgarter Hauptbahnhofs, 500 m weiter stadtauswärts Richtung Königstor, ein Wettbewerb ausgeschrieben. Prämiert und in die Tat umgesetzt wurde der Entwurf, den der Stuttgarter Architekt Paul Bonatz (1877–1965) und sein Mitarbeiter Ferdinand Schober vorgelegt hatten (Abb. 184). Bezeichnenderweise gab Bonatz den Plänen das Kennwort »umbilicus sueviae« (Nabel Schwabens). Das Tor zur Landeshauptstadt wolle er bauen, ein Tor, »das mehr bedeutet als früher ein Stadttor, mehr als alle Tore dieser Stadt zusammen.«[17]
Als der erste Bauabschnitt 1922, durch den Ersten Weltkrieg verzögert, eingeweiht wurde, war die Architektur höchst umstritten. Gegner beschimpften sie als »reaktionär«, »imperial«, qualifizierten sie als »neoägyptisch« ab. So sah sich bei der Einweihung des zweiten Bauabschnittes 1927 der Präsident der Reichsbahndirektion genötigt, die Bonatzsche Architektur zu verteidigen und fand die Worte: »Wer mit der Kraft der Empfindung eines unserer herrlichen Bauwerke, etwa das Münster in Ulm oder die Klöster in Maulbronn und Neresheim, durch-

108 Stuttgart 21: Einer der vier Entwürfe aus dem Realisierungswettbewerb Hauptbahnhof Stuttgart.

schreitet, der wird es nachempfinden (...) so schwingt auch in dem Profanbau unseres Bahnhofs die Seele des Künstlers, die zusammenfassende Idee des gewaltig brandenden Verkehrs und des Zeitalters der Maschine.«[18] Auch wenn der Vergleich mit der Romanik in Maulbronn und dem Barock in Neresheim etwas gewagt war und das mit »der Kraft der Empfindung« so eine Sache ist, der kubistische, monumental wirkende Baustil von Bonatz begann sich auch andernorts durchzusetzen, wurde wegweisend. Ob der Stuttgarter Bahnhof, das »monolithische Kulturdenkmal der neuen Sachlichkeit«, allerdings das nächste Jahrtausend noch eine Zeitlang genießen kann, wird sich in den nächsten Jahren weisen. Denn, trotz aller Erneuerung, Modernisierung, Anpassung und Einbau neuer Techniken werden die Diskussionen um eine völlige Neugestaltung des Stuttgarter Hauptbahnhofs immer konkreter (Abb. 108). Städtebauliche und bahnliche Interessen verbinden und ergänzen sich. So wirbt die Deutsche Bahn mit großen doppelseitigen Anzeigen, in denen es heißt: »Mars Attacks? Stargate? ... ! Bald werden sie unter uns sein: Bahnhöfe wie aus einer anderen Welt. Bahnhöfe, deren Service und Komfort völlig neue Dimensionen erreichen. Bahnhöfe, die Entertainmentpark und kulturelles Zentrum, Handelsplatz und Dienstleistungsbereich zugleich sind. Bahnhöfe, die vorbildlich sein werden für die Reisezentren des nächsten Jahrtausends. Nur eines wird sich in diesen Bahnhöfen nicht ändern. Sie werden auch in Zukunft die großen Verkehrsknotenpunkte sein, die Menschen miteinander verbinden. Die Bahn kommt!«[19]

Tunnels und Brücken

Die 100 Kilometer lange neue Trasse der ICE-Strecke Mannheim-Stuttgart verläuft zu 37 Prozent in Einschnitten, zu 31 Prozent in Tunnels, zu 22 Prozent auf Dämmen, zu sieben Prozent auf Brücken und gerademal zu drei Prozent ebenerdig (Abb. 109). Auf Grund ihrer weiten Krümmung und einer flachen Steigung kann sie sich nur schwer an bestehende Geländeformen anpassen. Sie durchschneidet Täler und Berge, unterquert Autobahnen, überbrückt Flüsse. Ihre Ziele, Schnelligkeit und Komfort, sind fast ausschließlich funktional verwirklicht: »Bestimmend für die Gestaltung der großen Talbrücken und ebenso auch für die sogenannten aufgeständerten Fahrbahnen waren zunächst statische Gesetze und bautechnische Gegebenheiten. Daneben waren noch Belange des Eisenbahnoberbaus, der Betriebsführung oder Fragen nach der landschaftlichen Eingliederung zu berücksichtigen.«[20] Während bei der Gestaltung und Einrichtung der Züge und Bahnhöfe auch das Wohlbefinden und Behagen des Kunden Beachtung findet, Formen und Farben abgestimmt sind, die Sinne des Menschen angesprochen werden, dient die Trasse allein dem Transport. Das gestalterische Element bleibt außen vor. Lärmschutz und Sicherheit gehen vor Gestaltung und Schönheit, lediglich die »landschaftliche Eingliederung« wurde berücksichtigt. Ein gewisses kulturelles Bewußtsein bewiesen die Erbauer allerdings schon. Immerhin wurde 1985 ganz bewußt der Wilfering-Tunnel als erster der Neubaustrecke Stuttgart Mannheim am 4. Dezember durchschlagen, am Tag der hl. Barbara, der Schutzpatronin der Tunnelbauer.[21]

Da hat die erste Generation der Eisenbahnbauer doch in einem weit höheren Maße auf »die Eleganz ihrer Stationen« geachtet. Für Eisenlohr war der badische Bahnbau ein Gesamtkunstwerk, weshalb er sich um Details – Türen, Türgriffe, Namensschilder, Verzierungen – und

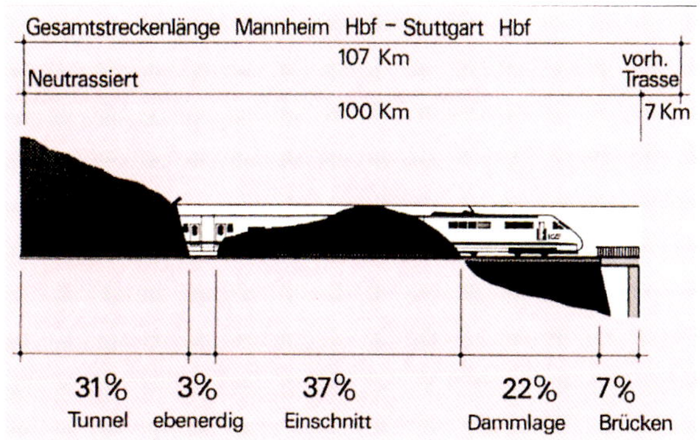

109 Nur drei Prozent der ICE-Gesamtstrecke Mannheim-Stuttgart verlaufen ebenerdig.

110 Das übliche Bild vieler Unterführungen: seelenlos und bedrückend.

111 Auch dies ist ein Stück Kultur: Aus einem »nur funktionsgerecht« errichteten technischen Bauwerk beim Bahnhof Oberaichen wird eine helle und freundliche Anlage.

112 Einfahrtstore, mittelalterlichen Burgen nicht unähnlich, umgrenzten die neue, 1853 erbaute Eisenbahnbrücke über die Kinzig.

Ausstattung – Bänke, Wandfliesen – ebenso kümmerte wie um Bahnhofsbauten, Brücken und Tunnels. Mit großer Sorgfalt wählte er auch für die eher technischen Bauten wie Brücken und Tunnels, insbesondere für deren Ein- und Ausgänge, das Baumaterial aus und veranlaßte beispielsweise, daß bei Brücken aus Stein, deren »Farbenwechsel nicht bunt durcheinander, sondern systematisch geordnet und mit Geschmack angewendet« wurde. Der »Wahrheit« und der »Schönheit« verpflichtet, achtete er auf Verzierungen ebenso wie auf Stabilität und Tragfähigkeit. Besonderen gestalterischen Wert legte er auf die Tunneltore, die mitunter übergroßen neoromanischen oder neogotischen Kirchen- oder Burgportalen gleichen. Ähnlich verfuhr er mit Brücken, deren Beginn und Ende – wie die 1853 errichtete Kinzigbrücke (Abb. 112) – etwa durch burgartige Aufbauten markiert wurden. Daß er seinen Grundsätzen selbst bei »kleinen Brücklein« treu blieb, brachte ihm 1848 heftige Kritik badischer Abgeodneter ein: »Da sind die Steine gerieben und gefeilt, alles ist in größter Pracht. Wer sieht das alles? Etwa die

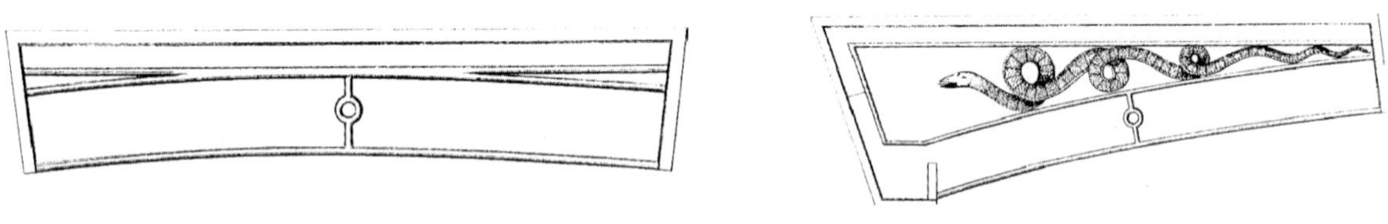

113 und 114 Der »Wahrheit« und der »Schönheit« verpflichtet; gußeiserne Verzierungen an der Eisenbahnbrücke bei Appenweier.

115 Das Königliche Landhaus Rosenstein mit Neckarbrücke und Tunnelmündung 1845.

paar Frösche, die darunter herumschwimmen?«[22]

Daß Eisenlohrs württembergischer Kollege Karl Etzel zwar etwas schlichter, aber nach den gleichen Grundsätzen Brücken und Tunnels baute, verdeutlichte dieser an der Untertunnelung des Rosensteinparks. Als Etzel 1843 die Oberleitung über den württembergischen Eisenbahnbau bekam, entschied er sich bei der Trassenplanung der 30 Kilometer langen Strecke von Esslingen nach Ludwigsburg für einen über Stuttgart führenden Verlauf und verwarf Pläne, die einen Zentralbahnhof in Bad Cannstatt favorisierten und Stuttgart lediglich mit einer Stichbahn anschließen wollten. Dazu bedurfte es aber einer Überquerung des Neckars und einer Untertunnelung des Rosensteingeländes (Abb. 115), was nicht nur wegen der technischen Schwierigkeiten und den Extrakosten kein einfaches Unterfangen war, schließlich diente das von Giovanni Salucci 1824 bis 1829 in »arkadisch abgeschlossener Beschaulichkeit«[23] erbaute Schloß Rosenstein König Wilhelm als Landhaus vor den Toren der Hauptstadt. Doch König Wilhelm stimmte, für manche überraschend, den Plänen nicht nur zu, sondern unterstützte deren Ausführung rückhaltlos. Selbst als sich die Durchbohrung des Rosensteins wie befürchtet als schwierig, ja gefährlich erwies, und »der Tunnel unter dem königlichen Landhause in unliebsame Berührungen mit den Fundamenten des Schlosses zu kommen drohte,«[24] blieb der König wohlwollend. Und als bei den Bauarbeiten gar das könig-

116 Der von Karl Etzel 1851–1853 errichtete 287 Meter lange und bis zu 33 Metern hohe Eisenbahnviadukt über die Enz verband die württembergische Stadt Bietigheim mit den badischen Industrieräumen Pforzheim und Karlsruhe, wodurch sie zum Industrie anziehenden Bahnknotenpunkt wurde. Als Vorbild dienten der aus Keupersandstein erbauten, auf schlanken Pfeilern mit 21 halbkreisförmigen Doppelbögen ruhenden Brücke römische Aquädukte.

liche Bassin angebohrt wurde und dessen Wasser den Tunnel durchflutete, entließ er Etzel nicht, sondern erlaubte ihm, das Schloß als Baustelle zu nutzen.

Parallel zum Tunnel wurde die Neckarbrücke gebaut. Etzel wählte, um Zeit und Kosten zu sparen, eine Holzkonstruktion, die später – ohne den Eisenbahnverkehr zu unterbinden – durch eine schmiedeeiserne ersetzt werden sollte und auch wurde (wie die meisten eisernen Brücken in Württemberg von der Maschinenfabrik Esslingen). Eine Besonderheit der rund 200 Meter langen Brücke, die auf neun 20 Meter überspannenden Bögen ruhte, bildete ein unterhalb der Eisenbahntrasse am Fuß der Sprengwerke aufgehängter Fußweg. Brücke und Tunnel bildeten mit dem Schloß ein viel bestauntes Ensemble. Die zweigeschossige Brücke, die viele Nachahmer fand (Aarebrücke in Bern), und der Tunnel galten als technisches Wunderwerk, das, obwohl schon am 4. Juli 1846 fertiggestellt, erst am 12. September, zu König Wilhelms Geburtstag, eingeweiht wurde.

Auch wenn dies beim heutigen Bahntrassenbau manchesmal vergessen wird: Friedrich Eisenlohr und Karl Etzel wußten sich beim Bau ihrer Tunnels und Brücken jenen Vorstellungen verbunden und verpflichtet, wie sie in einem Gutachten schon 1842 formuliert worden waren: »Soviel aber ist gewiß: Eisenbahnen sind Träger der Kultur, der Humanität und Gesittung, sie sind das Band der Einzelwesen, wie der Völker, das jedem zugänglich, Künste und Wissenschaften, Licht und Aufklärung und eine gesunde öffentliche Meinung immer mehr befördert und verbreitet«.[25]

Der Unternehmer

Persönlichkeiten

In weit höherem Maß als in anderen deutschen Regionen ist in Württemberg und Baden die Industrialisierung vor allem mit herausragenden und einzigartigen Unternehmer-Persönlichkeiten verbunden. Dem Industrialisierungsprozeß im 19. Jahrhundert verhalfen überwiegend Familienunternehmen zum Durchbruch. Noch heute bilden sie das Rückgrat der Marktwirtschaft, sind in allen Bereichen und in allen Größenordnungen anzutreffen. Unter den zahlreichen Unternehmern, die an der Umwandlung des südwestdeutschen Raums von der agrarischen zur industriellen Wirtschaft mitwirkten, waren Handwerker und Adlige, Konstrukteure und Kaufleute, Philosophen und Theologen. Eine nicht zu unterschätzende Rolle spielte in Württemberg der Pietismus. Das von den Pietisten aus der Bibel abgeleitete Postulat, sich die Natur untertan zu machen und sie zu erforschen, brachte die typischen schwäbischen »Tüftler« hervor.

Die Voraussetzung zur Unternehmensgründung ist eine hohe Innovationsbereitschaft, dazu gehört nicht nur die Erzeugung neuartiger Produkte mit neuen Produktionsmethoden, dazu gehören auch Visionen und Ideen, organisatorische Maßnahmen, die Erschließung neuer Absatzmärkte, neue Zuliefersysteme und Neuerungen im Vertrieb. Gerade die südwestdeutschen Unternehmer haben bewiesen, daß sie als unabhängige Firmenchefs genügend Mobilität und Flexibilität besaßen, um künftige Entwicklungen, Wandlungen im Konsumverhalten rechtzeitig zu spüren und für ihre Firma umzusetzen. Mangelnde Kapitalkraft, Kennzeichen vieler der aus Handwerksbetrieben hervorgegangenen mittelständischen Unternehmen, wurde durch Kreativität und äußersten Einsatz aller Kräfte, auch von Familienangehörigen, ersetzt. Kühne Ideen, das Ziel, etwas völlig Neues zu schaffen, retteten manches Familienunternehmen vor dem Konkurs. Probleme

117 Der Unternehmer Johann Heinrich Staub, Ölporträt von einem unbekannten Schweizer Maler.

mit der Nachfolgeregelung haben die Unternehmensgründer mit Weitsicht wiederholt erfolgreich dadurch gelöst, daß sie ihr Lebenswerk Stiftungen anvertrauten, wie die schon 1888 ins Leben gerufenen Carl-Zeiss-Stiftung, die in den 60er Jahren gegründete Robert-Bosch-Stiftung oder die Würth-Familienstiftung von 1987 belegen.

Bedeutsam war auch das persönliche Verhältnis der Unternehmer zu ihren Mitarbeitern. »Ich bin davon überzeugt, daß Menschenführung zu mehr als fünfzig Prozent über Gewinn und Verlust entscheidet, während Kapital und Produkte nur nachgeordnete Bedeutung haben«,[1] ist Reinhold Würths Maxime noch heute. Durch ihr Persönlichkeitsprofil haben Unternehmer seit Anfang der Industrialisierung ihren Betrieb, die Welt ihrer Mitarbeiter und nicht selten die Industrielandschaft und -kultur im Ganzen geprägt, was ein Blick auf einige Unternehmerbiographien und -porträts bestätigen kann.

Johann Heinrich Staub (1781–1854) und Arnold Staub (1821–1882)

Wegen guter Standortbedingungen, ausreichender »Wasserkraft«, gründete der Schweizer Unternehmer Johann Heinrich Staub in Geislingen-Altenstadt 1852 die »Mechanische Baumwolle Spinnerei J. H. Staub & Söhne«, die am Ende des Jahrzehnts durch den Sohn Arnold Staub mit der Spinnerei und Weberei in Kuchen erweitert wurde. Für die Familie ließ sich Johann Heinrich Staub durch den Architekten Georg Morlok ein Herrenhaus bauen, das, der romantischen Epoche des Klassizismus angehörend, den hohen gesellschaftlichen Rang, den der Besitzer sich zumaß, widerspiegelt. Wie selbstbewußt die Familie Staub war, zeigt das Ölporträt des Seniors des Unternehmens (Abb. 117), das ihn in repräsentativer Pose, auf die Uhrkette mit der Hand hinweisend, im eleganten Anzug mit modischem Hemd darstellt. Gedankenverloren blickt er, die Augen in die Ferne gerichtet, aus dem Bild. Stolz hat er sich auch schon Jahre zuvor von dem St. Galler Maler Melchior Paul von Deschwanden im Kreise seiner Familie neben der Gattin, den vier Söhnen und der Tochter zeichnen lassen (Abb. 118). Selbstverständlich war für ihn, daß seine Söhne eine gewissenhafte Ausbildung erhielten; Kultur und Kunst gegenüber immer aufgeschlossen, ließ er seinen Sohn Gustav, seiner Begabung entsprechend, zum Kunstmaler ausbilden; von ihm sind Porträts der Brüder und ein Selbstporträt erhalten.

Arnold Staub, der dritte – seinem Vater als Unternehmer nacheifernde – Sohn, ließ sich 1859 in Stuttgart nieder. Der Wohnsitz in Stuttgart war wohl unumgänglich, um als Unternehmer mit anderen Geschäftsleuten in Verbindung zu bleiben und um gesellschaftlichen Verkehr zu pflegen. Arnold Staub führte denn auch während der Jahre in Stuttgart ein »großes Haus«, wie sein Sohn sich erinnerte. »Es war ein großer Hof mit Marstall und Kutscherwohnung dabei. Es fanden Bälle und große Feste dort statt. Die Familie Staub war hoffähig. In Stuttgart besaß das Ehepaar Staub vier Araberschimmel, und es

118 Das Ehepaar Johann Heinrich Staub und Anna Magdalene Staub geb. Steinmann mit ihren Kindern (von links nach rechts: Arnold, Gustav, Emil, Theodor und Emilie). Die fein ausgeführte Bleistiftzeichnung fertigte 1834 der bedeutende St. Galler Maler Melchior Paul von Deschwanden, als die Familie noch in der Ostschweiz ansässig war.

erregte Aufsehen, wenn Staub mit seiner Frau im Stadtgarten ausritt. Der Reiterverein Stuttgart besaß in Staub einen großen Gönner«.[2] Sein vielfältiges soziales und kulturelles Engagement zeigte sich zum Beispiel bei der Errichtung des zoologischen Gartens, der »Wilhelma«, in Stuttgart, an der er sich mit einer relativ hohen Summe beteiligte. 1860 war er Gründungsmitglied der Stuttgarter Industrie- und Handelsbörse, deren Vorsitz er bis zu seinem Tod innehatte. Für seine Verdienste wurde er unter anderem 1867 mit dem Ritterkreuz des württembergischen Friedrichordens und dem Kreuz der französischen Ehrenlegion ausgezeichnet.[3]

Auch als er nach Vermögensverlusten seine

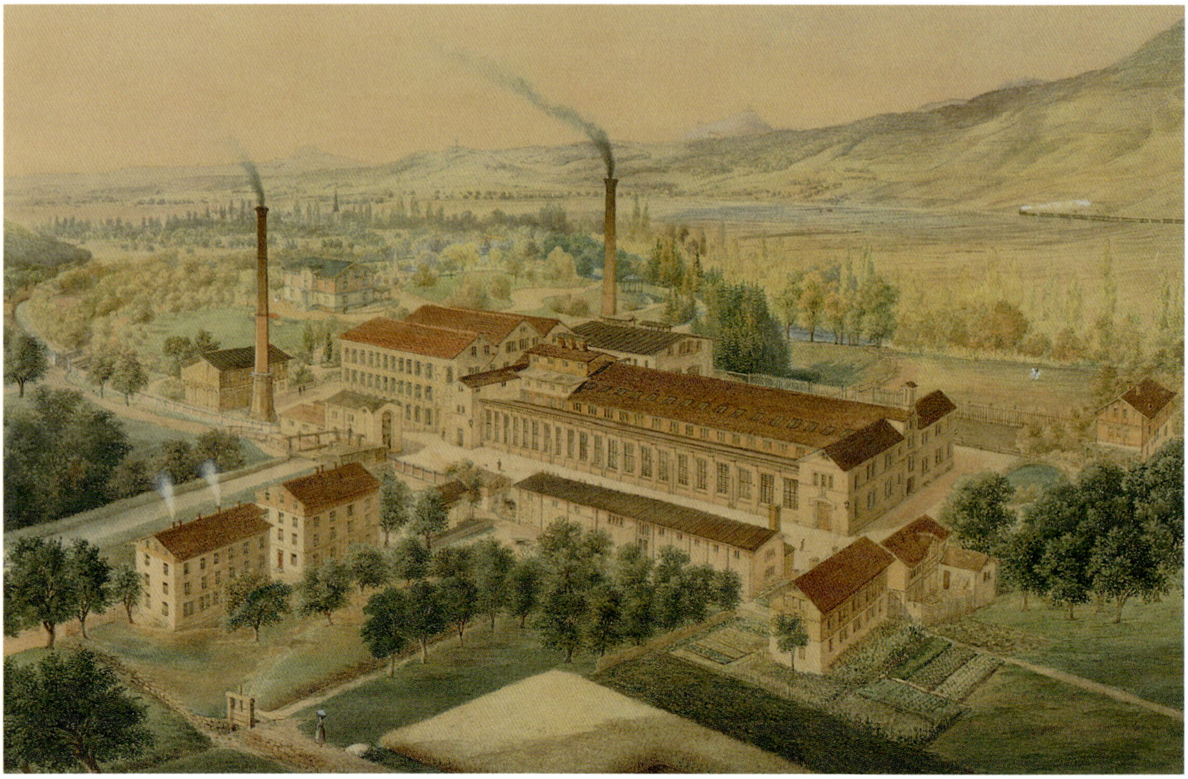

119 Baumwollspinnerei und Weberei Kuchen 1862. Im Vordergrund die ersten Gebäude der Arbeitersiedlung, links zwischen den Schornsteinen im Vordergrund die Fabrikantenvilla im Park, dahinter das Dorf Giengen mit Hohenstaufen, Staufeneck und Rechberg. Aquarell des in Stuttgart lebenden Malers Caspar Obach (1794–1865).

Stadtwohnung 1868 in Stuttgart aufgeben und auf das Firmengebiet in Kuchen umsiedeln mußte, pflegte er auch dort eine aufwendige Lebensführung, ließ sich eine große Villa in einem schön angelegten Park mit Springbrunnen und Pavillon errichten (Abb. 119), behielt zwei seiner Reitpferde und machte von sich reden als großer »Nimrod«. An seinen Treibjagden nahmen auch hochstehende Persönlichkeiten teil, so der Schwager des Königs Karl, Prinz Hermann zu Sachsen-Weimar-Eisenach.
Seinem Selbstverständnis entsprach auch das Anlegen einer Familiengruft in Geislingen-Altenstadt mit einem künstlerisch gestalteten Eingang und einer von dem Bildhauer Max Widmann in München geschaffenen Gipsbüste.

Wie sehr er sich selbst über sein Ansehen und seine unternehmerischen Erfolge definierte, wird daran deutlich, daß er, als sich der wirtschaftliche Ruin nicht mehr aufhalten ließ, seinem Leben ein Ende setzte. Bei seiner Beerdigung 1882 wurden die Verdienste des Pionier-Unternehmers aufgezählt als die »des Erbauers verschiedener Spinnereien und Webereien, des Gründers des Vereins süddeutscher Baumwoll-Industrieller, des Förderers der Interessen des Zentralverbandes deutscher Industrieller, des Präsidenten der Industrie- und Handelsbörse und des unermüdlichen Kämpfers für die Verbreitung der Lehren unseres großen National-Ökonomen Friedrich List und die Einführung einer neuen segensreichen Zollpolitik«.[4]

Gustav Werner (1809–1887) Die »Gustav-Werner Stiftung« und das Bruderhaus in Reutlingen

In Reutlingen und seiner Umgebung hat Gustav Werner den so nur in Württemberg denkbaren Plan zu verwirklichen begonnen, eine »christliche Fabrik« zu schaffen, zuerst als Hilfe für »halbe« Arbeitskräfte angelegt, später dem technisch-ökonomischen Rationalismus sich anpassend.[5] Aus einer wohlhabenden Finanzbeamten-Familie stammend, lernte der angehende Pfarrer in seiner Vikarzeit das Werk des elsässischen Pfarrers Oberlin kennen, der seine Pfarrkinder nicht nur seelsorgerisch betreute, sondern sich auch um deren leibliches Wohl kümmerte und für deren wirtschaftliches Emporkommen sorgte. Einige Jahre später gründete Werner eine Industrieschule, nahm Waisenkinder bei sich auf, begann eine reiche Vortragstätigkeit, die schließlich mit dem Kirchendienst nicht mehr vereinbar war und zum Austritt führte. Er ließ sich in Reutlingen nieder und baute eine »Rettungsanstalt« auf. Sein Ziel war, eine Genossenschaft zu bilden, »in welcher das Reich Gottes mit seiner Gerechtigkeit mehr und mehr seine Verwirklichung finden könnte und welche in Wahrheit eine Hütte Gottes bei den Menschen würde«.[6] Sein großes Vorbild war aller Wahrscheinlichkeit nach August Hermann Francke in Halle.

Bald wurden zur Beschäftigung und zur Bedarfsbefriedigung der Großfamilie Handwerksbetriebe aufgebaut – eine Schusterei, Schneiderei, Zimmerei, Sattlerei, Buchbinderei und Gerberei – sowie Schulen, in denen die eigenen und angenommenen Kinder intern ausgebildet werden konnten. Durch die Sorge um die Jugendlichen sah sich Werner gezwungen, sich mit sozialen und wirtschaftlichen Fragen eingehender zu beschäftigen. Mit sicherem Blick erkannte er die Gefahren, aber auch Möglichkeiten, die der Strukturwandel, dem Gesellschaft und Wirtschaft unterworfen waren, bot. Er war sich sicher, daß »die Gerechtigkeit ins gesellschaftliche Leben, namentlich in die Industrie eingeführt werden müsse« und daß er mit der Tat voranzugehen habe. Deshalb kaufte er die Schwarzwäldersche Papierfabrik und nahm damit das Wagnis eines industriellen Unternehmens im Vertrauen auf Gottes Hilfe auf, wobei »moderne« Gedanken des Arbeiterschutzes und der -wohlfahrt für ihn im Vordergrund standen. Parallel dazu entstand eine mechanische Werkstätte, die später zur Maschinenfabrik ausgebaut wurde.

120 Gustav Werner, der Gründer des Reutlinger Bruderhauses und der Gustav Werner Stiftung zum Bruderhaus Reutlingen.

Die Aufrufe in seinen Predigten zur praktischen Betätigung in der Liebe zu Gott und zu den Nächsten wurden von vielen Anhängern gehört und ein »Verein zur gegenseitigen Gegenleistung« gegründet. Die Gemeinschaft war durchdrungen von dem missionarischen Bewußtsein Werners, als Vorkämpfer für eine neue, christliche Ordnung des gesellschaftlichen und wirtschaftlichen Lebens zu handeln. Die Keimzelle des Werks Werners in Reutlingen, die Mutteranstalt, wurde daraufhin ab ca. 1855 »Bruderhaus« genannt (Abb. 121). In dieser Zeit entstand eine Reihe von Zweigstellen. Allerdings standen alle Gründungen Werners, vor allem seine Fabriken aufgrund fehlender Finanzmittel und unprofessioneller Führung auf keinem sicheren wirtschaftlichen Boden. Der Verein wurde bald fast ausschließlich der Förderer seines Werks. Vor der rauhen Wirklichkeit des Alltags eines Unternehmers versagte Werners Enthusiasmus, seine Mitarbeiter waren zwar alle bedingungslos einsetzbar, aber ohne die nötigen Fachkenntnisse, welche die neuen Techniken und die Vermarktung der Produkte forderten.

Zudem bot die Ausbildung der aufgenommenen Kinder und der Kinder der Mitarbeiter keine Möglichkeit zu höheren Berufen, so daß die begabten und besser befähigten Schüler oft die Gemeinschaft verließen. Schließlich mußte das Unternehmen in eine Aktiengesellschaft umgewandelt werden, das alte Bruderhaus aber unterstand weiterhin Werner, der 1875 nochmals eine Fabrik, die Holzwaren- und Möbelfabrik gründete. 1882 schließlich wurde die Aktiengesellschaft aufgelöst und das ganze Vermögen der »Gustav-Werner-Stiftung« übertragen. 1884 machte die Stadt Reutlingen Werner zum Ehrenbürger. Typisch für ihn war, daß er den ihm vom König verliehenen Orden kaum tragen wollte, und, wenn es bei festlichen Anlässen nicht anders ging, ihn am liebsten unter seinem

121 Das Bruderhausgelände 1862, Zeichnung in einem Poesiealbum. Neben der Bahnlinie sieht man den Storchenturm, an den sich die Gebäude des Bruderhauses mit der Maschinenfabrik anschließen.

122 Gottlieb Daimler mit seiner ersten Frau Emma geb. Kurz. Aufnahme aus der Mitte der siebziger Jahre. Gottlieb Daimler und Carl Benz verdankten ihren Erfolg auch ihren Frauen, Emma Daimler und Berta Benz waren am Lebenswerk ihrer Männer wesentlich beteiligt.

Mantel verhüllte. Fotos zeigen Gustav Werner als eine markante, eindrückliche Persönlichkeit (Abb. 120), die nach ihrem Motto lebte: »Was nicht zur Tat wird, hat keinen Wert«.[7]

Die Wegbereiter und Erfinder des Automobils: Gottlieb Daimler (1834–1900), Wilhelm Maybach (1846–1929) und Carl Benz (1844–1929)

Ferdinand Steinbeis, dem Präsidenten der »Centralstelle für Handel und Gewerbe« in Württemberg, verdankt Gottlieb Daimler (Abb. 122) seine Ausbildung und damit die Grundlage für die Entwicklung des Automobils. Der Büchsenmachergeselle war achtzehnjährig auf der Landesgewerbeschule durch sein Streben und Geschick dem technischen Kurator aufgefallen. Steinbeis schickte den jungen Mann 1853 mit einem Staatsstipendium nach Straßburg und ermöglichte ihm anschließend den freien Besuch der Polytechnischen Schule in Stuttgart. Auf Veranlassung Steinbeis' wurde er zum Vorstand des »Bruderhauses Reutlingen« bestellt, das er sanieren sollte. Auf diese Weise konnte er wertvolle Erfahrungen im Management erwerben. Nach langjähriger Arbeitszeit im Planungsbüro bei Deutz entwikkelte er 1885 in Cannstatt zusammen mit Wilhelm Maybach (Abb. 123) das erste benzingetriebene Kraftrad, 1886 das erste zweispurige Kraftfahrzeug.

123 Wilhelm Maybach, der »König der Konstrukteure«. Er gilt als der eigentliche Erbauer des ersten Kraftfahrzeugs.

Heute weiß man, daß Daimler die maßgebenden Ideen hatte, als Organisator und Geldgeber handelte, daß aber Maybach zu Recht als »König der Konstrukteure« gefeiert wurde und gefeiert werden kann. Lange Zeit ging es der Daimler-Motoren-Gesellschaft finanziell sehr schlecht, nur durch Unterstützung von anderen Kapitaleignern und durch Hinzuziehung von versierten Kaufleuten konnte die Firma überleben. Der Durchbruch zur Weltmarke wurde durch das Eingreifen Emil Jellineks, dessen Tochter Mercedes schließlich namengebend für die Automarke wurde, gefördert. Autorennen waren das Codewort für den Erfolg. »Rennen machen den Namen eines Werkes und einer Marke aus«,[8] hatte Jellinek erkannt, und die Entwicklung gab ihm recht. Unter dem Pseudonym »Herr Mercedes« ging ein Daimler-Fahrer beim Rennen von Nizza 1899 an den Start und siegte für das Unternehmen. Dem Sieg folgten zahlreiche weitere, die glorreiche Zukunft der Daimler-Motoren-Gesellschaft hatte begonnen.

Fast zeitgleich mit Daimler und Maybach entwickelte in Mannheim, dem damals größten Industriestandort im deutschen Südwesten, Carl Benz (Abb. 124) Kraftfahrzeuge. Die Stadt rühmt sich heute, die meisten Unternehmungen beherbergt zu haben, die der Menschheit den Weg in eine »Gesellschaft auf Rädern« zu weisen vermochten. Den industriellen Aufbruch hat Mannheim unter anderem einer Reihe von berühmten Unternehmern zu verdanken, die, vom Fortschrittsglauben beseelt, ihre Fähigkeiten und Möglichkeiten oft bis zum finanziellen Ruin einsetzten.

Nachdem Carl von Drais 1818 vom badischen Staat ein Zehnjahresmonopol auf seine Laufmaschine bekommen hatte, bemühte man sich verstärkt, den Traum vom Selberfahren zu verwirklichen. Der 1844 in Karlsruhe geborene Carl Benz entwickelte schließlich 1883 einen Zweitakt-Gasmotor mit elektrischer Zündung und legte damit die Grundlage für den Motorwagen System Benz, der kurze Zeit später die

124 Carl Benz als Student an der Polytechnischen Schule in Karlsruhe. Nach Gründung der Firma Benz & Cie, Rheinische Gasmotorenfabrik Mannheim, entwickelte er hier seinen »Motorwagen« und ließ ihn 1886 patentieren.

größte Konkurrenz für den Daimler-Wagen wurde. Bis 1900 florierte die Firma Benz & Co, bis die Rennsiege des Daimler-Unternehmens den Auftragseingang drastisch verringerten. Der 40-PS-Benzwagen, dessen Zuverlässigkeit gerühmt wurde, erhielt zwar 1907 den Herkomerpreis für Tourenwagen, doch erst der Einstieg ins Renngeschäft verbesserte die Lage. 1911 gewannen drei Benz-Fahrzeuge erste Preise auf den Fahrten um den russischen Kaiserpreis, Rekordfahrten fanden in Florida statt. Der sogenannte »Blitzen-Benz« fiel auch durch die Stromlinienform auf, wie überhaupt die

Benz-Wagen in der Eleganz der Formen und im modischen Design führend waren. Der Erste Weltkrieg und der nachfolgende Wirtschaftszusammenbruch lösten eine tiefe Krise in den beiden Automobil-Firmen Benz und Daimler aus; 1926 fusionierten die beiden Werke zur Daimler-Benz AG.

Heinrich Lanz (1838–1905)

Technische und gesellschaftliche Umwälzungen kennzeichnen im Zeitalter der Industrialisierung auch den landwirtschaftlichen Lebens- und Produktionsbereich. Zu den herkömmlichen Energiequellen der Landwirtschaft, der Muskelkraft von Mensch und Tier sowie – sofern vorhanden – der Wind- und Wasserkraft, kam mit der Erfindung der Dampfmaschine eine neue Kraftquelle in einer bis dahin unbekannten Größenordnung und einem nicht für möglich gehaltenen Leistungsumfang. Neben Pflug und Egge, Wagen und Schlitten traten Ackermaschinen, welche die Landarbeit revolutionierten. Nachdem England im Bau transportabler Dampfmaschinen, sogenannter Lokomobilen, vorausgegangen war, setzte in den 50er

125 Heinrich Lanz und Sohn. Heinrich Lanz war ein Pionier auf dem Gebiet des Landmaschinenbaus und erlangte damit Weltruhm, sein Sohn setzte sein Lebenswerk fort.

126 Heinrich Lanz-Denkmal auf dem Betriebsgelände mit dem von seiner Firma 1921 entwickelten legendären »Bulldog«.

Jahren des 19. Jahrhunderts eine Gründungswelle deutscher landtechnischer Firmen ein, zu denen auch die Firma Lanz in Mannheim gehörte. 1859 zunächst Importeur englischer Produkte, seit 1867 Hersteller eigener landwirtschaftlicher Maschinen, wirkte Heinrich Lanz maßgeblich mit am landwirtschaftlichen Industrialisierungsprozeß. Als neben Rübenschneidern, Häckselmaschinen, Milchzentrifugen, Schrot- und Backmehlmühlen ab 1879 insbesondere Lokomobilen und Dampfdreschmaschinen ins Programm aufgenommen wurden, erlangte die Firma Weltruhm. Der Einsatz der Dampfmaschinen veränderte den Charakter der Landarbeit grundlegend. »Der Dampfpflug wird den Ackerbau ebenso revolutionieren wie der Dampfwebstuhl und die Spinnmaschine die Industrie revolutioniert haben – er vernichtet die Kleinproduktion«,[9] so der Kommentar des zeitgenössischen Beobachters Wilhelm Liebknecht. Allerdings machte die Technisierung weitgehend Halt vor den kleinbäuerlichen Betrieben Badens und Württembergs, da die Maschinen für Kleinbetriebe zu kostenspielig waren. Rentabel war der Einsatz von Maschinenkraft nur bei Großbetrieben oder bei genossenschaftlichen Vereinigungen. Die Firma Lanz hatte einen wesentlichen Anteil an der Weiterentwicklung der landwirtschaftlichen Maschinen; 1921 stellte sie auf der Leipziger Ausstellung der Deutschen Landwirtschaftsgesellschaft den berühmten ersten »Bulldog« vor, einen motorisierten Allzweck-Schlepper, dessen den Zeitläuften angepaßte Produktion erst 1960 von der Auffanggesellschaft Deere & Company aufgegeben wurde.

Sein weiter Blick, seine rasche Entschlußkraft und die nie ermüdende Energie hat Heinrich Lanz zahlreiche Preise und Ehrendiplome auf Ausstellungen gebracht. Zu den Familien seiner Arbeiter und Beamten, so wird berichtet, hatte er ein väterliches Verhältnis. Die Fürsorge ist auch an den zahlreichen Stiftungen und Einrichtungen ablesbar, wie der Beamten- und Meister-Pensionskasse, der Fabriksparkasse etc. Für seine zahlreichen Schenkungen und Unterstützungen kultureller und sozialer Institutionen wurde er vom Großherzog von Baden ausgezeichnet, zudem wurde er in die Handelskammer berufen und zweimal zum Stadtverordneten gewählt. Vor allem aber ist er als Stifter der Heidelberger Akademie der Wissenschaften hervorgetreten, die nach seinem Tod 1909 gegründet wurde. Die Stiftungsurkunde hat Carl Lanz (Abb. 125) im Gedenken an seinen Vater unterzeichnet. Heinrich Lanz hat sich damit ein Denkmal als Mäzen gesetzt. Als er 1905 starb, hieß es, daß mit ihm ein Vertreter des Unternehmertums geschieden war, »das selten in so hohem Maße frei ist von den häßlichen Schäden reinen Unternehmertums, selten so geschmückt und ausgezeichnet durch Kulturbewußtsein und Menschlichkeit«.[10] Ein Denkmal in Stein, das ihn, auf einem hohen Sockel stehend, in Überlebensgröße zeigt, befindet sich auf dem Werksgelände der jetzigen Firma John Deere in Mannheim (Abb. 126).

Ferdinand Graf Zeppelin (1838–1917)

Das erste aus eigener Kraft fahrende Fahrzeug war noch nicht lange erfunden, als sich Ferdinand Graf Zeppelin (Abb. 127) anschickte, einen weiteren Traum der Menschheit wahr werden zu lassen, das Fliegen. 1838 in Konstanz geboren, stammte Graf Zeppelin von einer alten adligen Familie, die ihren Stammsitz im Dorf Zepelin in Mecklenburg hatte. Er schlug zunächst die Offizierslaufbahn ein, interessierte sich aber zunehmend für die Technik. Bei einem Besuch in Amerika kam er das erste Mal bei einem Aufstieg im Fesselballon in Kontakt mit der Luftfahrt. Nach der Beendigung der Militärlaufbahn 1890 begann er, seinen Traum zu verwirklichen, ein Luftschiff zu bauen, das den Deutschen die Überlegenheit in der Luft verschaffen sollte. Die Gründung einer »Aktiengesellschaft zur Förderung der Luftschifffahrt« und die Bereitstellung von Werksgelände durch den württembergischen König Wilhelm II. ermöglichten ihm den Bau des ersten »Zeppelins«. Die immensen Kosten des zweiten Luftschiffs wurden von einer Lotterie und der Firma Daimler unterstützt. Die Rekordfahrt über die Schweiz der LZ 4 ließen den 70. Geburtstag des Grafen zu einem nationalen Ereignis werden: Ihm wurde der Schwarze Adler-Orden verliehen (Abb. 128), er wurde zum Ehrendoktor der Universitäten Tübingen, Leipzig und Dresden ernannt, erhielt die Grashoff-Medaille des Vereins Deutscher Ingenieure und wurde in den Vorstand des Deutschen Museums gewählt. Es existieren

127 Ferdinand Graf Zeppelin, der Pionier des Luftschifffahrtbaus, Portrait von Bernhard Pankok (1913). Bildbeherrschend präsentiert sich der Graf vor einem impressionistisch gemalten Landschaftsausschnitt.

128 Ehrung Graf von Zeppelins durch Kaiser Wilhelm II. mit dem »Schwarzen Adler Orden«. Für seine Erfolge im Zeppelin-Luftschiffbau wurde der Graf am 70. Geburtstag vielfach ausgezeichnet.

zahlreiche Gemälde des Grafen aus dieser Zeit, die seinen Stolz über den Erfolg und die Anerkennung vermitteln.
Die Katastrophe von Echterdingen, bei der 1908 durch Naturgewalt die LZ 4 vernichtet wurde, löste in Deutschland eine riesige patriotische Welle von Hilfsbereitschaft aus, die eine Geldspende von sechs Millionen Reichsmark erbrachte. Mit diesen Geldern war der Zeppelin-Luftschiffbau bis auf Weiteres finanziell gesichert und unabhängig von Berliner Bewilligungsstellen. Nicht nur Geld erhielt der Graf, es entstand eine Huldigungsliteratur, die bis dahin in Deutschland ohne Beispiel war. Selbst im sozialdemokratischen »Vorwärts« war zu lesen: »Auch dieses Leben ist ein Leben der Arbeit und des Kampfes gewesen, und in der Stunde, die dem Unermüdlichen nochmals den Preis seines Mutes entriß, drängt es uns, die wir uns mit Stolz Arbeiter und Kämpfer nennen, auszusprechen, wie sehr wir sein Unglück bedauern«[11].
Nach der Gründung der »Luftschiffbau Zeppelin GmbH« und der »Zeppelin-Stiftung« im gleichen Jahr wurde Schritt für Schritt mit dem Aufbau des LZ-Konzern ein neues Industriezentrum am Bodensee errichtet, das sich mit Unterstützung des Grafen auch noch der Konstruktion von Flugzeugen zuwandte. Bei seinem Tod 1917 wurde Zeppelin als »Held der Nation« verehrt.

Margarete Steiff (1847–1909)
Der »Knopf im Ohr«

Margarete Steiff nimmt eine ganz besondere Position unter den Unternehmerpersönlichkeiten des Südwestens ein. Aus einer Giengener Handwerker- und Maurerfamilie stammend, die gerade den nötigsten Lebensunterhalt verdiente, als unverheiratete Frau und noch dazu als behindert zu den Randgruppen der Gesellschaft gehörend, denen eigentlich im 19. Jahrhundert nur Armut und Abhängigkeit von der

129 Der Erwerb einer Nähmaschine versetzte Margarete Steiff in die Lage, ihr erstes kleines Unternehmen aufzubauen.

Familie vorbehalten waren, erarbeitete sie sich ein Unternehmen, das bis heute Weltruf hat. Ihre unermüdliche Energie, gepaart mit Willensstärke, einer gewissen Unangepaßtheit und großem Durchsetzungsvermögen, verhalf ihr zu einem selbstbestimmten, eigenständigem und finanziell unabhängigem Leben. Zunächst konnte sie nur das wenige, was den Mädchen dieser Zeit zu lernen vorbehalten war, einsetzen: Handarbeit. Der Erwerb einer Nähmaschine (Abb. 129) ermöglichte es ihr, sich ein kleines Nähgeschäft aufzubauen. Bald gelang es ihr, ihre Produkte überregional bekannt zu machen. Zunächst als Geschenk für ihre Neffen gedacht, nähte sie, angeregt von einer ebenfalls in Giengen ansässigen Woll-Filz-Manufaktur, die Verwandte betrieben, 1879 ihren ersten Spielzeugelefanten (Abb. 131) aus Filz und mit Filzfüllung. Dieses gegenüber anderen Spielzeugtieren viel strapazierfähigere und weichere Tier begründete die Spielzeugindustrie der Marke »Steiff«. Mit dem Bau eines neuen Wohn- und Geschäfts-

130 Margarete Steiff in einem langen, eleganten Kleid, mit dem sie ihre Behinderung kaschierte.

hauses entsteht die »Filz-Spielwaren-Fabrik«, die 1893 ins Handelsregister eingetragen wird. 1897 ist sie zum ersten Mal mit einem eigenen Stand auf der Leipziger Messe vertreten, schnell erlangt sie internationale Bedeutung.
Selbständigkeit strahlen alle ihre Porträts aus: Margarete Steiff läßt sich zunächst häufig in modischen, eleganten, langen Kleidern aus kostbaren Stoffen, die sie selbst genäht hat, fotografieren (Abb. 130), um ihre Behinderung zu verbergen. Auf dem Höhepunkt ihres Lebens, als ihre Firma, auf solider Grundlage stehend, immer weiter expandiert, zeigt sie sich selbstbewußt im Rollstuhl (Ab. 132), wie sie auch die Fabrikgebäude ab 1899 behindertengerecht mit Rampenauffahrten bauen läßt. Gerne läßt sie sich auch im Kreise »ihrer« Familie, vor allem mit der Familie ihres Bruders, an ihrem Arbeitsplatz, aber auch bei geselligen Veranstaltungen, die sie mit Freude wahrnahm, fotografieren. Das fortschrittliche Denken dieser Familie wird in der nächsten Generation von ihren Neffen weitergeführt, welche die ersten Motorräder, das erste Auto und auch den ersten Lastwagen in Giengen anschaffen, der auch zu sozialen Zwecken, etwa zu Belegschaftsausfahrten genutzt wird.
Der Höhepunkt ihrer Karriere sind die Teilnahme an der Weltausstellung in St. Louis, der Auftrag, das Eingangsportal der Spielwarenabteilung dort zu gestalten, und die Zuerkennung der höchstmöglichen Auszeichnung, eines »Grand Prix«, sowie für sie und ihren Neffen Richard je eine Goldmedaille. In einer Grabrede bei ihrem Tod 1909 wird ihr Lebenswerk treffend zusammengefaßt: »Ist's nicht ein Wunder, wenn eins, dem man in der Kindheit wohl höchstens Blicke des Mitleids gönnte, dem man si-

131 Als Weihnachtsgeschenk für ihre Neffen entstand in der Schneiderei Margarete Steiffs 1879 der erste Elefant aus Filz.

132 Margarete Steiff im Kreis ihrer Mitarbeiterinnen und Mitarbeiter. Ohne ängstliche Scheu, ja selbstbewußt zeigt sich jetzt die erfolgreiche Unternehmerin im Rollstuhl.

cher eine wenig beachtete, stille, fast vergessene Existenz im Winkel vorraussagte, so heraustritt an das Licht der Öffentlichkeit«.[12] Sie selbst hat sich ein literarisches Porträt geschaffen. Zum 61. Geburtstag wurde ihr eine kleines Tagebuch geschenkt, um die Geschichten aufzuschreiben, die sie ihren Nichten und Neffen immer erzählte. In ihm notierte sie als Vorwort: »Dieses Buch wurde mir einst geschenkt mit der Weisung, meine Lebensgeschichte darein zu schreiben; endlich komme ich dazu, damit zu beginnen, glaube aber nicht, daß es etwas rechts wird, denn schriftstellern ist nicht meine Sache. Ich gebe, was ich kann, und meine Eigenen werden mich schon verstehen.«[13]

Robert Bosch (1861–1942)

Einer der wenigen Unternehmer, die aus bäuerlichem Milieu kamen, ist Robert Bosch (Abb. 134). Seit Generationen waren seine Vorfahren im Ulmer, Geislinger und Heidenheimer Raum als Bauern, Wirte und Bierbrauer ansässig. Nach einer Lehre als Mechaniker, die, wie er sagte, »schlecht genug« war und ihm als negatives Beispiel für seinen späteren Betrieb galt, nach Wander- und Lehrjahren in Deutschland, Amerika und England machte er in Stuttgart eine »Werkstatt für Feinmechanik und Elektrotechnik« auf, in der die berühmte Bosch-Zündung entwickelt wurde, die dank ständiger Wei-

133 Robert Bosch mit seiner zweiten Ehefrau Margarete und den Kindern Robert und Eva im Park des Stephanie Hotels in Baden-Baden, 1935. Die Familie war für ihn ein wichtiger Mittelpunkt.

terentwicklung bis heute erfolgreich geblieben ist. Nach Absatzschwierigkeiten in den 90er Jahren bildete der Zündapparat ab 1900 die Grundlage für die dann rasch wachsende »Elektrotechnische Fabrik«. Wie bei vielen Familienunternehmen konnte die Krisenzeit durch familiäre finanzielle Unterstützung überwunden werden. Die Familie war für ihn denn auch immer ein wichtiger Mittelpunkt (Abb. 133).

Aus Kapitalmangel mußte er bei den ersten Auslandsvertretungen mit einem anderen Geschäftsmann zusammenarbeiten, dessen Geschäftsgebaren ihm aber nicht gefiel und von dem er sich so schnell wie möglich trennte. »Er suchte nach Mitteln, mit denen er andere zwingen konnte, von ihm zu kaufen, um die Leute auszuplündern. Mein Streben ging dahin, die Kunden durch gute Bedienung und entsprechende Preise an sich zu fesseln. Eine anständigste Art der Geschäftsführung ist auf die Dauer das Einträglichste, und die Geschäftswelt schätzt eine solche viel höher ein, als man glauben sollte«.[14] Die Forderung nach höchster Qualität seiner Erzeugnisse war immer eine Selbstverständlichkeit für ihn. Der Erfolg gab ihm recht; in mehr als 130 Ländern ist Bosch heute vertreten.

Das Wohlergehen seiner Arbeiter lag ihm immer sehr am Herzen, er kümmerte sich selbst um die Arbeitsbedingungen, ließ helle und luftige Fabrikhallen bauen und sorgte als einer der ersten Unternehmer 1906 für den Acht-Stun-

134 Robert Bosch, 1937 von Karl Bauer gemalt. Seine Persönlichkeit ist von mehreren Künstlern in eindrucksvoller Weise gewürdigt worden. Über dem eleganten Pelzmantel sind hier vor allem seine scharf geschnittenen Gesichtszüge und die wachen Augen herausgearbeitet.

135 Paneuropa-Kongress in Berlin mit Robert Bosch und internationalen Vertretern der Politik, 1930. Die Verständigung zwischen den Völkern war Bosch ein wichtiges Anliegen.

den-Tag. Als König Wilhelm II. die Bosch-Werke besichtigen wollte, zögerte Bosch mit der Einladung, da er den ihm vom Hof vorgeschriebenen Frack als unnötige Maskerade vor seinen Arbeitern ansah. Erst als die zuständige Hofinstanz einen schwarzen Rock vorschlug, willigte er ein, erkrankte dann allerdings am vorgesehenen Besuchstermin, so daß der Besuch des Königs ganz unterblieb.[15] In besonders eindrücklicher Weise berichtet die von Theodor Heuss verfaßte, über 700 Druckseiten umfassende Biographie von Robert Boschs »Leben und Leistung« (Abb. 136).

Infolge seines hohen Ansehens wurde er in hochrangige Ämter berufen. Seine politische Haltung war liberal-demokratisch, er lehnte radikale Strömungen von links und rechts ab. Vehement setzte er sich für die Wahl Hindenburgs und gegen Hitler 1932 ein, wie in mehreren Briefen zu lesen ist. Der Leiter der Angestellten-Verwaltung der Firma Bosch, Direktor Walz, wurde – als Freund und Vertrauter Robert Boschs, wie er bei seiner Dankesrede betonte – für seine finanzielle und betriebliche Unterstützung von ehemaligen jüdischen Mitarbeitern, von der Jüdischen Organisation »Yad Vashem« geehrt. Ein wichtiges politisches Anliegen war Robert Bosch die Verständigung zwischen den Völkern, vor allem zwischen Frankreich und Deutschland (Abb. 135).

Das soziale Engagement der Unternehmer

Für das soziale Engagement der frühen Unternehmer, vor allem gegenüber ihren Arbeitnehmern, waren nicht nur humanitäre Gesichtspunkte ausschlaggebend, aber doch auch. Sie fühlten sich verantwortlich für die Bildung, die »sittliche Hebung«, für das leibliche und geistige Wohl und Wehe ihrer Arbeiter. Immer wieder gab es Unternehmer, die in den von ihnen beschäftigten Menschen nicht nur Arbeitskräfte sahen, sondern sich um deren Schicksal und das ihrer Familien kümmerten, höhere Löhne zahlten, die zur Verbesserung der Arbeits-, Wohn- und Lebensbedingungen beitrugen.

Daß sich dabei auch Vorteile für den Arbeitgeber ergaben, liegt auf der Hand. Gesunde und zufriedene Arbeiter und Arbeiterinnen leisteten mehr, waren pünktlicher und genauer, verringerten den Ausschuß, verbesserten die Qualität der Produkte.

Der unternehmerischen Fürsorge boten sich viele Betätigungsfelder. Bei der Kuchener Firma Staub wurden beispielsweise die Ehefrauen der Arbeiter von der Gattin des Unternehmers selbst in der Führung von Haushaltungsbüchern unterwiesen. Um die Arbeiter zum Sparen anzuhalten, wurde eine »Fabrik-Ersparniß-kasse« gegründet. Der Unternehmer, Arnold Staub, glaubte fest an die veredelnde und bildende Macht der Familiengemeinschaft und förderte diese mit den verschiedensten Maßnahmen. So veranlaßte Staub die Gründung von Musik-, Gesangs-, Lese- und Turnvereinen, um den Arbeiter und seine Familie »von gefährlichen Belustigungen« fernzuhalten und ihm »zu gleicher Zeit seine Kräfte (zu) entwikkeln und seine Gefühle (zu) erhöhen«.[16] Zudem sorgte er für eine Bibliothek und einen Lesesaal sowie für Unterricht in den »nützlichen Fächern« wie Mechanik, Mathematik, Physik und Zeichnen.

136 Theodor Heuss, Autor einer 700seitigen Biographie über Robert Bosch, und Margarete Bosch an einer Kaffeetafel, 1961.

Arbeiterwohnbauten und -siedlungen

Ein besonderes Augenmerk legten die Unternehmer schon zur Zeit der Frühindustrialisierung auf die Wohnsituation ihrer Beschäftigten. In den größeren Ballungsgebieten wie Karlsruhe, Mannheim oder Stuttgart herrschten zeitweilig slum-ähnliche Zustände: »Architektur und Baupolizei haben aber auch auffallenderweise die Wohnungsbedürfnisse der arbeitenden Klasse bisher viel zu sehr vernachlässigt. Aber statt der verwahrlosten Zustände des Volkes sich anzunehmen, statt bauliche Einrichtungen zu schaffen, welche dessen Bedürfnissen unter dem höhern Gesichtspunkt der Humanität, der Zweckmäßigkeit und Schönheit entsprechen, war das Streben (...) die untern Klassen immer mehr aus den glänzenden Häuserreihen hinweg in die jämmerlichen Ver-

stecke des Elends und der Noth zu treiben«,[17] klagt 1858 H. Krummel.
Doch nicht nur, um diese Zustände zu verbessern oder zu beseitigen, gründeten die Unternehmer Werksiedlungen, Arbeiterwohnheime. 1895 glaubte der Fabrikant Carl ten Brink, der in Arlen bei Singen eine Fabrik hatte, daß er mit dem Bau von Häusern »das Volk vor der Demoralisation und der auflösenden Wirkung der Sozialdemokratie retten« könne. Ganz anders motiviert war der Bau von Arbeiterwohnsiedlungen auf dem Lande.
Herausragende Pioniere unter den Erbauern der Wohnsiedlungen waren zwei Spinnerei- und Webereifabrikanten, Franz Anton Buhl im badischen Ettlingen und Arnold Staub im württembergischen Filstal. Die ersten Großbetriebe in der Textilindustrie nutzten die Wasserkraft als Energiequelle, in der Regel in der Nähe von Dörfern oder Kleinstädten, fern von bevölkerungsreichen Gegenden. Bei dem schnellen Wachstum der Unternehmen bestand bald eine erhöhte Nachfrage an auswärtigen Arbeitskräften. Diese, in den Werkschroniken und Statistiken mit dem Namen »Zuwanderer« bezeichnet, blieben allerdings oft nur einige Monate, wechselten häufig.
Da die großbetriebliche Produktionsweise aber einen ständig zur Verfügung stehenden eingelernten Arbeiterstamm verlangte, war es das

137 Arbeiterwohnsiedlung Kuchen. In den Flügeln befanden sich Arbeiterwohnungen und ein Kaufladen. Das Gebäude ist durch weit vorgezogene Zwerch- und Flügelbauten gegliedert und mit Schmuckelementen im Obergeschoß verziert.

138 Blick auf die Arbeiterwohnsiedlung und Fabrik der Ettlinger Spinnerei und Weberei. Die ersten Arbeiterwohnbauten entstanden schon 1839, weitere Wohngebäude 1871 und 1898 sowie nach dem Zweiten Weltkrieg.

Bestreben der Unternehmer, die mobilen Arbeitskräfte stärker an das Werk zu binden, vor allem, indem sie ihnen preisgünstigen Wohnraum, verbunden mit Gartenland, zur Miete anboten.

Deshalb und weil er die von ihm 1836 mitbegründete Spinnerei und Weberei in Ettlingen als »Musterschule der Humanität, der Ordnung, des Fleißes und der Sittlichkeit«[18] geführt sehen wollte, baute Franz Anton Buhl eine Muster-Wohnsiedlung (Abb. 138) mit zahlreichen sozialen Einrichtungen. 1843 berichtet darüber der »Volksbote«: »Die Arbeitstunden betragen täglich 12 3/4 Stunden. Die Arbeiter sind meist kräftig und gesund, alle Kinder, welche nach dem badischen Gesetz schulpflichtig sind, erhalten in der Fabrikschule drei Stunden Unterricht und wöchentlich zweimal Religionslehre. Die Krankenkasse unterstützt alle Arbeiter, welche durch Unwohlsein oder Krankheit am Arbeiten verhindert sind, und zahlt im Durchschnitte jährlich 5000 bis 6000 Gulden. (...) Klagen über Arbeiterdruck, über Ruhestörung, schlechte Behandlung der Kinder, (...) Mangel an Unterricht der Jugend, schlechte Wohnung (...) alle solche Übelstände sind nicht vorhanden. Die Behandlung in Ettlingen, und wie wir wissen, auch in vielen anderen deutschen Fabriken ist human«.[19]

Dem weiteren Ausbau der Spinnerei und Weberei wurde immer wieder auch durch weitere Arbeiterwohnhäuser Rechnung getragen. Bis

139 Einrichtungen und Gebäude der Baumwollspinnerei und Weberei Kuchen, Farblithographie von Adam Gatternicht in Stuttgart 1867. Stolz läßt Arnold Staub die Ausstattung mit Wohn-, Kultur-, Sozial-, Freizeit- und Versorgungseinrichtungen darstellen.

heute stehen nebeneinander Wohngebäude von 1871, von 1898 und Bauten aus der Zeit nach dem Zweiten Weltkrieg, als in der Wirtschaftswunderzeit der Wohnraum nochmals knapp wurde, Wohnbaracken von 1964 und die typischen Flachdach-Mehrfamilienhäuser aus den 70er Jahren.

Aus ähnlichen Gründen wie Buhl baute auch Arnold Staub neben seiner Baumwollspinnerei und Weberei in Kuchen eine Arbeitersiedlung (Abb. 137), ja ihr Bau war für ihn geradezu zwingend notwenig, da fast alle einheimischen Leinenweber die Fabrikarbeit ablehnten und er so auf ausländische Arbeitskräfte angewiesen war. Immerhin hatte der Betrieb 1867 etwa 800 Beschäftigte.

Wollte Staub zunächst nur billige und gesunde Wohngelegenheiten zur Verfügung stellen, änderte sich ab 1863 seine Intention. Die Arbeiterwohnbauten sollten jetzt seine Erkenntnis dokumentieren, daß die Verpflichtung zur »Hebung des sozialen und wirtschaftlichen Standes

der Arbeiterschaft auch ein Teil der Verantwortung der frühkapitalistischen Unternehmer sein muß«.[20] So entstand schließlich eine der durchdachtesten und interessantesten frühen Werkssiedlungen. Sie stellt aufgrund ihrer Ausstattung mit Wohn-, Kultur-, Sozial-, Freizeit- und Versorgungseinrichtungen eine Besonderheit im Arbeitersiedlungswesen dar (Abb. 139). Sie verfügte nicht nur über relativ großzügigen Wohnungsraum, sondern auch über eine Gastwirtschaft, eine Badeanstalt (die erste in Württemberg! Abb. 140), über ein Waschhaus, einen Speisesaal mit Dampf-Speisewärm-Apparaten, ein Billardzimmer für die Büroangestellten und Aufseher, Bibliothek und Lesezimmer, Kinder- und Fabrikschule, Laden, Krankensaal, Apotheke, Bäckerei und Metzgerei sowie über einen Freizeitplatz.
Die aufwendige Gestaltung und die zusätzlichen Einrichtungen führten dazu, daß das Arbeiterquartier auf der Weltausstellung in Paris 1867 preisgekrönt wurde. Als ein Beitrag zur Lösung der sozialen Frage wurden bei dieser vierten Weltausstellung das erste Mal in einer eigenen Abteilung Gegenstände gezeigt, die »eigens zu dem Zweck ausgestellt werden, die physische und moralische Lage des Volkes zu verbessern«, u.a. auch »Muster von Wohnungen, ausgezeichnet durch Billigkeit und ihre Einrichtung für Gesundheit und Wohlsein«.[21]
Arnold Staub beteiligte sich als Kandidat bei der Weltausstellung und legte der Jury eine »Beschreibung des Arbeiterquartiers und den damit zusammenhängenden Institutionen« mit 36 Tafeln in Folio vor. Wie wichtig Staub die Erringung eines Preises und möglichst der Goldmedaille bei der Weltausstellung war, geht aus dem Briefwechsel hervor, den er mit Ferdinand von Steinbeis, dem einzigen deutschen Jury-Mitglied führte. Er versuchte zunächst, ihm zu schmeicheln, drückte dann aber seine Forderungen doch sehr klar aus: »Erhalte ich keinen Preis so soll dieß für mich die letzte Mahnung sein mich für alle Zeiten der Öffentlichkeit zu entziehen u. wenn ich auch im Stillen fortwirke so werde ich noch mehr als in jüngster Zeit mich auf mich selbst zurückziehen u. soviel von mir selber abhängt dafür sorgen daß alles was ich fernerhin thue sowohl der übel= als auch wohlwollenden Kritik entzogen werde.«[22]
Mit dieser sanften Drohung führte Staub seinen Bekanntheitsgrad und seinen Einsatz für die württembergische Wirtschaft schon vor der Weltausstellung noch einmal deutlich vor Augen. Zudem führt er in weiteren Briefen Zeugnisse und Interesse anderer vor allem vornehmer Personen für seine Einrichtungen an, zum Beispiel den Prinzen von Sachsen-Weimar-Eisenach, und gibt an, als Pionier »in der Hebung und Entwicklung meiner Industrie (...) den von Ihnen beantragten Preis sowohl in Paris wie auch in Württemberg zu verdienen«.[23] Es schien dem Unternehmer durchaus gerechtfertigt, individuellen Erfolg anzustreben, diente doch jeder kleine Fortschritt der Förderung des Allgemeinwohls, das wohl auch Steinbeis am

140 Das Prunkstück der Arbeitersiedlung Kuchen, das 1869 erbaute Bad- und Waschhaus mit der ersten Badeanstalt Württembergs, nach den Plänen von Architekt Leonhard Zeugheer erstellt. Hinter dem überhöhten Mittelteil der Dachreiter mit Werksuhr, welche die neue Bedeutung der Zeit verkündet.

Herzen lag. Arnold Staub erhielt jedenfalls als einziger Süddeutscher einen der zwölf mit 10000 Francs dotierten Preise für die Kuchener Siedlung mit all ihren Einrichtungen. Dieser Preis trug natürlich dazu bei, das eigene Prestige in Württemberg zu erhöhen und durch die Prämierung seiner Siedlung auch als offiziell anerkannter Vorreiter in der Lösung der sozialen Frage zu erscheinen.

Die Durchdringung des Wohnbereichs mit Kultur-, Sozial-, Freizeit- und Versorgungseinrichtungen verschaffte der Siedlung eine Eigenständigkeit und gleichzeitig einen geordneten Lebensraum, der den Zielvorstellungen Staubs entsprach. Es ging ihm nicht nur um die äußere Verbesserung der Lebensumstände, sondern auch um die Veränderung des inneren Menschen. In der Arbeitersiedlung sollte eine Zivilisierung der Menschen stattfinden; durch Bestrafung bei Nichteinhaltung der mannigfachen Vorschriften und Statuten und durch Prämierung von »Ordnung, Fleiß und Sauberkeit« sollte eine allmähliche Verinnerlichung von Disziplin und methodischer Lebensführung erreicht und damit »ökonomische Tugenden« vermittelt werden, womit Staub sich Steinbeis anschloß, der gleichzeitig in der »Deutschen Revue« einen Aufsatz über die »Ausbildung wirtschaftlicher Charaktere durch Erziehung« veröffentlichte.

Insbesondere die Koppelung von Arbeits- und Mietvertrag wirkte sich disziplinierend aus, drohte doch auf Verstoß gegen die Fabrikordnung nicht nur der Verlust des Arbeitsplatzes, sondern auch der der Wohnung. Bezeichnenderweise konnten die Häuser in der Arbeitersiedlung auch nicht als Eigentum erworben werden. Welche neue Bedeutung der Zeit zukam, zeigt die zentral in einem Dachreiter plazierte Werksuhr. Aufseher dienten der Einübung bürgerlicher Tugenden ebenso wie die Vorgärten der Häuser und das die Bedeutung der Hygiene versinnbildlichende Badhaus. Eine patriarchalische Auffassung, die auch darin zum Ausdruck kommt, daß Staub der Siedlung einen Teilgemeindestatus und den Namen »Staubbach« verschaffen wollte, um sich damit ein Denkmal zu setzen, sich damit gewissermaßen an Fürstengründungen des 17. und 18. Jahrhunderts orientierend. Immerhin schrieb Ludwig Walesrode nach einem Besuch in Kuchen: »Was die Einrichtungen der Staubschen Heimstätte leisten und wie sie es leisten, das ist ganz dazu geeignet, um mich des bedeutungsvollen englischen Ausdrucks zu bedienen, den Arbeiter zum ›Gentleman zu emancipieren‹«.[24]

Die Textilfirma Gminder hatte in den letzten Jahrzehnten des 19. Jahrhunderts versucht, durch kleinere Filialgründungen ihre Produktion zu dezentralisieren und damit dem Arbeitskräftemangel entgegenzuwirken. Schließlich sah sich Gminder aber zu einer Zentralisierung auf der Basis der Dampfenergie gezwungen. In einer Industriestadt wie Reutlingen stand nun den Arbeitern einerseits ein reiches Angebot an verschiedensten Arbeitsplätzen zur Verfügung, zugleich gab es hier aber eine allgemeine städtische Wohnungsnot. Um einen qualifizierten Arbeiterstamm heranzuziehen und zu halten und auch ausländische Arbeiter anzuwerben, mußten Werkswohnungen angeboten werden. Dem Abhängigkeitsverhältnis vom Fabrikherrn, das mit diesem Angebot verbunden war, mußte zu diesem Zeitpunkt ein besonders attraktiver Mustersiedlungsbau (Abb. 141) entgegengesetzt werden. In Reutlingen wurden ganz neue Maßstäbe gesetzt, eine abwechsungsreiche Formenvielfalt (Abb. 142) bildete die Grundlage für ein bewegtes und lebendiges Siedlungsbild, die soziale Komponente wurde hier zu einem wichtigen Gestaltungselement. Allein wirtschaftliche Triebkräfte hätten diese Entwicklung nicht bewirken können, ohne Persönlichkeiten mit entsprechendem Weitblick wäre sie nicht möglich gewesen. Zu Beginn dieses Jahrhunderts nahm die Unternehmerfamilie Gminder und deren Textilunternehmen eine ähnliche Spitzenposition ein wie das Staubsche

141 Gesamtanlage der Wohnsiedlung Gmindersdorf, Stadtteil von Reutlingen. Die Pläne des Architekten und Städteplaners Theodor Fischer waren geprägt von der englischen Gartenstadtidee.

Unternehmen in Kuchen einige Jahrzehnte früher. Viele Auslandsreisen, auf denen die Fabrikanten Gminder mit der Gartenstadtidee in Berührung gekommen waren, ließen offensichtlich Pläne reifen, die mit Hilfe des hervorragenden Architekten und Städteplaners Theodor Fischer eine Reformation des Wohnsiedlungsbaus bewirkten. Hatten die Aktiengesellschaften, die keine emotionale Bindung mehr zu den Arbeitern besaßen, in den Werkswohnungen

142 Wohnhäuser der Wohnsiedlung Gmindersdorf, Reutlingen. Der Architekt Fischer orientierte sich an ländlichen Traditionen und baute die Häuser nach dem Modellvorbild süddeutscher Bauernhäuser.

reine Betriebsinvestitionen sahen und keinen pädagogischen Anspruch mehr verfolgten, in den 80er und 90er Jahren den Bau von Mietsetagenhäusern bevorzugt, wie es das Stuttgarter »Postdörfle« beispielgebend zeigt, ist in Gmindersdorf wieder auf die Ansätze der Kuchener Werkssiedlung und das Kleinhaussystem zurückgegriffen worden. Unternehmer und Architekt orientierten sich dabei an den sozialreformerischen Kreisen, die in der von den Engländern geprägten Gartenstadtidee ein Vorbild für eine Gesundung des deutschen Arbeitersiedlungswesens sahen. Louis Gminder, der Senior der Firma, hielt eine freundliche, gemeinschaftsbezogene »Heimstätte« für seine Arbeiter in der Form eines Dorfes für geeignet. Ähnlich wie Kuchen erhielt auch Gmindersdorf soziale, kulturelle und Freizeiteinrichtungen, wie Kinderhort, Kleinkinderschule, Gaststätte mit Kegelbahn und Läden, eine Art Marktplatz. Einen besonderen sozialen Akzent setzte der 1915 bis 1922 erbaute Altenhof, ein Siedlungsteil, der für die aus dem Werk ausgeschiedenen älteren Arbeitskräfte gedacht war. Eine Siedlung, die von den ästhetischen und weltanschaulich-soziologischen Vorstellungen eines hervorragenden Architekten und eines bedeutenden Bauherrn geprägt wurde.

Im Unterschied zum Oberrhein oder zum mittleren Neckarraum gab es in Oberschwaben und am Bodensee bis zum Anfang des 20. Jahrhunderts nur punktuelle Ansätze für eine Industrialisierung. Friedrichshafen zählte bis dahin zu den bekanntesten Fremdenverkehrsorten im südwestdeutschen Raum, das Hinterland lebte vorwiegend von Agrarwirtschaft. Das änderte sich rasch mit der 1908 eben in Friedrichshafen erfolgten Gründung der »Luftschiffbau Zeppelin GmbH«. Aus dem Fremdenverkehrsort wurde in kürzester Zeit eine Industriestadt. Der Luftschiffenthusiasmus trug dazu bei, daß sich die Zeppelin GmbH, die im Gründungsjahr rund 100 Personen beschäftigte, in wenigen Jahren zu einem Großunternehmen entwikkelte, das auch noch Folgeindustrien nach sich zog. 1913 beschäftigte das Unternehmen bereits 342 Arbeiter und 56 Angestellte, die aber nur ungenügenden oder gar keinen Wohnraum vorfanden. Um weiter expandieren zu können, was die Auftragslage geradezu erforderlich machte, war deshalb der Bau von Wohnungen dringend geboten.

Schon einen Monat nach Gründung der Luftschiffbau Zeppelin GmbH war Ferdinand Graf von Zeppelin an die Königliche Hofdomänenkammer herangetreten, um Grundstücke für »eine ausgedehnte Angestellten- und Arbeiterwohnstätte« zu erwerben. Da diese aber Bauplätze nur in Erbpacht vergeben wollte, war zunächst nichts daraus geworden. Nun aber, 1913, konnte anläßlich des 75. Geburtstags von Graf Zeppelin der Bau einer Arbeiterwohnsiedlung durch eine eigens dafür gegründete Zeppelin Wohlfahrts GmbH angekündigt werden. Das dann erbaute Zeppelindorf (Abb. 143) in Friedrichshafen stand in der Tradition der genannten Arbeitersiedlungen, bildete eine autarke dorfartige Wohngemeinschaft mit eigenen Läden und öffentlichen Gebäuden. Die meist bäuerliche Herkunft der Arbeiter berücksichtigend, wurden die Häuser nicht nur nach dem Vorbild oberschwäbischer bäuerlicher Anwesen errichtet und ihnen Gärten zugeteilt, in die Häuser wurden auch, unter einem Dach vereint, Kleintierställe integriert, die eine gewisse Selbstversorgung für die extremen konjunkturellen Schwankungen unterworfenen Luftschiffbauer boten.

143 Blick in die Hindenburgstraße des Zeppelindorfes mit spielenden Kindern. Die Zeppelin Wohlfahrts GmbH baute ab 1913 eine ausgedehnte Angestellten- und Arbeiterwohnstätte. Ergänzend stellte sie durch ein Gebäude mit zwei Lesesälen und einen Saalbau Räumlichkeiten für Versammlungen, Veranstaltungen und Ausstellungen zur Verfügung.

Ungewöhnlich wie ihre Organisationsform als gemeinnützige Wohlfahrtsgesellschaft war auch die von Anfang an von ihrem Geschäftsführer Alfred Colsmann vertretene Idee, die Häuser später »als freies Eigentum« den Arbeitern »unter günstigen Bedingungen« zu verkaufen.[25] Schließlich wurde dadurch doch die – sonst beim Arbeiterwohnungsbau gewollte – enge Bindung zwischen Werk und Privatleben gelöst, zumindest gelockert. Die Unabhängigkeit der Wohlfahrts GmbH als Siedlungsträger gegenüber dem Unternehmen, die freizügige Erwerbsmöglichkeit der Bewohner sowie die

Sorgfalt bei der Einrichtung der Gemeinschafts- und der Einzelgebäude erbrachte dem Zeppelindorf ein Anerkennungsdiplom des Sozialreformers Adolf Damaschke.
Bis nach dem Ersten Weltkrieg wurden 101 Wohneinheiten mit zusätzlichen Versorgungseinrichtungen wie einem Konsumladen, einem Schlachthof, einer Gastwirtschaft gebaut. Allerdings fehlten Einrichtungen für Kinder, die zu den früheren Werkssiedlungen gehört hatten. Hier zeigt sich vielleicht dann doch der Unterschied in der Fürsorge eines einzelnen Unternehmers zu einer Aktiengesellschaft. In den Jahren 1935/36 wurde die Siedlung erweitert.

144 Siedlung von Arbeitern der Firma Daimler-Benz in Sindelfingen. Vielfach zogen Firmen die Förderung von Eigenheimen dem Werkswohnungsbau vor.

Im Elztal im Schwarzwald liegen die rund 600 Werkswohnungen der Nähseidenfabrik Gütermann. 1896 bis 1903 wurden die ersten Zwei- und Dreizimmerwohnungen gebaut, 1904 kam ein Heim für ledige Arbeiterinnen hinzu, wie auch zwei Kindergärten, ein Betriebskrankenhaus und ein Wöchnerinnenheim mit Kinderkrippe. Für kinderreiche Familien lieferte eine betriebseigene Landwirtschaft Milch. Erholung fanden die Betriebsangehörigen in einer Turnhalle, einem Schwimmbad, einem Sportplatz und drei eigenen Gaststätten mit Geselligkeitsräumen für Vereinsfestlichkeiten, Theateraufführungen oder Konzerten der großen »Betriebsfamilie«.
Vielfach zogen die großen Firmen wie Daimler-Benz, Salamander, die Robert Bosch GmbH, aber auch mittelständische Unternehmen die Förderung von Eigenheimen dem Werkswohnungsbau vor. Nach dem Zweiten Weltkrieg entstanden sehr viele neue Wohnsiedlungen (Abb. 144), da die Kriegsschäden und steigenden Flüchtlingszahlen nach neuem Wohnraum verlangten und die expandierende Wirtschaft sich ihrer Arbeitskräfte versichern wollte. Die Papierfabrik Scheufelen in Oberlenningen, die von jeher für eine gute wohnliche Unterbringung ihrer Arbeiter Sorge getragen hatte, unterstützte 1951 den Erwerb von Hauseigentum durch großzügige Darlehen, nachdem sie die Erschließung eines großen Baugeländes für 500 Wohnungen vorangetrieben hatte. Als Beispiel kann auch die Uhrenfabrik der Gebrüder Junghans in Schramberg dienen, die in den siebziger Jahren des 19. Jahrhunderts zunächst Werkswohnungen baute. Nach dem Ersten Weltkrieg beteiligte sich die Firma an der Schramberger Wohnungsbau GmbH und gab seitdem bedeutende Mittel als zinslose Darlehen an Werksangehörige zur Förderung des Eigenheimbaus.

Soziale Einrichtungen

Ganz selbstverständlich war den meisten der südwestdeutschen Unternehmern, daß Eigentum auch dem Wohl der Allgemeinheit dienen sollte. Sie richteten Stiftungen für wohltätige Zwecke ein, die in erster Linie den eigenen Fabrikangehörigen, in zweiter Linie auch für kommunale und übergeordnete Aufgaben die-

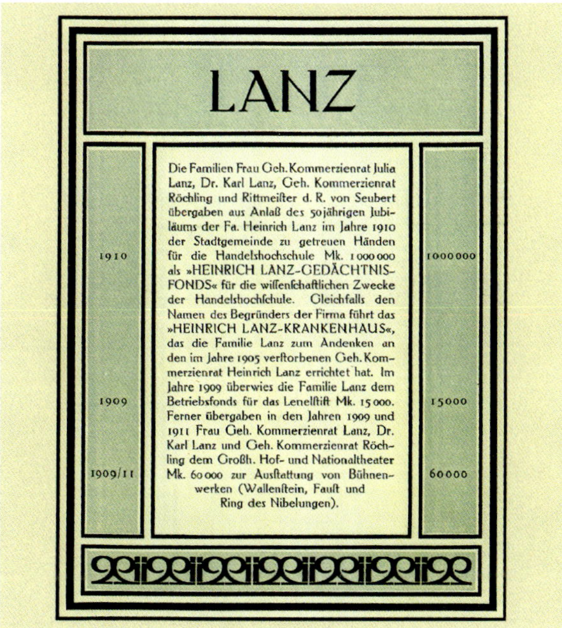

LANZ

Die Familien Frau Geh. Kommerzienrat Julia Lanz, Dr. Karl Lanz, Geh. Kommerzienrat Röchling und Rittmeiſter d. R. von Seubert übergaben aus Anlaß des 50jährigen Jubiläums der Fa. Heinrich Lanz im Jahre 1910 der Stadtgemeinde zu getreuen Händen für die Handelshochschule Mk. 1 000 000 als »HEINRICH LANZ-GEDÄCHTNIS-FONDS« für die wiſſenſchaftlichen Zwecke der Handelshochſchule. Gleichfalls den Namen des Begründers der Firma führt das »HEINRICH LANZ-KRANKENHAUS«, das die Familie Lanz zum Andenken an den im Jahre 1905 verſtorbenen Geh. Kommerzienrat Heinrich Lanz errichtet hat. Im Jahre 1909 überwies die Familie Lanz dem Betriebsfonds für das Lenelſtift Mk. 15 000. Ferner übergaben in den Jahren 1909 und 1911 Frau Geh. Kommerzienrat Lanz, Dr. Karl Lanz und Geh. Kommerzienrat Röchling dem Großh. Hof- und Nationaltheater Mk. 60 000 zur Ausſtattung von Bühnenwerken (Wallenſtein, Fauſt und Ring des Nibelungen).

1910	1000000
1909	15000
1909/11	60000

145 Urkunde über die Gründung des Heinrich Lanz-Krankenhauses, die Übergabe des »Heinrich Lanz-Gedächtnis-Fonds« 1910, sowie weiterer Siftungen der Familie Lanz.

nen sollten. Vor allem galt ihre Fürsorge den unverschuldet durch Arbeitslosigkeit oder Krankheit in Not und Armut gekommenen Arbeitern und Angestellten.

Den äußersten Einsatz für die soziale Fürsorge im christlichen Sinn hat Gustav Werner gebracht. Seine »Rettungsanstalt« ist ein Musterbeispiel für soziales Engagement, die Industrialisierung wurde hier in die Pflicht genommen, um armen, elternlosen, körperlich und geistig Schwachen ein Auskommen zu verschaffen. Für diese Menschen war natürlich auch ein »Krankenasyl« nötig, dessen Grundsteinlegung 1884 erfolgte.

Die häufigsten Formen der sozialen Fürsorge waren fabrikeigene Krankenhäuser, Krankenkassen und Unterstützungsfonds, die viele der Unternehmensgründer der ersten Generation anboten. In seiner im christlichen Geist organisierten und geführten Fabrik hat Carl Mez in Freiburg – die Seidenband-Weberei war schon von seinem Großvater 1785 in Basel gegründet und 1832 nach Freiburg verlegt worden – sich als einer der ersten um die Ausbildung des Nachwuchses gekümmert, ein Haus zur Betreuung von Alten und Kranken eröffnet und 1862 eine Arbeiter-Krankenkasse gestiftet.

Auch Emil Keßler (1813–1867), Leiter der Maschinenfabrik in Esslingen, kümmerte sich von Anfang an um die soziale Lage seiner Arbeiter. Schon im Gründungsjahr 1846 wurde eine Fabrikkrankenkasse eingerichtet, in der jeder Arbeitnehmer Pflichtmitglied war. Von der Krankenkasse wurden Arzneimittel, Kuren und für drei Monate Krankengeld gezahlt. Für hilfsbedürftige Werksangehörige sowie deren Witwen und Waisen wurde ab 1854 ein Unterstützungsfond geschaffen.

Neben den zahlreichen Einrichtungen, die unmittelbar mit der Erstellung der Arbeiterwohnsiedlung zusammenhingen, zu der auch ein Krankensaal gehörte, stiftete Arnold Staub für seine Arbeiter eine Fabriksparkasse, eine Pensionskasse und einen Unterstützungs- und Fusionsfond für Witwen und Waisen. Die Fabriksparkasse sollte vor allem der Vorsorge für Notzeiten dienen, daneben aber zur Sparsamkeit überhaupt erziehen.

146 Schwimmhalle des Werkschwimmbads Leimen um 1930. Zahlreiche Unternehmer förderten mit dem Bau von Werk-Hallenbädern Hygiene und körperlicher Ertüchtigung ihrer Mitarbeiter.

147 »Weihnachten 1914 im Bosch-Lazarett«, Gouache von Reinhold Nägele. Bosch hatte erkannt, daß seine Überlegungen über Belichtung und Belüftung, die dem Wohlergehen seiner Industriearbeiter dienten, auch für die Versorgung von Kriegsverwundeten galten. Deshalb stellte er 1914 eine neu errichtete Fabrikhalle in Feuerbach als Lazarett zur Verfügung.

Eine Kasse zur Kranken- und Familienunterstützung errichtete 1893 Heinrich Lanz. 1899 wurde die »Heinrich- und Julia-Lanz-Stiftung« ins Leben gerufen zur »Gewährung außerordentlicher Unterstützungen und Beihilfen an verheiratete Arbeiter und Angestellte der Firma Lanz, sowie an deren Familien in Krankheits- und Sterbefällen und Fällen unverschuldeter sonstiger Not«. Zum Andenken an den 1905 verstorbenen Firmengründer erfolgte durch die Familie außerdem die Gründung eines Heinrich-Lanz-Krankenhauses für jedermann (Abb. 145).

Die Krankenfürsorge ist bis heute Aufgabe der Unternehmen geblieben. Große Firmen wie Daimler-Benz beschäftigen eigene Werksärzte, medizinisches Hilfspersonal und Sanitäter.

Neben der finanziellen Hilfen durch Fabrik-Krankenkassen und Unterstützungsfonds gab es auch praktische Hilfe. Bade- und Waschhäuser (Abb. 146) sollten für Hygiene und Wohlergehen sorgen, in Werkskantinen wurde verbilligtes Essen ausgegeben; vor allem nach dem Ersten Weltkrieg und den danach folgenden Notzeiten sorgten Suppenküchen für den nötigsten täglichen Nahrungsbedarf, bei Daimler wurde zum Beispiel für billige Kleidungsstücke gesorgt. Fürsorglich unterstützte die Zeppelinwohlfahrt notleidende Werksangehörige mit kostenfrei oder sehr günstig abgegebenen Lebensmitteln von eigenen gepachteten landwirtschaftlichen Betrieben.

Robert Bosch hat nie für seine Arbeiter und Angestellten Wohnungen oder Häuser erbaut, weil er meinte, daß »der Arbeitnehmer durch solcherlei Wohltaten in der Freiheit seiner Arbeitsverhältnisse beschränkt werden könnte«.[26] Bewußt anonym hat er aber den »Schwäbischen Siedlungsverein« unterstützt, wie er auch oft, ohne dies groß öffentlich zu machen, verschiedene Hilfen gewährt hat, zum Beispiel »um Sorge in Kriegszeiten zu lindern«. Bei Kriegsbeginn 1914 wurde von Bosch in Feuerbach eine neue Fabrikhalle als Lazarett (Abb.147) zur Verfügung gestellt. Bosch hatte klar erkannt, daß sich die sorgfältigen Überlegungen über Belichtung und Belüftung, die dem Wohlergehen der Industrie-Arbeiter dienten, auch für die Kriegsverwundeten als fruchtbar erwiesen. Der Stolz des Bauherrn verband sich hier mit der Genugtuung, leidendenden Menschen ihr Los erleichtern zu können.

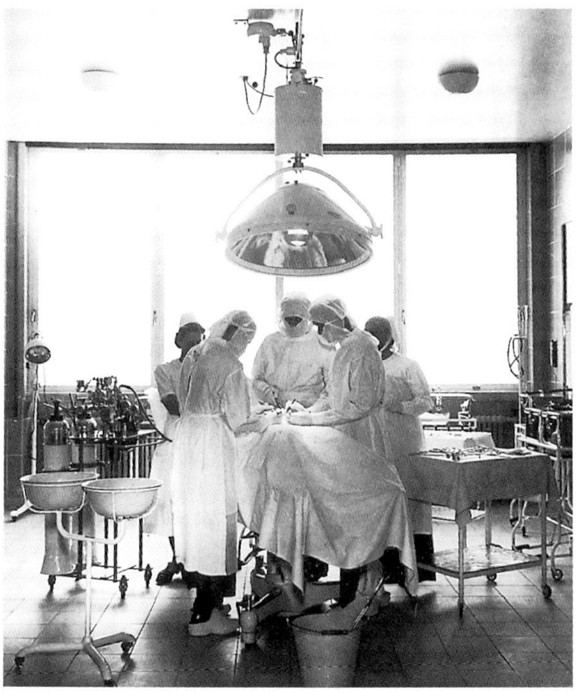

148 Operation im Robert-Bosch-Krankenhaus, 1940. Im Robert-Bosch-Krankenhaus werden die neuesten wissenschaftlichen Erkenntnisse zum Wohl der Kranken angewendet.

Das fünfzigjährige Geschäftsjubiläum gab Robert Bosch den Anstoß, den immer wieder durchdachten Plan zu verwirklichen, ein Krankenhaus zu stiften. Am Südhang des »Kalten Bergs« wurde das Robert-Bosch-Krankenhaus gebaut, das Heil- und Forschungszwecken dient. Das Robert-Bosch-Krankenhaus (Abb. 148) ist neben der »Bosch-Hilfe« das sinnfälligste Denkmal geworden, »das in der Stadt seiner Mühen und Erfolge von der großartigen Denkart des Mannes kündet; über das Individuelle hinaus entwickelte es sich zu einer Herberge der unbefangen vergleichenden wissenschaftlichen Forschung, mit größerem Nutzen wohl das erreichend, was an anderer Stelle programmatisch erstrebt wurde«.[27]

Förderung der »Corporate Identity«, betriebsinterne Aktivitäten

Zur Firmenphilosophie gehört seit Beginn der Industrialisierung ein breites kulturelles Angebot, das die Unternehmen ihren Arbeitern und Angestellten in der Freizeit vor allem betriebsintern anbieten. Dabei stand für die frühen Unternehmer die erzieherische Komponente im Vordergrund. Das Kulturangebot sollte vom Müßiggang, vom Wirtshausgehen und Kartenspielen, von sozialistischer Betätigung abhalten. Es diente aber auch ganz einfach zur »Erziehung zu einer höheren Kulturstufe«. In einer

149 Lanz-Fußballsportgruppe. Unter den firmeninternen Freizeitbetätigungen waren die Sportgruppen und darunter der Fußballsport am populärsten.

Werkszeitung von 1937 sind die Zehn Gebote für Theaterbesucher bekanntgemacht, die die Arbeiter zu sittlichem Verhalten im Theater, zur Pünktlichkeit und anderem anhalten sollen. Heute wie damals unterstützen die Firmen ihre Mitarbeiter darin, Hemmschwellen zu überschreiten, Neues zu entdecken oder zu erleben, was sie oft ohne betriebliche Hilfe – auch die finanzielle spielt dabei eine Rolle – nicht getan und gewagt hätten. Innerhalb des Unternehmens fühlt man sich im Kreis von Gleichartigen, im gewohnten Umfeld und ist dort wesentlich eher bereit, kulturelles Neuland zu betreten und eine Weiterbildung zu riskieren.

Ein große Anzahl von betriebsinternen Vereinen, Sportgruppen, musikalischen Aktivitäten, Orchestern, Theatergruppen, Werkszeitungen etc. boten die Möglichkeit, sich nach Feierabend zu betätigen und individuelle Begabungen einzusetzen. Dabei reicht die Palette von der Betriebsfeuerwehr und Feuerwehrkapelle über Chöre, vor allem Männerchöre, Instrumentalgruppen bis zum Kammerorchester, von Tischtennisgruppen bis zu allen Arten von Sportgruppen, wobei zu allen Zeiten das besondere Interesse dem Fußball galt (Abb. 149). Oft sind diese Werksgruppen in heute allgemein zugänglichen, öffentlichen Vereinen aufgegan-

FEST-PROGRAMM

bei der Einweihung der

Tausendsten Locomotive

der

Maschinenfabrik Esslingen

am 23. April 1870.

Morgens	6 Uhr	45.	Versammlung in der Fabrik,
„	7 „	35.	Abfahrt mit Extrazug nach Aalen u. Frühstück im Eisenbahnwagen,
Vorm.	11 Uhr		Ankunft in Aalen,
„	11 „	20.	Ankunft in Wasseralfingen und Besichtigung der kgl. Hüttenwerke,
Nachm.	1 Uhr	30.	Mittagessen (1600 Gedecke),
„	4 „	30.	Abfahrt von Wasseralfingen,
Abends	7 Uhr	22.	Ankunft in Esslingen.

Von 8 Uhr an spielen 3 Musiken in den Gasthöfen zum Württemberger Hof (Deffner), Schwanen und Trauben, wo unsere sämmtlichen Arbeiter mit ihren Angehörigen freien Zutritt haben. Die Zeche in diesen 3 Gasthöfen haben die Arbeiter selbst zu bezahlen, es bekommt aber hiefür von der Fabrik ein jeder Arbeiter 3 Gulden ausbezahlt.

Druck von Fr. Böhm & Co. in Stuttgart.

150 Festprogramm zur Einweihung der 1000. Lokomotive der Maschinenfabrik Esslingen im April 1870. Jede Möglichkeit, ein Jubiläum zu feiern, wurde von den Unternehmern genutzt, um bei den Mitarbeitern das Gefühl der Betriebszugehörigkeit zu verstärken.

gen, haben aber ihren Firmennamen behalten, wie zum Beispiel »Salamander Kornwestheim«. Vergleichskämpfe, Vorführungen, Feste und Feiern gaben und geben den Mitarbeitern über Arbeit und Lohn hinaus das Gefühl beruflicher und menschlicher Geborgenheit in der betrieblichen Gemeinschaft – ein Teil der heute so hoch gepriesenen »Corporate Identity«. Sie vermitteln das Bild des Unternehmens als großer Familie und werden bis heute als sozialer Besitzstand empfunden. Dazu gehören Ausflüge von Gruppen wie auch allgemeine Betriebsausflüge an schöne Orte mit guter Bewirtung. Jede Möglichkeit, die sich bietet, wurde und wird zu Jubiläen genutzt: die Herstellung der 1000. Bosch-Zündkerze, die 1000. Lokomotive (Abb. 150), Vereinsjubiläen etc. Langjährige Betriebszugehörigkeiten werden mit Jubiläen belohnt, die zugleich Vorbildcharakter für die übrigen Mitarbeiter haben. Stolz präsentierten sich die Jubilare auf Fotos (Abb. 151), möglichst mit dem Unternehmer, Geschenkkörbe oder Sondergratifikationen werden überreicht. Zu den wichtigsten Aufgaben der firmeneigenen Gesangsvereine und Orchester gehört es, Jubilarfeiern, Weihnachtskonzerte und besondere Auftritte zu umrahmen oder zu gestalten. Es finden sich kaum Betriebe in der Vergangenheit oder in der

151 Jubilarehrung zur Feier der 25jährigen Betriebszugehörigkeit eines Bezirks-Monteurs bei den Neckarwerken Esslingen. Betriebsjubiläen dienen der Darstellung des Betriebes als Familie.

152 Betriebsjubiläumsurkunde für Direktor Friedrich Schott von den Beamten und Angestellten des Portland Cementwerks Heidelberg.

Gegenwart, in denen Musik nicht gepflegt wurde und wird.
Beispielgebend hat sich hier wieder Arnold Staub in Kuchen verhalten. Schon 1861 wurde auf seine Initiative ein Männergesangverein gegründet, in dem auch kleine Vorträge gehalten werden sollten; 1867 folgte die Gründung eines Musikvereins, »um den Geschmack und den Sinn für die Musik zu wecken«.[28] Für die Anschaffung der Musikinstrumente streckte die Firma den Arbeitern das Geld vor. Ausflüge dieser Vereine stärkten das Zusammengehörigkeitsgefühl, wie überhaupt zahlreiche, nicht nur an kirchliche Festtage gebundene Feiern mit Musik und Tanz die Fabrikgemeinschaft einten, bei denen Arnold Staub oft als echter Firmen-Patriarch teilnahm.
Musik und Gesang haben auch bei Bosch eine lange Tradition. Theodor Heuss erzählt in seiner Bosch-Biographie, daß Bosch einmal bat, bei den Proben statt »forte« »pianissimo« zu wählen, damit nicht die Leute auf der Straße glau-

ben, dort sei ein Konservatorium. Seit 1936 musizieren Mitarbeiter von Bosch in Chören und einem Sinfonieorchester. 55 Mitglieder des gemischten Chors und 75 Orchestermusiker proben wöchentlich für große Auftritte und Konzerte zu Jubiläen und anderen Firmenereignissen im In- und Ausland. Aus Firmensicht erhöhen diese und die weiteren 400 Freizeitaktivitäten, die bei Bosch in der ganzen Bundesrepublik angeboten werden, die Bindung der Mitarbeiter an die Firma, ein zur Erhaltung der hochqualifizierten Fachkräfte wünschenswerter Nebeneffekt. Die hohe Qualität der »Musikabteilung« wirkt sich zudem werbewirksam aus, zumal die Einnahmen aus den Auftritten jeweils für wohltätige Zwecke gespendet werden.
Diese Erkenntnisse haben sich auch andere Firmen zunutze gemacht. So hat sich 1978 das Daimler-Benz-Orchester (Abb. 153) formiert, das durch eine zusätzliche Bläsergruppe 1992 zu einem Sinfonieorchester herangereift ist und für dessen hohes Niveau zahlreiche Platten- und CD-Aufnahmen sprechen.

153 Daimler-Benz Kammerorchester, Emblem von einer Schallplattenhülle. Musikabteilungen haben sich als besonders werbewirksam und als Förderer der »Corporate Identity« erwiesen.

Auch in modernen Wirtschaftszweigen gehören Feiern, Jubiläen und die festliche Umrahmung durch werkseigene Chöre und instrumentale Gruppen zum Betrieb. Der seit 28 Jahren bestehende Chor des Kernkraftwerks Obrigheim hat nicht nur Mitglieder des Kernkraftwerks zu einer Interessengemeinschaft zusammengeführt, sondern auch einen wichtigen Anteil an der guten Einbindung des Werkes in die Region durch häufige Doppelmitgliedschaft im Werksverein und in den örtlichen Gesangsvereinen geleistet. Wegen der kritischen Haltung gegenüber Kernkraftwerken wird der Chor deswegen von der Unternehmensleitung auch besonders gefördert, werden Jubiläen festlich gestaltet, das Betriebszugehörigkeitsbewußtsein andererseits durch Choraktivitäten wie »Maiwanderungen mit dem Chor« für das gesamte KWO unterstützt und die Werks-Direktoren als Ehrenmitglieder in die Chorgemeinschaft aufgenommen.
Die Harmonika-Firma Hohner hatte naturgemäß ein besonderes Verhältnis zur Musik. Innerhalb der Werks-Musik-Aktivitäten nahm das »Hohner-Handharmonika-Orchester Trossingen« eine besondere Stellung ein. Als sich gegen 1930 die Blütezeit der Mundharmonika dem Ende zuneigte, wurde zu dem schon bestehenden Mundharmonika-Orchester 1927 das Handharmonika-Orchester gegründet, das vor allem zu Werbezwecken eingesetzt wurde. Die Konzerte des nach dem Meisterspieler und Dirigenten Schittenhelm genannten »Schittenhelm-Orchesters« hatten wesentlichen Anteil an der Verbreitung der Handharmonika und damit des Unternehmens Hohner. Zwischen 1947 und 1963 erlangte dieses Hohner-Kammerorchester, dem nur reine Berufspieler angehörten, internationalen Ruf. Ihr Leiter, Rudolf Würthner, machte das Akkordeon konzertsaalfähig. Das Würthner-Orchester war mit über 1500 Konzerten, 26 Schallplatten-Aufnahmen und

etwa einem Dutzend Filmmusik-Einspielungen wohl der bedeutendste Werbefaktor des Unternehmens Hohner. Alle diese Aktivitäten bedeuteten für die Unternehmensleitung einen doppelten Gewinn: Neben der Förderung der Freizeitgestaltung der Betriebsangehörigen stand hier die Repräsentation nach außen und damit das Unternehmer-Interesse nach höherem Bekanntheitsgrad und nach Expansion im Vordergrund.
Aktive Freizeitbetätigung in firmeneigenen Vereinigungen sieht heute natürlich oft ganz anders aus als zu früheren Zeiten. Ein Motorradclub bei der Schraubenfirma Würth mutet auf den ersten Blick weniger werbewirksam an. Der Produktmanager bei Würth genießt diese Form der Freizeitbetätigung mit Gleichgesinnten aus dem Unternehmen. Die Firma überreicht dem Club ab und zu kleinere Zuwendungen, der Chef frönt demselben Hobby. Besser aufgehoben fühlen sich die Motoradkameraden unter dem Firmendach, haben sich hier leichter zusammengefunden als privat. Sie empfinden das Unternehmen als große Familie, in der sie auch nach Arbeitsende ihren Feierabend verbringen.
Wenn der Bodensee vor dem Bürofenster mit gutem Wetter lockt, nehmen sich die Mitglieder der Segelsportgruppe der Firma Dornier Zeit von ihrem Gleitzeitkonto und eins der freien Vereinsboote und genießen die Freiheit auf dem See. Vor vierzig Jahren als erste Betriebssportgruppe gegründet – inzwischen bietet der Technologie-Konzern Dasa mit seinen Schwesterfirmen Aktivitäten in 25 Sparten an –, wird diese Gruppe von der Firmenleitung besonders finanziell unterstützt, da laut Firmenleitung gerade das Segeln die Attraktivität des Standorts und das Firmenzusammengehörigkeitsgefühl stärke und Mitarbeiter aus den unterschiedlichen Abteilungen zusammenführe.
Die Landesgirokasse hat sich das Motto »Wer trainiert, bleibt fit – wer fit ist, ist produktiver« zu Nutze gemacht und ein Fitneßstudio eingerichtet. Unter der Leitung eines Physiotherapeuten können die Mitarbeiter und Mitarbeiterinnen etwas für ihre Gesundheit tun. Die Auswirkungen auf die Motivation und das Betriebsklima geben den Bemühungen der Bank recht.
Manche Firmen lösten die Aufgabe, kulturelle Angebote zu machen, auch passiv und im Verein mit professionellen Organisationen, immer aber zu dem Zweck, betriebsgebunden etwas anzubieten, was dem Firmen-Know-How zugute kommt und das Firmenimage fördert.
Die Oberkochener und Heidenheimer Werke, die nach der Zerstörung der Jenaer Werke 1946 den Stiftungsbetrieb »Carl Zeiss« weiterführten, fühlten sich den Stiftungsgrundsätzen selbstverständlich weiter verbunden und boten ihren Mitarbeitern, sobald es wieder möglich war, im Carl-Zeiss-Kulturring Veranstaltungen aller Art an. Konzerte, Theater und sonstige Aufführungen schufen die Gelegenheit, das in Kriegszeiten unterbundene Kulturleben wieder aufblühen zu lassen. Wurden am Anfang preiswerte Fahrmöglichkeiten zu Angeboten in der Umgebung vermittelt, finden die kulturellen Veranstaltungen jetzt in dem werkseigenen Carl-Zeiss-Saal in Oberkochen statt.
In den Werkszeitungen kann man die Vielfalt der kulturellen Angebote nachlesen. »Lanz am Feierabend« bot laut »Der Lanz Turm« 1/1951 Lichtbildervorträge, Ausflüge in ein Bergwerk, oder in das Land der Märchen von 1001 Nacht, »Erlebtes aus dem Wunderland Indien« oder Betrachtung des »Sinns und der Bedeutung der eigenen Arbeit von höherer Warte«. Bei der Schraubenfirma Würth bietet der diesjährige Veranstaltungskalender Kabarette, Vorträge, Jazzkonzerte, Ballettabende an. Im Werkforum des Portlandzementwerks Dotternhausen kann man den Feierabend mit Autorenlesungen, Konzerten, Diavorträgen und weiteren Aktivitäten genießen. Bei jedem gleichrangigen Betrieb lauten die angebotenen Freizeitveranstaltungen ähnlich.

154 Feier des 40. Betriebsjubiläums von Würth im Mai 1985 im Zelt des Zirkus Krone in Künzelsau-Gaisbach. Zur Firmenkultur zählt bei Würth das Feiern im großen Rahmen und mit besonderen »events«.

Kulturelles Mäzenatentum und Sponsoring

Engagierte Unternehmer erkannten sehr früh, wie wichtig eine gute Ausbildung und die lebenslange Weiterbildung der Mitarbeiter ist. Karl Friedrich Nebenius, ein badischer Staats- und Wirtschaftspolitiker, hatte schon Anfang des 19. Jahrhunderts als wichtigstes Mittel staatlicher Gewerbepolitik gefordert, »durch Förderung der Ausbildung die Grundlagen für die Industrie zu schaffen«.[29] In Württemberg wurde das Bildungswesen staatlich durch König Wilhelm I. gefördert, der 1829 die 1818 entstandene Realschule in Stuttgart zu einer Gewerbeschule mit dem Schwerpunkt auf Mathematik und Technik erweitern ließ, die Grundlage für die 1840 gegründete Polytechnische Schule. In Baden war das gewerbliche Schulwesen schon vergleichsweise fortschrittlicher ausgebaut. Die Zielsetzung der Schulen und Hochschulen wurde in enger Zusammenarbeit mit den Unternehmern erarbeitet, die oft auch durch Stiftungen zur Finanzierung beitrugen. Bis in die Gegenwart haben die Unternehmen daneben durch ergänzende schulische Einrichtungen für die sorgfältige Ausbildung des Nachwuchses und die spezifische Weiterbildung ihrer Angehörigen gesorgt.

Je nach ihren Fähigkeiten wurden Gustav Werners Zöglinge geschult, in Kleinkinderschulen, der allgemeinen Schule und der Lehrlingsausbildung. Er hatte erkannt – seiner Zeit damit voraus –, daß Frauen die idealen Lehrerinnen sind, und versuchte, ihnen diesen Beruf zu erschließen. Nach einer entsprechenden Ausbildung, der Genehmigung durch den Stadtschultheißen und nach Ablegung einer Prüfung durch den Dekan konnten drei Lehrerinnen zusammen mit Lehrern aus der Stadt mit dem Unterricht anfangen. Eine Kinderbibliothek, mineralogische und zoologische Sammlungen ergänzten das Bildungsangebot.

155 Lesesaal der Firma Lanz in Mannheim. Allgemeinbildung und betriebliche Weiterbildung der Mitarbeiter war von Anfang an ein Anliegen der Unternehmer und wurde unter anderem durch die Einrichtung von Lesesälen und Bibliotheken gefördert.

Wenn die sozialen Randbedingungen geschaffen sind, so Arnold Staub, und »die Liebe für das Familienleben und die damit verschwisterten Tugenden erwacht sind«, könne das Interesse der Arbeiter für »edlere Genüsse«, für »wahre Kultur und Bildung« erweckt werden.[30] Die gesellschaftlichen Wandlungsprozesse infolge der Industrialisierung und die entfremdete Arbeit verlangten nach einer Kompensation. Die etablierte Gesellschaft schuf sie sich um die Mitte des 19. Jahrhunderts in kulturellen Veranstaltungen. Der »Entzauberung der Welt« sollte durch Rückgriff auf die Vergangenheit, in der die Welt noch in Ordnung war, begegnet, Verlorenes ersetzt und der Alltag erträglich gemacht werden. Lesungen von populären Schriftstellern wurden arrangiert: Berthold Auerbach, Otto Ludwig oder Paul Heyse, die die vorindustrielle Bauernwelt oder Kämpfe adliger Helden schilderten; Gedichte wurden gefühlvoll deklamiert oder gesungen, große, spektakuläre Schiller- und Uhlandfeste abgehalten. Weitere kulturelle Interessen der Kuchener Arbeiter sollten mit der Einrichtung einer Bibliothek und einem Lesezimmer geweckt werden, die zur bequemen und häufigen Benutzung sogar im Winter beheizt und bis 10 Uhr abends mit Gas beleuchtet wurden.

Robert Bosch war der Ausbau eines qualifizierten Bildungswesens ein wichtiges Anliegen. »Meine Absicht geht dahin, neben der Linderung von allerhand Not, vor allem auf Hebung der sittlichen, gesundheitlichen und geistigen Kräfte des Volkes hinzuwirken (...) Es soll gefördert werden: Gesundheit, Erziehung, Bildung, Förderung Begabter, Völkerversöhnung und dergleichen«.[31] Als er 1910 auf die unzureichende Ausstattung der Technischen Hochschule in Stuttgart aufmerksam gemacht wurde, stiftete er ihr für Forschung und Lehre einen namhaften Betrag, wie er auch 1918 das Vorhaben Friedrich Naumanns, eine politische Hochschule zu gründen, unterstützte.

Nach dem Sprichwort »Bildung macht frei!« wollte er die Volksbildung auf breiter Basis fördern. »Volksbildung (...) hebt ein Volk und macht es nicht nur geeignet, sich wirtschaftlich zu behaupten, sondern gibt ihm auch die Fähigkeit, politisch richtig zu handeln und Irrlehren als solche zu erkennen«.[32] Der von ihm mit Unterstützung des Württembergischen Kult-Ministeriums 1918 ins Leben gerufene »Verein zur Förderung von Volksbildung« war ein Schrittmacher in der Volkshochschulbewegung. Auf der gleichen Linie liegen andere seiner Förderungsmaßnahmen wie die Unterstützung von Künstlern und Begabten und vieler Institutionen, die mit Spenden bedacht wurden bis zu modernen Initiativen wie »Praktisches Ler-

156 Hölderlinturm. Bei der Sanierung des Hölderlinturms in Tübingen 1981 konnte durch die Unterstützung der Robert-Bosch-Stiftung die Innenausstattung des Hauses erneuert werden.

nen«, das aktuell von der Robert-Bosch-Stiftung in Ravensburg ermöglicht wird.
Mit der Anteilserwerbung bzw. Trägerschaft von Verlagen verfolgte Bosch publizistische Interessen; vor allem nach dem Ersten Weltkrieg sollte damit den nationalistischen Einflüssen entgegengewirkt und die Völkerverständigung gefördert werden. Heute lebt diese Aufgabe in Initiativen der Stiftung weiter, die sich in sozialen und kulturellen Projekten mit den Möglichkeiten des Zusammenlebens von Deutschen und Ausländern auseinandersetzen.
Der Hölderlin-Turm in Tübingen (Abb. 156) ist eine der wichtigsten Gedenkstätten der deutschen Literatur- und Geistesgeschichte. Hölderlin lebte hier etwa die Hälfte seines Lebens von 1807 bis 1843. 1981 entschloß sich die Stadt Tübingen in Zusammenarbeit mit der Hölderlin-Gesellschaft, den Turm zu renovieren und ihm eine neue Konzeption zu geben. Man wollte das Haus mehr als nur museal nutzen, ihm zugleich auch den Charakter eines alten Wohn- und Handwerkerhauses zurückgeben. Nach den nötigen Baumaßnahmen konnte mit Hilfe der Robert-Bosch-Stiftung die Innenaustattung des Hauses erneuert werden, so daß der Turm heute nicht nur eine Daueraustellung über Hölderlins Leben und Werk präsentiert, sondern auch für Veranstaltungen und für wissenschaftliche Forschungszwecke zur Verfügung steht.
Als Hohner um 1930 verstärkt Handharmonikas herstellte, herrschte großer Bedarf nach passenden Noten und nach Ausbildungsmöglichkeiten. 1931 wurde in Villingen unter der Federführung von Direktor Ernst Hohner der Deutsche Harmonika-Verband sowie die firmeneigene Fachschule, das »Hohner-Konservatorium«, aus der Taufe gehoben. Dabei handelte die Firma nach Prokurist Allgaier »aus einem Gefühl der Verantwortung gegenüber der Musikkultur (...) selbstverständlich spielten auch geschäftliche und propagandistische Erwägungen eine Rolle«.[33] Später wurde das Hohner-Konservatorium zur Städtischen Musikschule Trossingen. 1931 richtete Hohner noch ein weiteres musikpädagogisches Standbein ein, den Hohner Verlag. Durch ihn sollte den Orchestern gute Spielliteratur zugänglich gemacht werden. Allerdings ging es der Firma dabei weniger um die Förderung musikalischer Bildung als um Werbezwecke, weshalb der Verlag lange Zeit der Werbeabteilung angegliedert war. Zeitweise gab es für das damals lukrative Schlagergeschäft noch einen zweiten Verlag in Berlin-Lichterfelde, die »Orchestra-GmbH«.

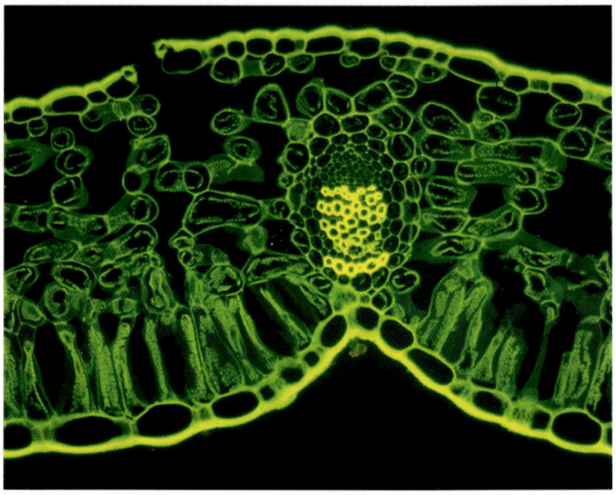

157 Zeiss, Wissenschaft, Blattquerschnitt.
Die Carl-Zeiss-Stiftung hat sich besonders um die Förderung der Wissenschaft verdient gemacht.

Der Wissenschaftsbetrieb ist ohne die Förderung durch Stiftungen nicht mehr denkbar, die zum großen Teil von den Unternehmen getragen werden. Wichtig ist aber auch die intensive Zusammenarbeit von Wirtschaft und Wissenschaft, die gerade in unseren Tagen der immer knapper werdenden finanziellen Ressourcen für die Bildung zunehmend bedeutender wird. Fortschrittliche Unternehmer haben das von Anfang an erkannt. So betonte Carl Zeiss schon in seinem Zulassungsgesuch von 1846 die Bedeutung der »unmittelbaren Verbindung mit den Männern der Wissenschaft« (Abb. 157). Sein Weitblick war maßgebend für den Aufbau des Unternehmens, wie seine Erforschungen denn auch maßgeblich zu den modernen technisch-naturwissenschaftlichen Entwicklungen beitrug.

Die von Ernst Abbe im Jahr 1889 gegründete Carl-Zeiss-Stiftung erfüllt bis heute neben ihrer sozialen Verpflichtung gegenüber den Mitarbeitern auch die vom Firmengründer postulierte Verbindung von Unternehmen und Wissenschaft zum Wohl der Allgemeinheit. Ihre Aufgaben sind im Besonderen die Entwicklung von feinmechanischen, elektronischen und glastechnischen Produkten hoher Qualität, die soziale Absicherung der Mitarbeiter sowie die Förderung von Wissenschaft, Technik und Gemeinnutz.[34]

Die Firma Böhringer Mannheim, 1817 gegründet als Material- und Farbenhandlung »Engelmann und Böhringer« in Stuttgart, 1872 nach Mannheim verlegt, ist das Beispiel eines sich der naturwissenschaftlichen Grundlagenforschung gezielt bedienenden Unternehmens. Seit 1967 gehört ein medizinisches, seit 1987 ein biochemisches Forschungszentrum zur Firma. Förderpreise unterstützen herausragende Forscher, die mit ihren Ergebnissen die Grundlage für die Produkte der Firma schaffen.

Repräsentation durch Kunstförderung

Im Bereich der Bildenden Kunst hat sich mäzenatisches Handeln immer auf ganz verschiedene Weise vollzogen. »Die Formen der Förderung beziehen alte und zeitgenössische Kunst ebenso ein wie die Unterhaltssicherung von Künstlern. Mäzenatentum geschieht durch Kauf von Werken zur Unterstützung des Künstlers, durch Stiften von oder durch Schenkung von Sammlungen und verkörpert als soziale Erscheinung immer auch ein Abbild der Funktion, die Kunst in der Gesellschaft ausübt bzw. gibt Auskunft über ihren sozialen Stellenwert.«[35]

Künstler und Kunst waren bis zur Renaissance geprägt durch ihre feste Bindung an die Auftraggeber, den adligen Hof und die Kirche. Als im 16. Jahrhundert mit frühmerkantilistischen Handelsformen das Bürgertum zu gesellschaftlichem Ansehen kam, übersiedelten Kunst und Kultur »aus den Klöstern und Burgen in die Städte, zu den Handelsherren und Herren der Manufaktur«.[36] Mit der industriellen Revolution nach dem Sieg über Frankreich 1871 gewinnt die Kunstförderung weitere Dimensionen. Die aufsteigende Unternehmerschaft verwirklicht mit den zum Teil riesigen Vermögen damit neue Ziele: Präsentation von Rang, Status und Macht, Erziehung der Mitarbeiter und Sicherung von Werten.

158 Daimler-Kunstsammlung, Bildsäulen-Dreiergruppe von Max Bill, 1989. Gruppe von drei Farbsäulen, Email auf Stahl, 32 m hoch.
Seit 1977 hat Daimler-Benz eine Kunstsammlung erworben, die das Unternehmen im Werk präsentiert.

Neben der Ausstattung des Privatbereichs mit Kunstwerken legten Industrielle und Unternehmer mit Hilfe von Kunstexperten und -beratern Sammlungen an, die als Geldanlage dienten und zugleich die herausragende Stellung sowie den Reichtum des Sammlers dokumentierten, wie Max J. Friedländer die Beweggründe zum Sammeln umschreibt: »Der Kunstbesitz ist so ziemlich die einzig anständige und von gutem Geschmack erlaubte Art, Reichtum zu präsentieren. Den Anschein plumper Protzigkeit verjagend, verbreitet er den Hauch ererbter Kultur. Die großen Meister geben dem Besitzer von ihrer Würde ab, erst scheinbar, schließlich aber auch wirklich«.[37] Die meisten Sammler betätigten sich bereits zu dieser Zeit auch als Mäzene, sie brachten ihren Besitz an Kunstwerken vielfach in Stiftungen ein oder vermachten sie an Kunstmuseen und übereigneten ihn damit der Öffentlichkeit. Den neuen Kunstströmungen gegenüber verhielten sich die Unternehmer der Gründerjahre meist zurückhaltend. Es finden sich nur wenige Beispiele ideellen Mäzenatentums, dessen Aktivitäten nicht von Gewinnsucht und Repräsentationsanspruch geleitet sind und das auch junge, unbekannte Künstler förderte wie der Industrielle Bernhard Köhler, der 1876 eine Mechanische Werkstatt gegründet hatte und die Maler Heinrich Brühne, August Macke und Franz Marc in vielerlei Weise unterstützte.

Erst die Unternehmergeneration nach dem Zweiten Weltkrieg erkannte neue Werte des Sammelns. »Imagepflege« ist eines ihrer Stichworte. Die kommerziellen Motive des Kunst-Sponsoring sind sicher unbestritten. Aber die Werbeeffekte sind nicht immer vorrangig zu sehen; die Nachkriegsgeneration hat erkannt, daß der Umgang mit und der Zugang zu der modernen Kunst auch eine Öffnung zu Visionen, zu einer neuen Kreativität bedeuten, daß sie Anstoß und Anregung sein können, die auch die Unternehmen in unserer von schnellen Veränderungen gekennzeichneten Welt brauchen, um wettbewerbsfähig zu bleiben und ihre Mitarbeiter immer wieder neu zu motivieren. Mutig werden deswegen oft auch unbekannte Künstler und Kunstwerke aus rein ästethischen Gründen erworben, um besondere innovative Maßstäbe zu setzen. Für die Mitarbeiter gehört der tägliche Umgang mit Kunst, die in den Räumen plaziert ist, in dem sie sich aufhalten, zum Betriebsalltag, ist ein Teil der angestrebten »Corporate Identity«.

Neben der Repräsentation nach innen, der betrieblichen sozialen Fürsorge, Jubilarfeiern und Mitarbeiterschulung nimmt auch bei Daimler-Benz die Repräsentation nach außen einen hohen Stellenwert ein. Der Erwerb des Gemäldes Willi Baumeisters »Ruhe und Bewegung« 1977 bildete den Anfang einer Kunstsammlung und damit eines neuen Abschnitts der Geschichte des Unternehmens. Zu den unmittelbaren unternehmerischen Aufgaben trat die »aktive Teilnahme an allen die Öffentlichkeit interessierenden Fragen«.[38] Den Schwerpunkt der Sammlung bildet die Kunst des 20. Jahrhunderts

159 Daimler-Sammlung. Die Werke der Daimler-Benz Sammlung begleiten den Betriebsalltag der Mitarbeiter.

160 Würth-Kunstmuseum. Der Unternehmer Würth zeigt seine Sammlung auf dem Betriebsgelände und in einem öffentlich zugänglichen Kunstmuseum.

im südwestdeutschen Raum (Abb. 158, 159). Dazu kamen sinnvolle Erweiterungen entsprechend speziell gestellter Aufgaben, wie die Ausstattungen von Konzern-Neubauten: etwa die Bildwerke, die Ben Willikens für das Auditorium der neuen Verwaltungszentrale geschaffen hat, oder die Errichtung des Mahnmals für die Zwangsarbeiter im Zweiten Weltkrieg. Die Sammlung ist den Mitarbeitern und der Öffentlichkeit im Werksgebiet zugänglich, ein Magazin gibt es nicht, Teile davon werden auch extern präsentiert und ausgeliehen, wie es mit den »Cars« von Andy Warhol bei Ausstellungen in München und Tübingen geschehen ist.

In den letzten Jahrzehnten legten sich immer mehr Unternehmen Museen zu, die sich der Werksgeschichte annehmen oder ihre Produkte zum Thema haben. Manche verbinden damit auch Kunstförderung. Vielfältig sind die Aktivitäten der Firma Würth. Reinhold Würth, der Sohn des Gründers der Firma Adolf Würth GmbH & Co.KG, sammelt seit den sechziger Jahren Bilder, Grafiken, Skulpturen und Plastiken. Um – wie er selbst sagt – seiner Sozialverpflichtung gegenüber der Allgemeinheit gerecht zu werden und außerdem die Hemmschwelle zum Zugang des Werks herabzusetzen, präsentiert Würth seine Kunstsammlung im Rahmen des Betriebs in einem öffentlich zugänglichen Kunstmuseum (Abb. 160). Verbunden mit einem Gewindemuseum und einem Saal für Vortrags- und Konzertveranstaltungen stellt es einen der, wie es Würth ausdrückt, »seltsamen Attraktoren« des Unternehmenserfolgs dar. Herausragende Ausstellungen mit Künstlern wie Hans Arp, Alfred Hrdlicka, Christo und

richtungen seiner Firma, die darauf zielen, seinen Betrieb zu expandieren und gleichzeitig einen wesentlichen Beitrag zur Entwicklung und Erhaltung der kulturellen Landschaft für die Allgemeinheit zu schaffen. Die Akademie Würth soll »fachliche Qualifikationen erhöhen,

161 Christo-»Verhüllung« im Würth-Museum. Ein Höhepunkt der Ausstellungen im Würth-Kunstmuseum war die Verhüllung durch Christo und Jeanne-Claude.

Jeanne-Claude (Abb. 161) zogen viele Besucher an, fanden breite Resonanz in den europäischen Medien und hatten eine hohe Außenwirkung. Neben dem Werbeeffekt und der öffentlichen Resonanz stärken die Einrichtungen den »Esprit de Corps«, das Wir-Gefühl und motivieren die Mitarbeiter weit über den Kunstgenuß hinaus, sich für »ihre Firma« einzusetzen.
Unter dem Etikett »Firmenkultur« subsummiert Reinhold Würth auch die anderen Ein-

die Persönlichkeit weiterentwickeln und die Identifikation mit dem Unternehmen fördern«.[39] Über die Edition Würth wird vor allem unbekannten Künstlern eine Plattform zum Publizieren geboten. Der in Zusammenarbeit mit der Tübinger Poetik-Dozentur verliehene Würth-Literaturpreis, der »Würth-Preis der Jeunesses Musicales« und der »Robert-Jacobsen-Kunstpreis« sind die herausragendsten Förderungen dieses Unternehmens. Die ge-

meinnützige Stiftung Wirth unterstützt Wissenschaft und Forschung, die Pflege und Erhaltung von Kulturwerten, insbesondere das reiche kulturelle Erbe des Hohenloher Landes.
Ein architekturtechnisch hochrangiges Werk zieht den Blick unweit von Balingen, in Dotternhausen, an. Über eine Zement-Fabrik, meint man, kann sich nur ein grauer Schleier ausbreiten. Das Portlandzementwerk Rudolf Rohrbach KG hat seine Arbeitsstätte zu einem Publikumsmagneten gestaltet (Abb. 162). In einem Ölschiefer-Graben ist ein Fossilienmuseum im sog. »Werkforum« eingebettet. Durch eine Brücke mit dem Werk verbunden, ist das Werkforum Bindeglied zwischen Baustoff und Architekur, zwischen Werk und Öffentlichkeit, zwischen der Lebenszeit der Fossilien und unserer Zeit. Kulturelle Veranstaltungen im Werkforum knüpfen an die Tradition früherer Werkkonzerte an, der Skulpturenweg Dotternhausen, eine Reihe von Großplastiken aus Beton, lädt zu einem Spaziergang ein, Wechselausstellungen zeitgenössischer Kunst erreichen Betriebsangehörige und Werksbesucher.
Die Papierfabrik Adolf Scheufelen hat in Oberlenningen eine andere Lösung für eine Art kombiniertes Werks- und Kunstmuseum gefunden. 1892 nahm hier die erste Streichmaschine zur Papierherstellung auf dem europäischen Kontinent den Betrieb auf. Zum 100jähri-

162 Dotternhausen, Rohrbach, Werkforum. Das Portlandzementwerk Rohrbach in Dotternhausen hat ein attraktives Werkforum geschaffen, das ein Fossilienmuseum aufgenommen hat, in der Halle liegen wie Kunstwerke präsentierte Versteinerungen, und gleichzeitig für kulturelle Veranstaltungen dient.

gen Jubiläum stiftete die Papierfabrik der Gemeinde ein Museum für Papier- und Buchkunst. Die Museumskonzeption, die Inneneinrichtung und die Museumsexponate – Arbeiten vorwiegend deutscher und noch wenig bekannter Künstler – wurden als Leihgabe zur Verfügung gestellt, lediglich der unter Denkmalschutz stehende Bau, das »Schlössle«, mußte von der Gemeinde renoviert werden. Ziel des Museums ist es, Verständnis für den künstlerischen Umgang mit dem Material Papier zu wekken und sich damit natürlich auch ein neues Käuferpublikum heranzuziehen.

Die Zeppelin-Stiftung hat zusammen mit der Stadt Friedrichshafen und der Zeppelin Museum Friedrichshafen GmbH unter dem Vorsitz des Friedrichshafener Oberbürgermeisters ein Zeppelin-Denkmal ganz eigener Art geschaffen. Eine an der Geschichte und Technik der Zeppelin-Luftschiffahrt orientierte Sammlung ist hier kombiniert mit einer ursprünglichen Museumskonzeption, welche die Kunst und Kultur des Bodenseeraums und Oberschwabens zum Thema hatte. Die Zerstörungen und Beschlagnahmungen des Zweiten Weltkrieges hatten zu dieser Vereinigung raten lassen. Als 1988 der ehemalige Hafenbahnhof erworben werden konnte, stellte sich dieser nach einem Umbau als der ideale Ort für ein Museum der Technik und Kunst heraus. Das im klassischen Bauhausstil errichtete Verkehrsdenkmal symbolisiert Harmonie von Technik und Kunst, von Ästhetik und Funktion. Es versinnbildlicht zudem jene Art von Reisekultur, die auch die Zeppeline vorführten. Museumsbauwerk und Museumskonzeption gehen hier eine glückliche Synthese ein.

Kein sportliches und kulturelles »Event« ist mehr ohne Sponsoring denkbar. Das Kultursponsoring hat in den letzten Jahren einen beachtlichen Aufschwung genommen. Einerseits haben Kommunikationsexperten erkannt, daß die Werkzeuge klassischer Werbung stumpf geworden sind und sich der Stellenwert der Kultur nach oben verschoben hat. Andererseits sind die immensen Kosten für die Vorbereitung, die Durchführung, die Honorare, die Versicherung und das Begleitprogramm von qualitätvollen Kulturveranstaltungen nicht mehr allein finanzierbar, da vor allem die öffentliche Unterstützung drastisch reduziert wurde. Die Unternehmen haben erkannt, daß Sponsoring von Kultur der Imagepflege dient und auch Mitarbeiter motiviert. Umgekehrt öffnen sich die Kultureinrichtungen immer mehr diesem Geschäft auf Gegenseitigkeit zum Nutzen beider, der Kultur und der Wirtschaft.

Ein Aspekt der Marktstrategien der Firma Hugo Boss liegt in ihren Sponsoring-Projekten, die sie für unentbehrlich hält, um eine führende Marktposition zu sichern und auszuweiten. Impulse von der Gesellschaft zu erhalten, in näheren Kontakt mit ihren besonderen Zielgruppen zu kommen, war der Grund, sich als Sponsor international zu betätigen, zunächst auf dem Gebiet des Sports, bei Formel 1-Autorennen, Tennis, Golf und schließlich auf dem Kunst-Sektor. Innovation und Kreativität sind die Stichworte, welche die Modeartikel der Hugo Boss AG zum internationalen Erfolg führten, das Firmenzeichen ist auf der ganzen Welt bekannt. Deswegen hat das Unternehmen das Solomon R. Guggenheim Museum, das erste wirklich internationale Museum als seinen idealen Partner auserkoren. Die Sammlung weltweiter moderner und zeitgenössischer Kunst, die in den Museen in New York, Venedig und Bilbao ausgestellt werden, vermittelt die Kriterien, die auch die Firmenkultur von Hugo Boss auszeichnen: Visionen und Konzeptionen, hohe Qualität, Internationalität und Öffnung für alles Neue.[40] Boss fördert als Hauptsponsor des Guggenheim-Trusts zahlreiche Ausstellungen (Abb. 163) und Retrospektiven und hat mit dem Museum einen Hugo-Boss-Prize ausgelobt, den 1998 ein schottischer Künstler – Douglas Gordon – gewonnen hat.

Auch der Betrieb der Tübinger Kunsthalle profitiert vom Sponsoring. Ja, die Kunsthalle selbst

163 »Puppy« von Jeff Koons vor dem Guggenheim Museum Bilbao. Die Installation der Skulptur »Puppy« von Jeff Koons vor dem Eingang zum Guggenheim Museum Bilbao wurde durch Sponsoring der Firma Hugo Boss ermöglicht.

ist ein Geschenk der Familie Bosch, von Paula Zundel, der Tochter Robert Boschs, an die Stadt Tübingen. Neben periodischen Ausstellungen der Werke ihres Ehemannes Friedrich Zundel finden hier Wechselausstellungen statt, die dank des Engagements ihres Leiters internationalen Ruhm erlangt haben. Ohne die großzügige Unterstützung von Firmen wie Daimler-Benz, Telekom und anderen, welche die finanziellen Risiken der Ausstellungen abdecken, kämen diese Events nicht zustande.

Nicht nur Unternehmen, auch Banken versuchen, ihren Häusern durch Kunstsammlungen und Kunstförderung ein neues, öffentlichkeitswirksames Profil zu geben. LG-Chef Fischer erklärte unlängst das Kultursponsoring zur »Fürsorgepflicht« für eine größere finanzielle Unabhängigkeit der Kultureinrichtungen, damit »bei Ausstellungen und der Aufstellung von Spielplänen nicht immer nur auf Besucherzahlen, Popularität oder volle Häuser geschielt werden muß«.

Das Unternehmen

Industriearchitektur als Teil der Selbstdarstellung eines Unternehmens

Viele Veränderungen unserer Umwelt im Gefolge der industriellen Revolution haben auch architektonische Gestalt angenommen. Nicht nur Fabrikanlagen und Maschinen, sondern auch neue Wohnmöglichkeiten für die Beschäftigten, Arbeitersiedlungen und Werkswohnungen entstanden aufgrund der tiefen Einschnitte und umwälzenden Veränderungen der Arbeits- und Lebensbedingungen, die der Einbruch des Maschinenzeitalters mit sich brachte. Alle diese Erscheinungsformen gehören zum kulturellen Erbe der Industrialisierung.

164 Der 1899 ausgestellte Brief zeigt im Briefkopf die Werkanlage der 1891 gegründeten »Mechanischen Schuhfabrik J. Sigle & Cie.« – ein typisches Beispiel für die werbende Selbstdarstellung von Unternehmen in der Hochzeit der Industrialisierung.

Entwicklung und Ausbau der Infrastruktur griffen mit Hoch- und Tiefbauten ebenfalls in die Landschaft ein. Verkehrswege mußten ausgebaut, Kanäle angelegt, Hafenanlagen, Bahnhöfe und Eisenbahnbrücken konstruiert, Gaskessel und Wasserkraftwerke, Garagen und Müllentsorgungsanlagen errichtet werden. Mit der Entwicklung der Luftfahrt kamen Flughäfen hinzu. Der Ausbau des gesamten Versorgungswesens, auch die immer stärkere Beachtung umweltfreundlicher Ent- und Energieversorgung griffen und greifen noch immer mit ständig höherer Geschwindigkeit gestaltend in das Bild unserer Landschaft ein, verändern sie, formen eine neue Kulturlandschaft.
Fortschritt und Veränderung stellten und stellen die Industriearchitektur beständig vor neue Aufgaben, schaffen neue Bedürfnisse, deren Befriedigung neue Anforderungen mit sich bringen, die wiederum in neuen Bauten Gestalt gewinnen, sich aber auch auf die Organisationsform der Unternehmen, ihr Selbstverständnis und die Identität ihrer Mitarbeiter auswirken.

Die Idylle der rauchenden Schornsteine – Fabrikanlage als Kunstobjekt

Die Selbstdarstellung von Industrieunternehmen ist vielseitig, nach außen wirksam erfolgt sie heute weitgehend über Produktwerbung mittels Markenzeichen und Firmenlogo. Zusammen mit der Unternehmenskultur, insbesondere der Personalführung, bringen sie die langfristigen Unternehmensziele auf der Grundlage einer klar definierten Unternehmensphilosophie gemäß dem Konzept der Corporate Identity in einem einheitlichen Rahmen nach innen und außen zum Ausdruck.
Innerhalb dieses strategischen Kommunikationssystems ist zwar das unmittelbare architektonische Erscheinungsbild der jeweiligen Firma immer noch ein wichtiges Element, das die Unternehmensphilosophie transportiert. Wie die Beispiele neuer Fabrikbauten zeigen, spielt die Firmenarchitektur innerhalb dieses Beziehungsgeflechts aber nicht mehr die allein tragende Rolle.
Das war nicht immer so. Abbildungen von Firmengebäuden auf Briefköpfen, Preislisten, Produktkatalogen und Jubiläumsschriften kamen erst im Verlauf der Industrialisierung auf. Bald schon gehörten sie zu ihren bekannten Erscheinungsbildern. Sie gingen einher mit der allmählichen Bürokratisierung der Unterneh-

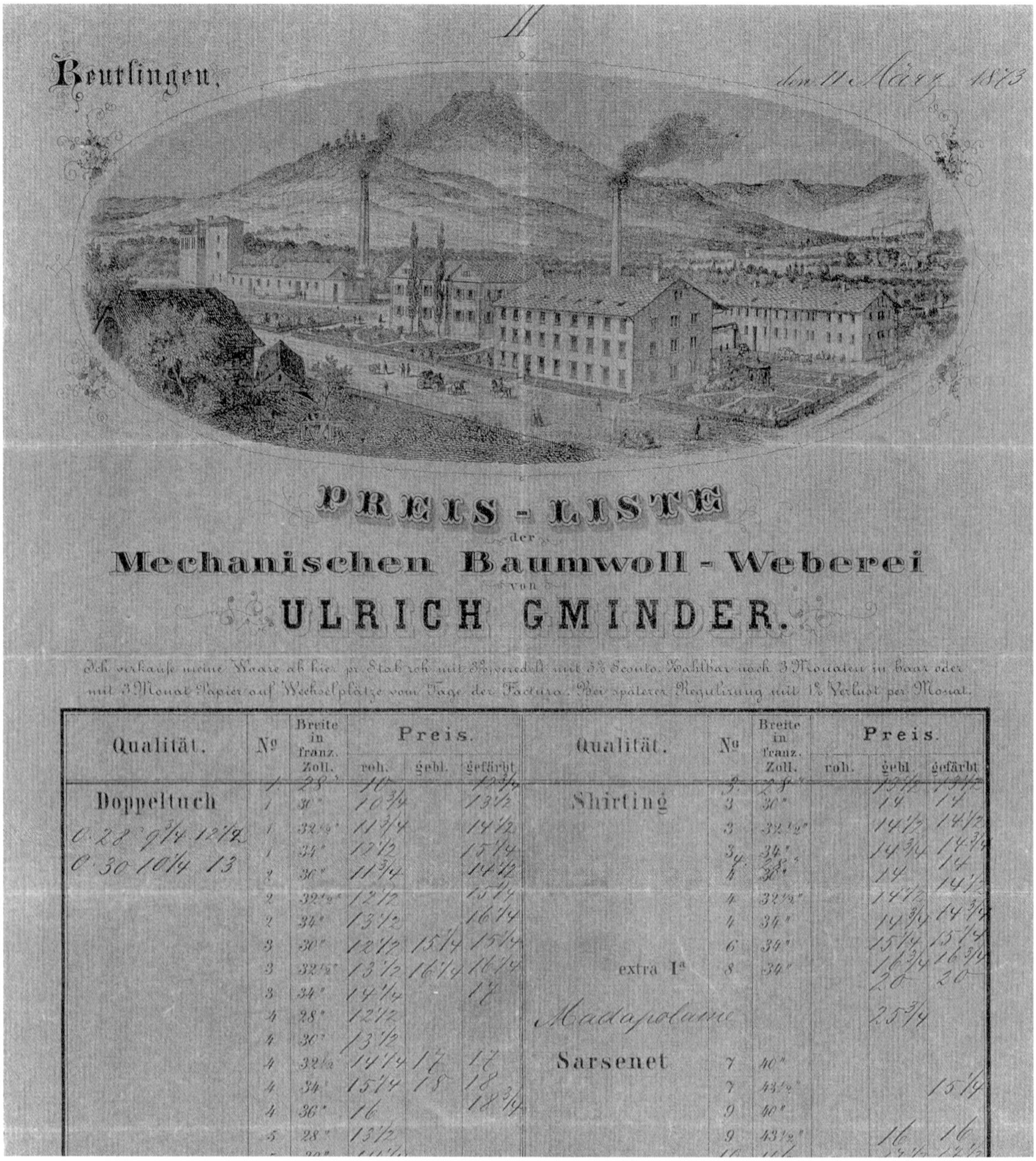

Qualität.	№	Breite in franz. Zoll.	Preis. roh.	gebl.	gefärbt	Qualität.	№	Breite in franz. Zoll.	Preis. roh.	gebl.	gefärbt
	1	28"	10		12¾		3	28"		13½	13½
Doppeltuch	1	30"	10¾		13½	Shirting	3	30"		14	14
0·28 9¾ 12½	1	32½"	11¾		14½		3	32½"		14½	14½
0·30 10¼ 13	1	34"	12½		15¼		3	34"		14¾	14¾
	2	36"	11¾		14½		4	28" 30"		14	14
	2	32½"	12½		15¼		4	32½"		14½	14½
	2	34"	13½		16¼		4	34"		14¾	14¾
	3	30"	12½	15¼	15¼		6	34"		15¼	15¼
	3	32½"	13½	16¼	16¼	extra Iª	8	34"		16¾ 20	16¾ 20
	3	34"	14¼		17						
	4	28"	12½			Madapolame				25¾	
	4	30"	13½								
	4	32½	14¼	17	17	Sarsenet	7	40"			
	4	34"	15¼	18	18		7	43½"			15¼
	4	36"	16		18¾		9	40"			
	5	28"	13½				9	43½"		16	16

165 Die Reutlinger Textilfabrik Ulrich Gminder nutzte die Darstellung ihrer Firmengebäude bei ihrer Korrespondenz und auf Preislisten und Katalogen schon in der ersten Hälfte des 19. Jahrhunderts als Werbeträger. Häufig wechselnde Briefköpfe belegten das Wachstum der Firma. Der Holzstich auf der 1873 ausgestellten Preisliste zeigt die Werkanlage vor der Silhouette von Reutlingen mit der Achalm.

166 Briefkopf der Reutlinger Strickerei und Trikotagefabrik Hermann Heinzelmann von der Jahrhundertwende. Die aquarellierte Tuschezeichnung zeigt Produktionsräume und Unternehmervilla in einer parkänlichen Anlage, eingebettet in die Natur.

mensverwaltung und einer Standardisierung des Geschäftsverkehrs mittels vorgedruckter Formulare, Rechnungen, Lieferscheine etc. Lange Zeit war die Abbildung von Fabrikgebäuden auf dem Geschäftspapier eines Unternehmens die verbreitetste Form der werbenden Selbstdarstellung. Heute bieten diese Ansichten aus diesem Grund für Wirtschaftshistoriker eine wichtige Quelle der Firmengeschichte, werden aber mittlerweile auch von der Kunst- und Architekturgeschichte genutzt.
Seit dem letzten Drittel des 19. Jahrhunderts tauchen solche Firmendarstellungen vermehrt auf, schließlich werden sie um die Jahrhundertwende zur Massenware. Nach dem Ersten Weltkrieg werden die Werksansichten dann allerdings von anderen Werbemaßnahmen abgelöst.[1] Die frühen Darstellungen lassen das Bestreben erkennen, die neuen Fabriken als Teil der Landschaft, losgelöst von den negativen Begleiterscheinungen der Industrialisierung begreiflich zu machen. Ein Arbeitsalltag findet auf diesen Abbildungen nicht statt, Gestank, Lärm und Betriebsamkeit werden verborgen, Arbeitende sind nicht zu sehen.
Die Selbstdarstellung via Firmenarchitektur bestimmt auch die repräsentativen, großformatigen Ansichten, die – in der Regel zu Firmenjubiläen in Auftrag gegeben – die Empfangsräume der Unternehmer schmückten. Auf diesen Bildern fügen sich die Fabriken – meist idyllisch an Flußläufen gelegen, da Wasser damals noch die dominierende Antriebskraft lieferte, und von Fabrikantenvilla und Park umgeben – malerisch in die Landschaft, wie in dem Aquarell Caspar Obachs von der Baumwollspinnerei und Weberei Kuchen (Abb. 119).
Doch zunehmend rücken die Fabriken in den

167 Die Firmenansicht der Reutlinger Lederfabrik J. J. Schlayer vereint Filiale und Reutlinger Hauptwerk, bei dem die Reutlinger Wahrzeichen im Hintergrund topographisch falsch plaziert sind.

Vordergrund. Die Landschaft dient nur noch der geographischen Verortung, ja, sie wird vielfach sogar topographisch falsch plaziert wie die Achalm, das Wahrzeichen Reutlingens, auf einem Geschäftsbrief der Reutlinger Lederfabrik J.J.Schlayer, nur um den örtlichen Bezug sichtbar zu machen (Abb. 167). Sie dient nur noch der Orientierung, nicht mehr der Darstellung einer Idylle.

Mit der Durchsetzung der Dampfkraft als Antriebsenergie beginnen Schornsteine das Erscheinungsbild der Fabriken zu prägen. Rauchende Schlote wurden ebenso wie dampfende Eisenbahnen zum Inbegriff von Industrie und bald auch zu allgemeinen Zeichen des Fortschritts, die auf keinem Briefkopf, bei keiner visuellen Selbstdarstellung eines Unternehmens mehr fehlen durften. So zeigt eine aquarellierte Tuschezeichnung der Jahrhundertwende von A.Greiss und A.Krämer das stattliche, vierstökkige Gebäude der Reutlinger Strickerei und Trikotagefabrik Hermann Heinzelmann zwar von einem Park und der gründerzeitlichen Fabrikantenvilla umgeben; der Dampf aus fünf die Hälfte des Bildes beherrschenden Schornsteinen verbindet sich jedoch mit dem Dampf der im Hintergrund vorbeidonnernden Eisenbahn und bestimmt als »Fahne des Fortschritts« das Bild.

Auch auf einer 1873 ausgefertigten Preisliste der Reutlinger Mechanischen Baumwoll-Weberei Ulrich Gminder (Abb. 165) dominieren die rauchenden Schornsteine die Fabrikansicht unterhalb der Achalm. Im Hintergrund dampft ein Zug auf der Eisenbahnlinie nach Plochingen. Dabei stehen die nüchternen Zweckbauten in einem ebenso merkwürdigen Kontrast zur ansonsten idyllisch, mit Reiter und Kutschen als Staffagefiguren gezeichneten Umgebung wie der verschnörkelte Rahmen des medaillonförmigen Holzstichs zum Gegenstand der Darstellung selbst.

Immer höhere Schornsteine und immer größere Anlagen, die nebeneinander zu einer Art Fabrikstadt aufgereihten einzelnen Filialen des Unternehmens (Abb. 168), demonstrieren jetzt dessen Leistungsstärke. Preismedaillen und die rechts und links des Briefkopfs stolz aufgereihten Auszeichnungen sollen die Qualität seiner Produkte verbürgen.

Fotografien haben die früheren, auffallend detailgenauen Lithographien abgelöst. Aber auch sie »manipulieren« das Erscheinungsbild, interpretieren es durch die Wahl des Ausschnitts. Sie finden sich nicht mehr auf dem Geschäftspapier, sondern in den Hochglanzprospekten der Unternehmen, die ausführlich in Text und Bild über die jeweilige Firma informieren. Ver-

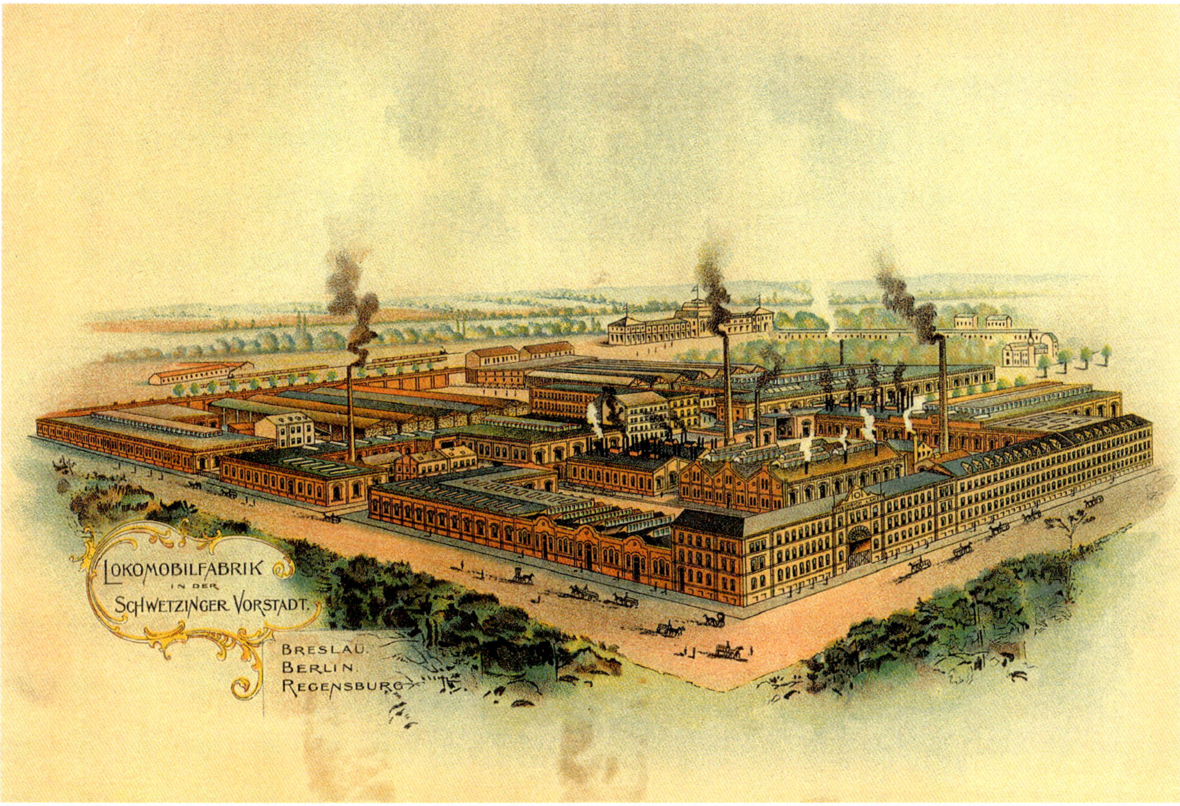

168 Wie bei den meisten Firmenansichten findet sich auch bei dieser Darstellung der Lokomobilfabrik Heinrich Lanz kein einziger Arbeiter. Zur Fabrikstadt zusammengewachsene Hallen demonstrieren die wirtschaftliche Stärke des Unternehmens.

gleicht man diese Werbebroschüren über einen größeren Zeitraum, ist unschwer zu erkennen, wie gesellschaftliche Diskussionen noch immer auf die Selbstdarstellung der Unternehmen Einfluß nehmen.

So plaziert das Unternehmen Kernkraftwerke Obrigheim (Abb. 169) in den sechziger Jahren stolz seinen Kernreaktor als Zentrum des Werks in den Mittelpunkt seiner Werbefotografie. Als aber die Skepsis gegenüber der Atomenergie immer größer wird, präsentiert sich das Werk umweltfreundlich unter strahlend blauem Himmel und inmitten blühender Rapsfelder, die zusammen mit dem gemächlich dahinfließenden Neckar den größten Teil der Aufnahme ausmachen.

Prachtvolle Zweckbauten – Fabrikanlagen als Aufgabe der Architektur

Fabrikanlagen sind aber nicht nur das Objekt künstlerischer Darstellung, sondern in ihrer architektonischen Gestalt bei aller Abhängigkeit von außerkünstlerischen Faktoren wie der regionalen Wirtschaftsgeschichte, dem Fortschritt der Produktionstechnologie und der gesellschaftlichen Entwicklung auch ein Teil der künstlerischen Entwicklung selbst.

Fabrikbauten, Zeugnisse der industriellen Veränderung, haben eine problematische Wertungsgeschichte. Im 19. Jahrhundert galten sie als technische Profanbauten und wurden des-

169 Eingebettet in eine blühende Landschaft – bei dieser Selbstdarstellung des Kernkraftwerks Obrigheim nimmt die Wiedergabe von Natur mehr als die Hälfte des Raums ein.

halb lange Zeit gar nicht als eigentliche Aufgabe der Architektur gesehen, und noch immer gehören die Relikte technischer, industrieller Entwicklung nicht zum anerkannten kulturellen Erbe. Allerdings bemüht sich die bezeichnenderweise aus England, dem Pionierland der Industrialisierung stammende neue Disziplin der Industriearchäologie zunehmend erfolgreich darum, den Blick für die Qualität dieser Bauten und Industriedenkmale zu öffnen. Eine Neubewertung des »Historismus« hat ebenfalls manche Scheuklappen beseitigt. So schärfte sich in den letzten Jahren der Blick dafür, daß die Entwicklung der industriellen Tätigkeit und ihr Einfluß auf die Baukunst ebenso sorgfältige Beachtung verdienen wie die klassischen Sujets der Kunstgeschichte.

Wie die industrielle Revolution die Fabrik als Institution überhaupt erst hervorgebracht hat, so entstand auch der Bautyp »Fabrik« erst im Zuge dieser umwälzenden Ereignisse. Obwohl Fabriken in ihren unterschiedlichen Ausformungen rasch das Bild der modernen Stadt bestimmten, sich überall wie ein Gürtel um die Stadtkerne legten, wurden sie als Aufgabe der Bau-Kunst erst spät wahrgenommen, als Objekt der Kunst- und Architekturgeschichte entsprechend spät entdeckt. Erst 1973 wurde der Begriff »Fabrikbau« in das »Reallexikon zur Deutschen Kunstgeschichte« aufgenommen.

Erste Fabrikationsstätten

Die ersten maschinellen Produktionen begannen in ehemaligen Klöstern, die seit der Säkularisation leerstanden und der aufstrebenden Industrie preiswerte und ausreichend geräumige Unterkunft boten. So stellte der Schweizer Fabrikant Johann Georg Bodmer 1809 im ehemaligen Benediktinerkloster St. Blasien seine Spinnmaschinen auf und gründete damit die erste Textilfabrik in Baden. Ein Jahr später richtete der württembergische Staat im leerstehenden Augustinerkloster in der Talvorstadt von Oberndorf am Neckar eine Königliche Gewehrfabrik ein (Abb. 170). Nach 1874 erlangte sie unter der Leitung der Brüder Mauser Weltruhm. Zeitweise nahm auch die ehemalige Benediktiner-Abtei Ettenheimmünster eine Spinnerei auf.
Andere Firmen begannen ihre industrielle Produktion in alten Hammerwerken oder Mühlen. So eröffnete der Geislinger Müllerssohn Daniel Straub seine Fabrikation von silberplattierten und kupferbronzierten Metallwaren 1853 in der sogenannten Kapellmühle, die während des Eisenbahnbaus über die Alb als Reparaturwerkstätte gedient hatte. Nach der Fusion mit der Esslinger Galvan-Anstalt A. Ritter & Co. ging aus diesen Anfängen 1880 die Württembergische Metallwarenfabrik (WMF) hervor. Da diese Mühlen-Bauten aufgrund ihrer Verarbeitungstechnik bereits eine spezielle Gestaltung aufwiesen, zudem gleichzeitig die nötige Wasserenergie mitlieferten, wurden sie zum Prototyp des Fabrikgebäudes schlechthin. Diese Entwicklung läßt sich an der englischen Bezeichnung »mill« für Fabrik noch ablesen. Allerdings war ein wesentliches Merkmal der Fabrik, die Trennung von Wohnen und Arbeiten, in diesen frühen Fabrikbauten noch nicht vollzogen.
Frühe Fabriken, die aus handwerklichen Betrieben hervorgingen, nahmen ihren Anfang oft auch in einfachen Wohnhäusern oder deren Hinterhöfen. Diese boten ausreichend Platz, so-

170 Das Aquarell zeigt die 1810 von König Friedrich im ehemaligen Augustinerkloster in Oberndorf am Neckar eingerichtete Königliche Gewehrfabrik, die am Ende des Jahrhunderts unter der Leitung der Brüder Mauser Weltruhm erreichte.

171 Das Gewächshaus Gottlieb Daimlers in Cannstatt – Geburtsstätte der Daimler Motorenwerke.

lange mangelndes Betriebskapital eine Massenproduktion noch nicht erlaubte. Ein prominentes Beispiel dafür liefert im Bereich des heutigen Baden-Württemberg die erste Werkstatt Gottlieb Daimlers, die in einem Gewächshaus in Cannstatt untergebracht war (Abb. 171). Auch das zweistöckige Fachwerkhaus am Kornwestheimer Bahnhof, in dem 1885 der Schuhmacher Jakob Sigle seine Produktion preisgünstiger Qualitätsschuhe aufnahm, die er zusammen mit dem Berliner Fabrikanten Rudolf Moos zur Markenfirma »Salamander« ausbaute, gehört in diesen Zusammenhang. Die Herstellung der weltberühmten Spielwaren mit dem »Knopf im Ohr« begann Margarete Steiff 1877 ebenfalls in einem einfachen Wohnhaus, ihrem Elternhaus in Giengen an der Brenz. Selbst neu errichtete Fabrikgebäude dieser Zeit orientierten sich als Fachwerkbauten an den traditionellen Formen des Wohnhausbaus.

Neue Bauaufgaben

Sobald die Produktion über das Tüftlerstadium hinausgelangt und massenhaft geworden war – zusammen mit dem arbeitsteilig organisierten Produktionsprozeß und dem Einsatz von Maschinen ein Definitionsmerkmal von Fabrik –, mußte der Hinterhof bzw. das Wohnhaus verlassen und eine eigene Produktionsstätte geplant, eine Fabrik gebaut werden. Dazu gehörten notwendig Schornsteine und Maschinenhäuser, um die teuren Antriebsmaschinen vor der Witterung zu schützen, aber auch Fertigungsräume, Magazine und Lagerhallen. Diese Erfordernisse stellten die Architekten vor eine Bauaufgabe, für die es keine Vorbilder und keine Tradition gab. Sie mußten Formen entwickeln, die gleichermaßen den konstruktiven Notwendigkeiten des arbeitsteilig organisierten, maschinellen Produktionsprozesses, den finanziellen Möglichkeiten der Fabrikanten wie ihren Wünschen nach repräsentativer Selbstdarstellung genügten und, je nach sozialer Einstellung des Unternehmers, auch den Bedürfnissen der in ihnen arbeitenden Menschen.

Anfangs griffen Architekten, Werkmeister und Ingenieure bei der Lösung dieser Aufgabe noch auf Muster aus der Sakralarchitektur zurück. Berühmtes Beispiel ist die Gießhalle der Sayner Hütte in Bendorf am Rhein von 1824. Trotz ihrer damals ausgesprochen fortschrittlichen Konstruktion aus Gußeisen und Stahl war sie nach basilikalem Vorbild angelegt, mutete an wie eine Kathedrale aus Glas und Stahl. Auch die Gründungsbauten der Gesellschaft für Spinnerei und Weberei AG Ettlingen, die zwischen 1836 und 1839 nach den Entwürfen des Weinbrenner-Schülers Ludwig Wilhelm Lendorff (1808–1853) entstanden (Abb. 172), stehen in der Tradition barocker Kloster- und Schloßanlagen. Axial vor den Längsbau gesetzte Pförtnerpavillons ergeben eine Dreiflügelanlage. In ihrer Wandgliederung mit abge-

172 Die Spinnerei und Weberei in Ettlingen. Mit dem Gründungsbau der damals größten Baumwoll-Fabrik im Großherzogtum Baden entwickelte der Weinbrenner-Schüler Ludwig Wilhelm Lendorff den Typ des sechsgeschossigen Textilhochhauses, der mit seinen Flügelbauten aber noch in der Tradition der Feudalarchitektur steht.

173 Mechanische Flachsspinnerei Urach. Die kolorierte Lithographie von Eberhard Emminger zeigt den zweistöckigen Industriebau harmonisch eingebettet ins Ermstal.

stuften Mauerpfeilern ist unschwer das Strebepfeilersystem gotischer Sakralbauten zu erkennen. Allerdings hatten diese Strebepfeiler bei dem hohen, sechsgeschossigen Bau nicht nur ästhetische, sondern auch statische Bedeutung, womit Lendorff die Forderung seines Kollegen und späteren Nachfolgers aus der Karlsruher Oberbaudirektion, Heinrich Hübsch, umsetzte.[2] Der hatte nämlich gefordert, daß der neue Stil »nicht aus einer früheren, sondern aus der gegenwärtigen Beschaffenheit der natürlichen Bildungselemente hervorgehen [solle], also erstens aus unserem gewöhnlichen Baumaterial, zweitens aus dem heutigen Standpunkt der technostatischen Erfahrung.« [3]
Im Vergleich zu den meisten Fabrikbauten aus der zweiten Hälfte des 19. Jahrhunderts fallen die Gründungsbauten der damals größten Baumwollfabrik im Großherzogtum Baden – sie begann mit 750 Webstühlen und 26000 Spindeln – durch außergewöhnliche Schlichtheit und Schmucklosigkeit der Fassade auf. Darin spiegelt sich zweifellos die verbreitete Architekturauffassung für Fabrikbauten in dieser frühen Phase der Industrialisierung. Die ökonomisch wenig aufwendige Gestaltung mag aber auch ein Ausdruck der besonderen Organisationsform des Unternehmens sein, das bereits als Aktiengesellschaft gegründet wurde. Die meisten Fabriken vor 1860 wurden dagegen von Einzelpersonen ins Leben gerufen oder begannen als Familienunternehmen. Diese legten zweifellos mehr Wert auf repräsentative Gestaltung als eine mehr oder weniger anonyme Gruppe von Gesellschaftern.[4] Auch die späteren Bauten der Spinnerei und Weberei Ettlingen

blieben, soweit es die »Untere Fabrik« betrifft, schlicht und zweckgebunden, verzichteten weitgehend auf die damals so beliebte Bauweise in historistischen Formen (Abb. 174). In der jüngeren, nach 1870 ausgebauten »Oberen Fabrik« sind dann allerdings alle Kennzeichen historistischer Baugestaltung zu finden.

»Industrieschlösser«

Grundsätzlich lassen sich zwei architektonische Reaktionen auf die neuen Raumanforderungen des industriellen Produktionsprozesses unterscheiden: Zum einen gab es die rein technische, konstruktive Architektur, die die Gestaltung auf den bloßen Zweckbau reduzierte, und zum anderen die dekorative Gestaltung, den Rückgriff auf den repräsentativen Formenschatz des Historismus, der die neuen, vom Zeitgeist mit dem Odium der Häßlichkeit behafteten, weil nicht zweckfreien Bauten ornamental verbrämte und damit »künstlerisch« aufwertete.
Bei der im Großherzogtum Baden, vor allem aber im Königreich Württemberg erst im letzten Drittel des 19. Jahrhunderts einsetzenden Hochindustrialisierung überwog eindeutig der Wille zur Gestaltung. Trostlos graue Industriequartiere, endlos aneinandergereihte Fabrikanlagen mit ihren unübersehbar rauchenden Schloten, wie sie die Regionen der Schwerindustrie zum Beispiel im Ruhrgebiet prägten, fehlten hier aufgrund der mangelnden Bodenschätze und der dezentralen Industrialisierung ohnehin.
Insbesondere die Bauherren des ausgehenden 19. Jahrunderts orientierten sich an der Feudalarchitektur der Vergangenheit. Sie ließen regelrechte »Industrieschlösser« errichten. Historisch anmutende Fassaden verhüllten mit ihrem Zierrat an Zinnen, Risaliten, Fialen und Türmchen die nüchternen Zweckbauten. Das 1903/4 errichtete Spinnereigebäude der Textilfabrik Ulrich Gminder in Reutlingen (Abb. 175) ist ein spätes Beispiel solcher Baugesinnung und der damit verbundenen großbürgerlichen Attitüde. Der Stuttgarter Architekt Philipp Jacob Manz, einer der meistbeschäftigten Industriearchitekten um die Jahrhundertwende, gliederte die Fassade des 107 × 37 Meter messenden 3-stöckigen Baus plastisch und abwechlungsreich. Über allen vier Ecken erheben sich quadratische Türme, von denen zwei einzig und allein dazu

174 In der 1883 errichteten Samtschneiderei der Spinnerei und Weberei Ettlingen wurde 1907 die Verwaltung des Unternehmens untergebracht.

dienen, Symmetrie herzustellen. Die nur bedingt konstruktiv notwendigen, strebepfeilerartigen Wandvorlagen rhythmisieren die lange Fassade, ihnen aufgesetzte Türmchen verbergen zinnenartig das Flachdach. Der Wechsel von rotem Backstein, hellem Kunststein und sparsamem Putz verleiht der detailreichen Fassade zusätzliche Pracht. Sie macht den Bau zu einem »der eindrucksvollsten historischen Beispiele von Industriearchitektur unseres Landes. (…) Die Funktion liegt in der Repräsentation. In diesem weit in das Land hinein wirkenden Element stolzen bürgerlichen Selbstverständnisses und anspruchsvoller Firmenrepräsentation gipfeln die Intentionen der mit gesteigertem Aufwand

175 Das 1903/4 von dem Stuttgarter Industriearchitekten Philipp Jacob Manz errichtete Spinnereigebäude der Textilfabrik Ulrich Gminder in Reutlingen ist ein spätes Beispiel eines »Industrieschlosses«.

auf dem Höhepunkt der Firmenentwicklung gestalteten Fabrikarchitektur.«[5]

Selbst dort, wo der Bau bereits moderne Konstruktionsmerkmale aufwies, wollten die Auftraggeber ebenso wenig wie die Architekten auf den gründerzeitlichen Formenschatz an Stilzitaten verzichten. So ist der 1904/5 am Rand von Kornwestheim errichtete Neubau der rasch expandierenden Firma J.Sigle & Cie (Abb. 176) zwar von der Konstruktion her eine Mischform aus Backsteinmauerwerk und Stahlskelett, seinem Erscheinungsbild nach gibt sich der einhundert Meter lange und sechzehn Meter breite Bau (»Hundertmeterbau«) aber als traditioneller Backsteinbau.

Wieder lieferte Philipp Jacob Manz den Entwurf. Mit drei Türmen und in regelmäßigen Abständen vorspringenden Mauerwerkspfeilern gliederte er die lange Fassade symmetrisch. Zeigen die Fenster in den zwei ersten Geschossen mit einem Stahlsturz ihr modernes Gesicht, so sind sie im zweiten Obergeschoß nach traditionellem Muster von zwei gemauerten Segmentbögen überfangen, owohl auch dort von der Konstruktion her Stahlstürze logisch gewesen wären. Die gemauerten Bögen wie auch die symmetrisch plazierten Türme verleihen dem Gebäude einen schloßartigen Charakter, weiße Kunststeinteile »verzuckern« den strengen Bau.[6] Doch die zweifellos vorhandenen historistischen Gestaltungselemente sind maßvoll eingesetzt.

Zwanzig Jahre später ließ das Unternehmen einen weiteren Neubau errichten. Auch dieser

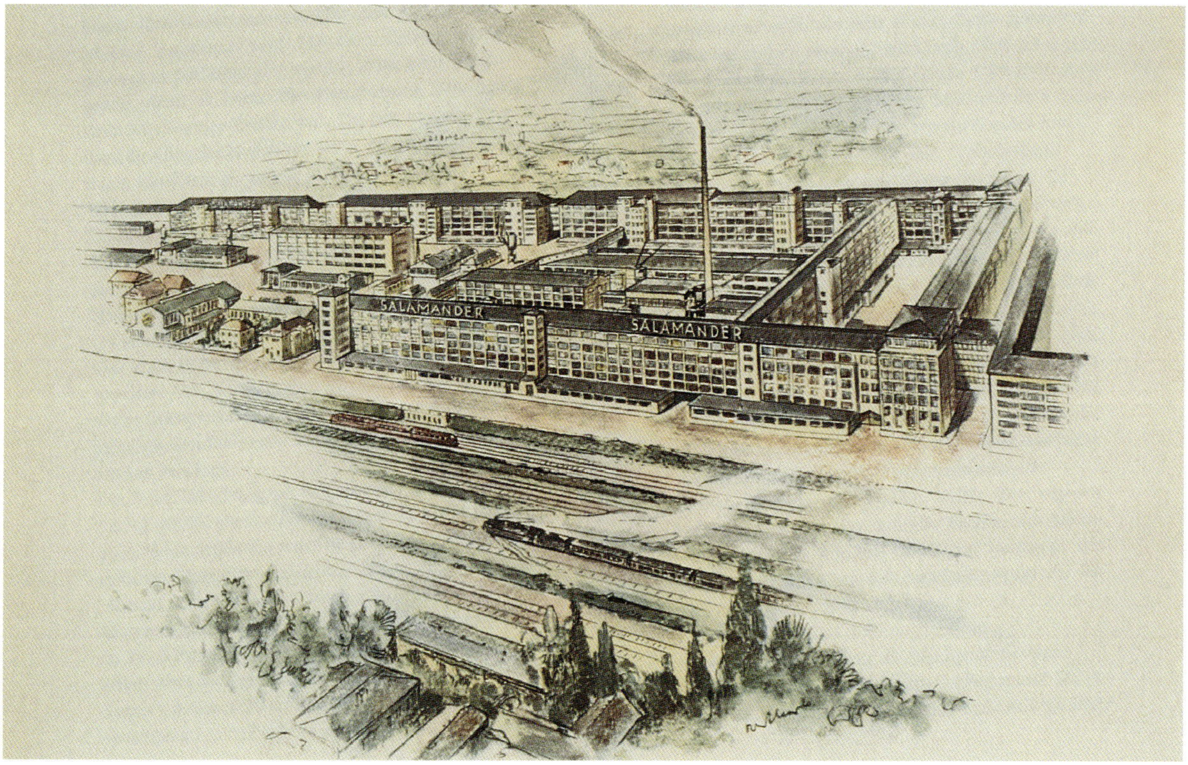

176 Der »Hundertmeterbau« der Kornwestheimer Schuhfabrik Sigle von 1904/5; die traditionell gestaltete, symmetrische Backsteinfassade verbirgt das konstruktive Stahlskelett.

Bau der zwanziger Jahre zeigt noch die traditionellen Formen, erscheint eher als Repräsentativgebäude denn als industrieller Zweckbau. Gemauerte Lisenen gliedern den Mitteltrakt, die Betonbrüstungen sind ornamental geschmückt wie Mauerwerk, die Eisenbetonträger verkleidet. Wird so im Äußeren eine traditionelle Fassade, wenn auch in moderat historistischer, eher schon klassizistischer Form beibehalten, so ermöglicht der Einsatz von Stahlbeton im Innern möglichst weite, stützenfreie Säle und große Fensteröffnungen. Für die Beschäftigten bedeutete das eine sinnvollere Anordnung der Produktionsabläufe und deutlich mehr Licht, verbesserte also ihre Arbeitsbedingungen. Das plastische Markenzeichen, ein Salamander auf der Weltkugel, über der Eingangstür anstelle der früher üblichen allegorischen Skulpturen angebracht, scheint ein neues Selbstbewußtsein des Fabrikherren anzudeuten.

Nicht selten ist bei der Fabrikarchitektur, die sich im Zuge der Industrialisierung herauskristallisierte, eine Trennung der Stile je nach Zweckbestimmung zu beobachten. So wurden reine Zweckbauten wie Maschinenhallen oder Lager meist schnörkellos funktional errichtet, zumal wenn sie in Hinterhöfen untergebracht waren oder die Seitenflügel einnahmen. Die Administration, der Empfang und meist auch die Fabrikantenvilla aber waren zur Straße hin orientiert. Sie erhielten ein repräsentatives Gehäuse, dessen Gestaltung vorrangig dazu diente, Geltungsanspruch und Wohlstand der in den Gründerjahren rasch zu Geld gekommenen

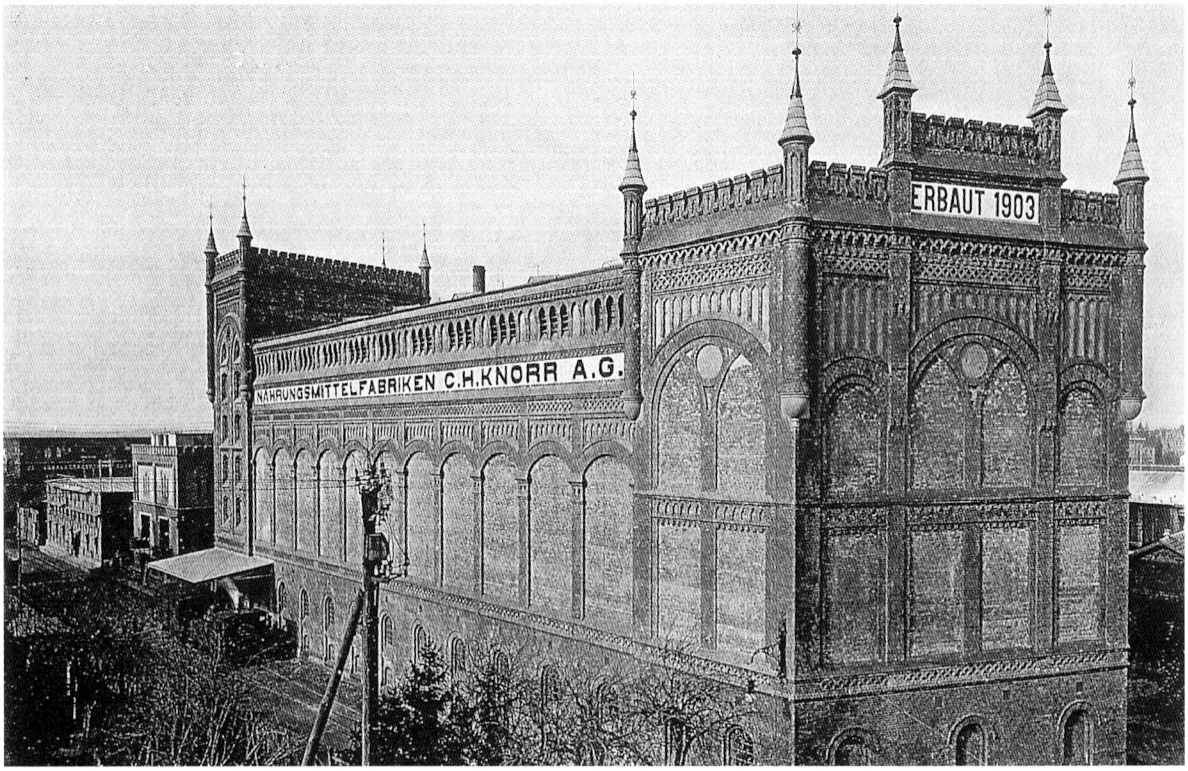

177 Nahrungsmittelfabriken C. H. Knorr A. G. 1902 im Stil eines Schlosses.

Fabrikanten zu zeigen und die von ihnen aufgrund ihrer wirtschaftlichen Bedeutung reklamierte Gleichwertigkeit mit dem Adel unübersehbar zum Ausdruck zu bringen. Denn die neue, bürgerliche Elite entwickelte lange keine eigene Kultur, sondern adaptierte Teile der Kultur der alten Oberschicht, die gesellschaftlich immer noch den Ton angab.
Nicht übersehen werden darf dabei, daß auch die Fabrikherren nicht völlig frei bei ihren Bauvorhaben waren. Staatliche Vorschriften und kommunale Regelungen, die mit dem Bauboom der Hochindustrialisierung entstanden, schränkten ihren Gestaltungsspielraum je nach Standort ihrer Fabrik mehr oder weniger ein. Schon die württembergische Polizei-Verordnung von 1836 schrieb aus Feuerschutzgründen unter anderem ein steinernes Sockelgeschoß und die Verblendung aller Gebäude vor, gleich ob Fachwerk- oder Steinbau. Das 1874 erlassene Ortsbau-Statut der Stadt Stuttgart legte im Interesse einer attraktiven Ausgestaltung zur »Haupt- und Residenzstadt« eine Anzahl von Straßen fest, an denen solche Gebäude errichtet werden durften, deren Gestaltung »der Bedeutung der Straßen und Plätze (entsprachen) und eine angemessene architektonische Ausbildung« aufwiesen.[7] Seitdem setzte sich auch in Stuttgart der unverputzte Klinkerbau für Industriebauten wie Wohnhäuser durch. Die »Allgemeine Bauordnung des Königreichs Württemberg« förderte ebenfalls wie entsprechende Vorschriften in Baden die repräsentative Gestaltung der Fabrikfassaden, solange sie an Hauptstraßen und im Stadtzentrum lagen bzw. von der Bahn aus zu sehen waren.

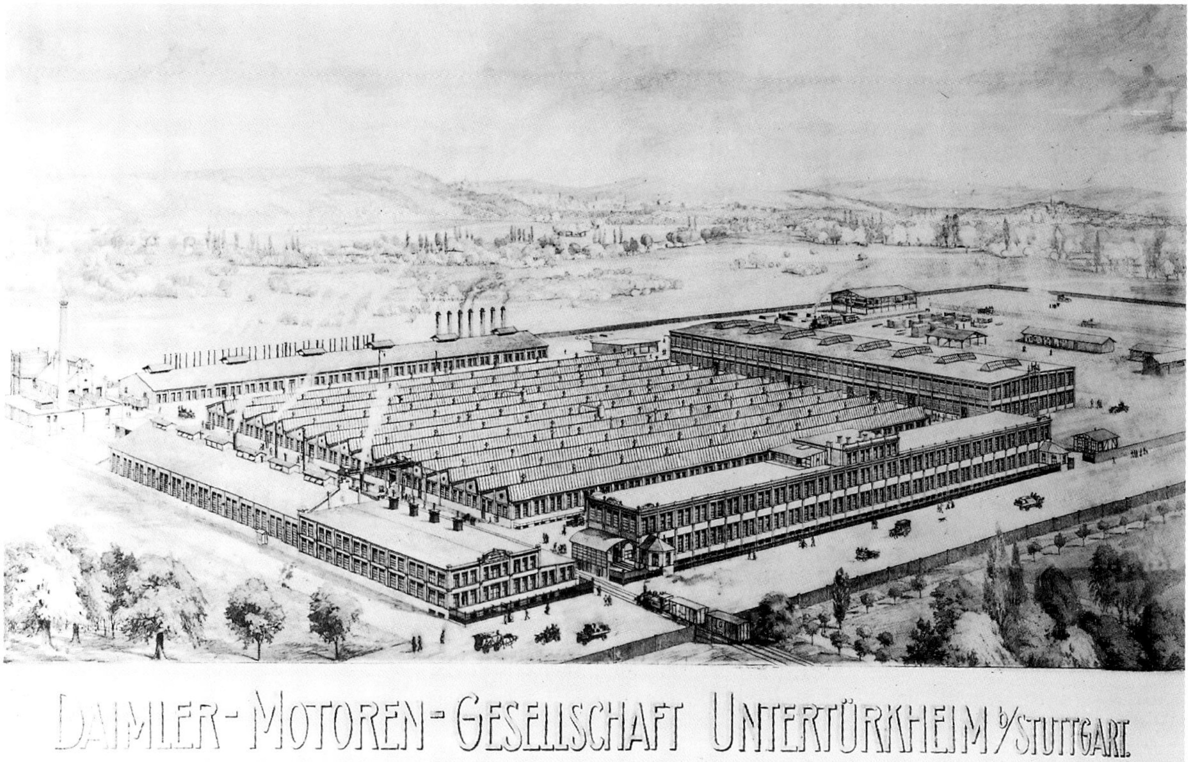

178 Nach einem Großbrand der Fabrikanlage in Cannstatt verlegte die Daimler-Motoren-Gesellschaft ihre Produktion nach Untertürkheim. Sheddachhalle an Sheddachhalle werden zur Straßenfront hin durch repräsentativ gestaltete, vornehmlich der Verwaltung dienende Gebäude eingefaßt. Im Vordergrund der Bahnanschluß des Unternehmens.

Sheddachhallen

Deutlich unterscheiden sich die von der Industriearchitektur entwickelten Bauformen je nach Branche und Produktionstechnik. Die schweren Maschinen der Maschinenbauindustrie konnten nur ebenerdig aufgestellt werden. Für sie wurden deshalb einstockige, hallenartige Gebäuden konstruiert. Für die Textilindustrie war dagegen ein vertikal angeordneter Produktionsablauf sinnvoll. Textilunternehmen gaben deshalb mehrgeschossige Gebäude in Auftrag wie den Hochbau der Spinnerei und Weberei AG Ettlingen von 1824 (Abb. 172). Solche Hochbauten setzten eine bestimmte Entwicklung der Kraftübertragungsformen, insbesondere die Einführung des Riemenantriebs für Spinnereien voraus, denn erst sie machte eine Verteilung der Fabrikationsräume auf mehrere Stockwerke möglich.[8] Wegen ihres geringeren Bedarfs an Baugrund sind solche Hochbauten am ehesten in den Städten zu finden.
Für Webereien mit ihren schweren Webstühlen und ihrem hohen Lichtbedarf erwiesen sich die platzsparenden Hochbauten jedoch als wenig günstig. Die ständige Vibration der Webstühle führte zu schweren Schäden an den in der Frühzeit noch überwiegend hölzernen Stockwerksdecken. Zudem nahm der Lichteinfall durch die seitlichen Fenster zur Mitte der Räume hin immens ab. So wurde aus dem Bedürfnis der Produktion heraus ein spezifisches Flachbausystem

entwickelt – der Sheddachbau. Mit hintereinandergereihten verglasten Satteldachkonstruktionen vergrößerten diese Bauten den Lichteinfall für die Arbeiter enorm. Später wurden die Satteldächer asymmetrisch geformt und nach Norden ausgerichtet, was den Vorzug des erhöhten Lichteinfalls noch mit dem weitgehender Blendfreiheit verband. Solche sägezahnartig gedeckten Flachbauten entwickelten sich bereits seit der Mitte des 19. Jahrhunderts – in Baden wurde die Shedbauweise 1853/54 mit der Webereihalle in Schönau eingeführt – zu einem prägenden Element der Industriekulturlandschaft.[9] Bald schon wurden ganze Betriebsareale mit Sheddachhallen überbaut (Abb. 178).
Anfangs wurden diese Hallen noch mit historistischem Zierrat verblendet. Die 1859 gegründete Landmaschinenfabrik Heinrich Lanz setzte ihren riesigen Sheddachhallen in Mannheim eine Schaufassade vor, die mit drei turmbewehrten Eingängen das riesige Produktionsareal einfaßte und in Form einer Schloßarchitektur gestaltete. Dabei unterstrich die herrschaftliche Form die kontrollierende Funktion der Pförtner, an denen jeder Arbeiter bei Arbeitsbeginn und -ende pünktlich vorbeigehen mußte – ein Beispiel für die disziplinierende Wirkung der Industrialisierung und die neue Wertigkeit von Zeit und Pünktlichkeit (Abb. 179).

Herausbildung des Internationalen Stils

Der Faszination der neuen Technik konnte sich trotz aller ablehnender Ängste, die die ungewohnte Geschwindigkeit der Züge und Automobile, die »Zauberei« elektronischer Kraftübertragung, das gläserne Wunderwerk der Konsumtempel oder andere Errungenschaften der Moderne hervorriefen, mit der Zeit niemand entziehen. Mit wachsender Technikbegeisterung brach sich seit der Jahrhundertwende deshalb langsam auch eine andere Auffassung von Industriearchitektur Bahn. Ihre Vertreter wollten weder die eigentliche Funktion des Baus, noch seine Konstruktion verstekken, sondern die konstruktiven Grundlagen ihrer Arbeit offen zeigen. Wirklich neu, wie in unserem Zusammenhang das Beispiel des Ettlinger Textilhochhauses (Abb. 172) zeigte, war diese Auffasssung freilich nicht. Auch andere technische Nutzbauten existierten bereits ohne ornamentale Fassade und dekorative Maskerade. Allerdings wurden solche Bauten nicht als Architektur begriffen, sondern, da von Inge-

179 Sheddachhallen fast bis zum Horizont zeigt die Firmenansicht der Landmaschinenfabrik Heinrich Lanz, im Vordergund das Denkmal des Firmengründers.

nieuren oder Werkmeistern geplant, als rein technische Konstruktionen betrachtet.
Der Siegeszug der Technik änderte diese Sichtweise. Nun wurden auch Industriebauten als Aufgaben der Architektur akzeptiert. 1910 erschien erstmals die Zeitschrift »Der Industriebau«, als Diskussionsforum für die neue Gestaltungsaufgabe gegründet. Immer mehr Menschen erkannten die ›verborgene Vernunft‹ in der Gestaltung technischer Produkte, sprachen auch diesen ästhetischen Wert zu. »Alle unsere Kultur ist von eisernen Händen gemacht und rollt auf metallenen Rädern«, brachte Friedrich Naumann die veränderte Einstellung provokativ zum Ausdruck.[10] Trotz der Erfolgsgeschichte funktionalistischen Bauens während der folgenden Jahrzehnte kann jedoch nicht übersehen werden, daß sich die Folgen des Dualismus von Kunst und Technik bis heute auswirken. Die vielen zerstörten oder unbeachteten Zeugnisse der Industriearchitektur zeigen das deutlich.

Eine tragende Rolle für die Entwicklung der neuen Baugesinnung spielte der sich aus dem Jugendstil entwickelnde Gedanke der Werkstoffgerechtigkeit und der Ganzheitlichkeit der Gestaltung. Bereits 1902 forderte der Architekt Hermann Muthesius – 1907 gehörte er zu den Mitbegründern des »Deutschen Werkbunds« – eine Abkehr vom »alten Formenkram der Architektur« und empfahl eine Neuorientierung an den Formen, die von den Bedürfnissen der neuen Zeit hervorgebracht wurden.[11] Entscheidend aber wurde die Rezeption von Industriebauten in der Neuen Welt. »Die idealisierten, aber konkret vorhandenen Industriebauten Nordamerikas, Produkte eines strikt modernen technischen Rationalismus, verkörperten, wie man entdeckte, auch die ewigen und absoluten Werte einer früheren architektonischen Tradition: Le Corbusier war davon überzeugt, daß die Werke dieser Ingenieure mit der ›universalen Ordnung übereinstimmten‹.«[12] Amerikanische Silos und Getreidespeicher wurden zu Vorbildern der klassischen Moderne, Modelle des Internationalen Stils, der bis heute die Architektur bestimmt.

Nicht unwesentlich trug zur Popularisierung dieser Bauten ein Artikel Walter Gropius' bei, den er 1913 unter dem Titel »Die Entwicklung moderner Industriebaukunst« im Jahrbuch des »Deutschen Werkbundes« zusammen mit sieben Seiten Abbildungen von amerikanischen Fabriken und Silos veröffentlicht hatte.[13] Einflüsse der »Schule von Chicago« lassen sich dann auch an einigen Bauten des ersten Jahrzehnts im 20. Jahrhundert im deutschen Südwesten erkennen, zum Beispiel an der klar gerasterten, achsensymmetrischen Fassade der Stuttgarter Herrenfabrik Dreifuss & Lehmann von 1910.

Dabei sahen die Vertreter des Neuen Bauens ihre Bauten keineswegs unter rein ästhetischen Aspekten, sondern bezweckten mit ihnen vor allem auch soziale Konsequenzen. So schrieb Walter Gropius im Werkbund-Jahrbuch 1913 zur sozialen Auswirkung moderner Architektur: »Aber auch vom sozialen Standpunkt aus ist es nicht gleichgültig, ob der moderne Fabrikarbeiter in öden, häßlichen Industriekasernen oder in wohlproportionierten Räumen seine Arbeit verrichtet. Er wird dort freudiger am Mitschaffen großer, gemeinsamer Werte arbeiten, wo seine vom Künstler durchgebildete Arbeitsstätte dem einem jeden angeborenen Schönheitsgefühl entgegenkommt und auf die Eintönigkeit der mechanischen Arbeit belebend einwirkt. So wird mit der zunehmenden Zufriedenheit Arbeitsgeist und Leistungsfähigkeit des Betriebes wachsen.«[14]

Beispiele Neuen Bauens in der Region

In Baden und Württemberg fanden die Industriebauten moderner Bauauffassung anfangs kaum Nachahmung. Wie ein Solitär in der historistisch geprägten Architekturlandschaft Südwestdeutschlands stehen deshalb die drei Glashallen der Firma Steiff, zwischen 1903 und 1910 errichtet. Damals hatte der gerade entwickelte Teddybär die Nachfrage nach Spielwaren aus dem Hause Steiff international in die Höhe schnellen lassen. Die kurz zuvor erbauten traditionellen Fabrikhallen konnten die nun notwendigen Arbeiter und Maschinen nicht mehr fassen. Produktionsgerechte Neubauten wurden nötig. In bemerkenswert kurzer Bauzeit entstand daraufhin 1903 die erste Glashalle (Abb. 180). In ihrer schnörkellosen, kubischen Gestalt erinnert sie an ein überdimensioniertes Gewächshaus und muß auf die Zeitgenossen revolutionär gewirkt haben.

Der 30 × 12 Meter messende dreischiffige Stahlskelettbau – bei den folgenden Hallen ist die Stahlkonstruktion wohl aus Kostengründen durch eine Holzkonstruktion ersetzt worden – ist von einer doppelten Verglasung umgeben, die optimale Lichtverhältnisse für die diffizilen Näharbeiten schafft. Die im Innern verwendeten feingliedrigen Stützen gewähren große

180 Der Glasbau der Firma Steiff von 1903 blieb in seiner transparenten und konsequent konstruktiven Gestaltung lange Zeit singuläres Beispiel für das Neue Bauen in der Region.

Transparenz, Leichtigkeit und weitgehend flexible Nutzung. Technisch bedingte Bauelemente wie Träger, Stützen und Abstandhalter werden gezeigt, auch bei den zwei folgenden Glashallen werden sie nicht mehr versteckt. Damit folgten die Werkhallen der Firma Steiff »kompromißlos den grundlegenden Formgesetzen der Moderne.«[15]

Es ist bezeichnend für diese funktionalistische Formensprache, daß an der Planung kein Architekt beteiligt war, sie vielmehr in den Händen von Ingenieuren der Eisenwerk München AG lag. Zudem ließ die Unternehmerin bei dem Bauvorhaben wohl ihrem Neffen, Richard Steiff, weitgehend freie Hand. Dieser hatte in England studiert und von dort offenbar entscheidende Eindrücke von der damals für Aufregung sorgenden ersten Stahl-Glas-Konstruktion, dem Londoner Kristall-Palast, mitgebracht, die er nun auf der Ostalb in Fabrikarchitektur umsetzte. Ohne die Weiterentwicklung der Bautechnik wäre dies nicht möglich gewesen. Vor allem die Entwicklung des Stahlbetons, der 1868 in Frankreich erfunden wurde, befreite die Architektur weitgehend von bautechnischen Einschränkungen.

Moderne Bautechnik

Mit der Verwendung von Stahl und Stahlbeton, die sich im Industriebau erst kurz vor der Jahrhundertwende durchzusetzen begann, mußten die Wände keine tragende Funktion mehr erfüllen, große Glasflächen konnten Einzug halten. Vergleichsweise früh entschied sich die Firma Bosch für die kompromißlose Anwendung dieser modernen Bautechnik. Auf einem 1900 erworbenen Gelände am Rande des eigentlichen Stadtzentrums, in der Nähe der neuen Liederhalle, zwischen Hoppenlaustraße und Militär-

181 Das erste eigene Gebäude Robert Boschs, die Keimzelle eines Weltunternehmens, die 1900 bewußt im Stadtzentrum errichtet wurde.

straße gelegen, ließ Robert Bosch einen Neubau errichten, dem später weitere folgten, bis in den dreißiger Jahren schließlich das gesamte Areal überbaut war.

Es ist überliefert, daß der Firmengründer großen Einfluß auf die Architektur nahm (Abb. 182). Wie sein Biograph, Theodor Heuss, überliefert, war Robert Bosch die treibende Kraft bei der Entscheidung für die Konstruktion aus Eisen und Beton. Aber lassen wir Theodor Heuss

182 Ausschnitt aus einem Brief Robert Boschs mit einer Skizze der Werkanlage.

selbst berichten, weil sein Text eines der seltenen Bespiele für die fortschrittlichen architektonischen Überlegungen eines Unternehmers aus dieser Zeit festhält. »Es würde völlig verkehrt sein, bei ihm von einer Bauleidenschaft zu reden, er hat nur das Notwendige gebaut, freilich, wenn der Entschluß gefaßt war, mit einer ausgreifenden Unbefangenheit. Als die Enge des 1900 gewählten Platzes deutlich geworden war, gab es vielerlei komplizierte Fragen zu lösen, und sein Mißtrauen gegen die Architekten, denen er gerne vorwarf, daß sie, der Fassade zuliebe, die praktischen Dinge der Grundrißordnung, der hygienischen Sorgfalt vernachlässigten, führte ihn an die technischen Einzeldinge heran. Es wurde sein Ehrgeiz, Vorbildliches zu schaffen.

Sein prüfendes Auge lernte nicht nur Baupläne gut zu lesen, sondern überwachte auch in unermüdlichem Eifer und mit kritischem Verstehen die Bauausführung. Wie viele Bauführer mußten sich, ob sie wollten oder nicht, über ihr Fach durch ihn belehren lassen! Jetzt, da er 1900 aus den (...) gemieteten Hinterhausräumen herausstrebte, kam es ihm vor allem darauf an, helle, luftige Geschosse zu schaffen. (...) Ob Bosch die ›Monier-Broschüre‹ von A. G. Wayß gekannt hat, worin die technischen und ökonomischen Eigenschaften dieser [Eisen-Beton-]

Technik dargestellt wurden, ist nicht mehr festzustellen. Aber es hat ihn später mit einer gewissen stolzen Genugtuung erfüllt, daß dieses Haus, mit einer Frontverkleidung aus Hau- und Backsteinen, ›das erste in Württemberg oder wenigstens in Stuttgart war, das in Eisenbeton ausgeführt worden war.‹«[16]
Die Entscheidung für die noch ungewohnte Verwendung von Eisen und Beton erfolgte erst während des Planungsstadiums und verlangte langwierige statische Berechnungen der genehmigenden Baubehörde, da der Bau ursprünglich als traditionelle Eisenkonstruktion mit dazwischengemauerten Wänden vorgesehen war. Ein eigens entwickeltes Ventilationssystem, das die verbrauchte Luft über das Treppenhaus absaugte und frische Luft in die Arbeitsräume leitete, zeigt den Stellenwert, den der Unternehmer guten Arbeitsbedingungen beimaß. Die Festschrift zum 50jährigen Firmenjubiläum von 1936 nannte als entscheidende Kriterien des Unternehmers für die Architektur: »die Art der Benützung der Räume, die Bedürfnisse des Betriebs und die Rücksicht auf die arbeitenden Menschen«.[17]
Das Äußere dieses konstruktiv-modernen Baus wurde traditionell historistisch als »Sandsteinfassade im Renaissancestil, an der sogar Ziervasen auf den Gesimsen nicht fehlen« gestaltet.[18]
Wie dies erste Gebäude fanden auch die folgenden große Beachtung in der Fachwelt. »Der Baumeister« würdigte den Erweiterungsbau von 1908 »als architektonisch so glücklich gestaltet, daß er für den städtischen Fabrikbau dieser Art als vorbildlich bezeichnet werden kann.«[19] Beim Neubau von 1912, einem fünfgeschossigen Fabrikgebäude an der Militärstraße, heute Breitscheidstr. 6 (Abb. 183), verzichtete das Unternehmen schließlich auch auf die vorgeblendete historistische Fassade. In Abänderung ursprünglicher Pläne zeigt die Fassade das Material, aus dem das Gebäude bestand: Eisenbeton. So entstand die erste Sichtbetonfassade im Bereich des heutigen Baden-Württemberg.[20]

Stuttgarter Schule

Gerade im deutschen Südwesten mit seiner spät einsetzenden, dezentralen Industrialisierung und seiner weitgehend ausgewogenen Wirtschafts- und Sozialstruktur zeigt eine Fülle von Fabrikbauten aus den ersten beiden Jahrzehnten des 20. Jahrhunderts die Beharrungskraft traditioneller Baugesinnung. Nach der Jahrhundert-

183 Die erste Sichtbetonfassade in Stuttgart, 1912 für das Robert-Bosch-Werk errichtet.

wende entwickelte sich hier die »Stuttgarter Schule«. Sie verband moderne Reformarchitektur mit der aufkommenden Heimatstilbewegung, die sich um die Pflege regionaler Traditionen bemühte. Dabei schlug die Architektur der »Stuttgarter Schule« einen Mittelweg zwischen überholtem Historismus und der noch immer irritierenden Moderne ein und erwies eine beachtliche Spannweite. Der von 1902 bis 1908 am Architekturfachbereich der Stuttgarter Technischen Hochschule lehrende Theodor Fischer (1862–1938), Gründungsmitglied des »Deutschen Werkbundes«, leitete mit seinem »neuen Stil besonnenen Fortschritts und innerer Sammlung« die Abkehr vom Historismus ein.[21] Bei seinen in Stuttgart errichteten öffentlichen Gebäuden wie dem Gustav-Sigle-Haus oder dem Kunstgebäude realisierte er seine eigene Forderung nach Zweckmäßigkeit und Anpassung an »das Eigenartige der Umgebung«.[22] Dieser »Heimatstil« nahm auch Einfluß auf den Industriebau der Region.

Fischers Assistent Paul Bonatz (1877–1956), der ihm 1908 im Lehramt folgte, erwies sich ebenfalls als »maßvoller Modernist« von erstaunlicher Bandbreite der Stilformen. Der Erbauer des Stuttgarter Hauptbahnhofs (Abb. 184) prägte mit seinen nüchternen, konstruktionsbetonten Entwürfen für Ingenieursbauten wie für Wohn- und Repräsentativbauten das architektonische Bild der schwäbischen Moderne. Von ihm stammen beispielsweise die Entwürfe für die zwischen 1926 und 1933 errichteten Neckarstaustufen bei Münster, Bad Cannstatt

184 Der neue Stuttgarter Bahnhof, erbaut von Paul Bonatz.

und Oberesslingen sowie das Stahlbetonskelett des Rathaus-Wasserturms in Kornwestheim (1933/35), aber auch die behagliche Gediegenheit verbreitenden Villen der Stuttgarter Halbhöhenlage. Sein Kollege und Gegenspieler an der Stuttgarter TH, Paul Schmitthenner (1884–1972), dessen Bauten der Heimatschutzbewegung verpflichtet sind, wurde zum Exponenten der eher traditionalistischen Baurichtung, die nach 1933 weitgehend bruchlos auch Entwürfe für HJ-Bauten, Kasernen und SA-Siedlungen lieferte.

Maschinen-Ästhetik

Nach der Katastrophe des Ersten Weltkriegs und unter den Folgen der Weltwirtschaftskrise setzte sich der Funktionalismus in der Architektur in Deutschland endgültig durch. 1918 wurde in Weimar das »Bauhaus« gegründet. Ein prominentes Beispiel für den Einfluß der Weimarer Hochschule auf die Architektur entstand in der Stuttgarter »Weißenhof-Siedlung« (Abb. 185). Diese Mustersiedlung des »Neuen Bauens« ist der Initiative und dem Durchsetzungsvermögen des Heilbronner Silberwaren-Fabrikanten Peter Bruckmann zu verdanken. Als zum 20jährigen Gründungsjubiläum des Deutschen Werkbundes in Stuttgart eine große Ausstellung unter dem Thema »Die Wohnung« geplant wurde, setzte Bruckmann als Erster Vorsitzender des Werkbundes den jungen und noch wenig bekannten Mies van der Rohe als künstlerischen Leiter der Mustersiedlung gegen eine

185 Die Weißenhof-Siedlung von 1927, eine Mustersiedlung Neuen Bauens in Stuttgart, die erbitterten Widerstand hervorrief.

starke Stuttgarter Konkurrenz durch. Zusammen mit 15 weiteren Architekten beauftragte die Stadt Stuttgart ihn im Rahmen ihres Wohnungsbauprogramms mit der Errichtung von 60 Wohneinheiten in bevorzugter Lage über dem Stuttgarter Talkessel.
Entsprach kaum ein Bau der Ausschreibungsforderung nach »Wohnhäusern für Familien in kleinen und mittleren Verhältnissen« – alle Entwürfe für Einfamilienhäuser sahen zum Beispiel ein Dienstmädchenzimmer vor, die meisten verfügten über Lieferanteneingänge –, so entstand dennoch am Killesberg eine Mustersiedlung, welche die neue Stahl- und Stahlbetontechnik, wie sie im Industriebau bereits angewendet wurde, auf den Wohnungsbau übertrug und damit eine fundamental neue architektonische Ästhetik entwarf. »Man muß das Haus als Wohnmaschine oder als Werkzeug betrachten. Wenn man eine Fabrik einrichtet, kauft man das nötige Werkzeug, wenn man heiratet, mietet man sich blödsinnige Wohnungen«, versuchte Le Corbusier einmal seine Forderung nach rationaler und funktionaler Wohnhausplanung zu erklären.[23]
Die weißen kubischen Bauten fanden in der Atmosphäre der dreißiger Jahre kaum verständige Kritiker. Die überwiegende Mehrzahl lehnte sie wegen ihrer flachen Dächer ab, karikierte sie als »Araberdorf« oder »Klein-Jerusalem«. Das fehlende Satteldach löste einen regelrechten Glaubenskrieg um eine vorgeblich »deutsche Architekturgesinnung« aus. Die an der Weißenhof-Siedlung entwickelten theoretischen Überlegungen vom Haus als »Wohnmaschine« wurden als »Baubolschewismus« diffamiert. Die Nationalsozialisten schließlich wollten den »Schandfleck« abreißen und durch ein monumentales Wehrbereichskommando ersetzen – Pläne, die der Zweite Weltkrieg verhinderte.
Die architektonische Moderne im deutschen Südwesten verkörperten auch der 1928 eingeweihte »Tagblatturm« Ernst Otto Oßwalds (1880–1960) in Stuttgart (Abb. 186) – mit seinen 18 Sichtbetonstockwerken war das Hochhaus des republikanischen Zeitungsverlags der erste »Wolkenkratzer« der württembergischen Landeshauptstadt – und das im gleichen Jahr von Erich Mendelsohn (1887–1953) gegenüber dem Tagblatturm errichtete Kaufhaus Schokken. Ein Plakatentwurf für Stuttgart aus dieser Zeit verwendete Hochhäuser als Wahrzeichen der »emporblühenden Stadt«. Auch das 1928/29 als Eisenbeton-Skelettbau errichtete »Glashaus« der Basler Firma Josef Schetty Söhne auf der Schusterinsel in Weil am Rhein steht mit seiner klaren Entsprechung von Baukonstruktion und Baugliederung für das Bauen im Stil der »Neuen Sachlichkeit« in den zwanziger Jahren im Bereich des heutigen Baden-Württemberg.
In der NS-Zeit konnte zwar nicht bei staatstragenden Repräsentivbauten wie Kasernen und Ministerien, wohl aber beim reinen Industriebau das funktionalistische Bauen weitgehend fortgesetzt werden. Zum architektonischen Charakteristikum dieser Zeit aber wurden Lager – Massenquartiere für eine Aufrüstung, die auf »Vernichtung durch Arbeit« setzte. Sie waren eine Folge der Rüstungsindustrie und Ausdruck der verbrecherischen Bevölkerungspolitik der NS-Regierung.

Industriebauten nach 1945

Das Ende des Zweiten Weltkriegs brachte einen vollständigen Einschnitt. Zerstörte Städte und Fabriken stellten Architekten und Ingenieure vor völlig neue Bauaufgaben. Funktionalistisches Bauen wurde nun nicht mehr in Frage gestellt, wie eine Fülle gelungener Bauten der klassischen Moderne im Land zeigt. Eines von unzähligen Beispielen ist die 1952 von Rolf Gutbrod für die Produktion des neu entwickelten Porsche-Sportwagens entworfene Industrieanlage in Stuttgart-Zuffenhausen. Die Kombination aus Fertigungshalle mit einer Spannweite von 30 × 60 Metern in Stahl-Shed-

186 Der erste »Wolkenkratzer« Stuttgarts wurde 1928 für den republikanischen Zeitungsverlag des Stuttgarter Tagblatts entworfen.

187 Carl-Zeiss in Oberkochen, 1996. Am linken Bildrand sind, mit rotem Satteldach, die Gründungsbauten von 1946 zu sehen.

Konstruktion, einem Lageruntergeschoß aus Stahlbeton und einem vorgelagerten dreigeschossigen Bürotrakt gilt »als ästhetisch gelungener Industriebau der fünfziger Jahre«.[24]
Die entschiedene Abkehr von der mit den Verbrechen der Nazi-Zeit belasteten Vergangenheit und eine lange Zeit ungebrochener Fortschrittsgläubigkeit, die zur Ideologie der autogerechten Stadt führte, brachten aber auch folgenschwere Eingriffe in die gewachsene Bausubstanz der Städte. Sie verursachten, um nur ein Beispiel unter vielen zu nennen, in Stuttgart mehr Abrisse als die Bombenkrater des Zweiten Weltkriegs.

Immer schnellere Veränderungen im Produktionsbereich – mittlerweile war mit der Elektronik die dritte Phase der Industrialisierung angebrochen – boten neue Herausforderungen für die Industriearchitektur, die nun eine möglichst flexible Nutzung gewährleisten sollte. In den sechziger Jahren deutet sich deshalb der Trend zur multifunktionalen, weitgehend nutzungsneutralen Halle an, die ohne kostenaufwendige Umbauten den jeweils neuen Produktionsanforderungen angepaßt werden kann.[25] Vorfabrizierte, standardisierte Bauteile sowie die Technik des Stahlbetons machten das Bauen endgültig selber zu einer Industrie. Diese unter dem

188 Das Werkforum Rohrbach Zement, 1987 in Dotternhausen entstanden, ist ein aktuelles Beispiel für anspruchsvolle und einprägsame Industriearchitektur.

Druck ökonomischer Bilanzen entstandene Form des industrialisierten Bauens vereinheitlichte das Erscheinungsbild der Industrie in ungeahntem Ausmaß.
Die Standardisierung industriellen Bauens führte zu einer ungeheuren Verarmung der Formen. 80 Prozent der in den letzten Jahren errichteten Industriebauten sind in ihrer Grundstruktur identisch, selbst Architekturpläne werden im Zeichen wachsenden ökonomischen Drucks standardisiert.[26] Solche Eintönigkeit, hinter der sich der Triumph des Technischen

über das Humane verbirgt, führte zur »Unwirtlichkeit der Städte«, belebte das Unbehagen und ließ nach Auswegen aus der nun als Sackgasse empfundenen »Moderne« suchen. So kam es zum Griff in den Formenschatz der Postmoderne, der sich seit dem Ende der siebziger Jahre auch in der Industriearchitektur bemerkbar macht, aber gegen die Gefahr der Eintönigkeit ebenso wenig gefeit ist wie die sterile, austauschbare Architektur glatter, anonymer Hochhausfassaden. Am Ende des 20. Jahrhunderts macht sich so ein tiefes Mißtrauen gegenüber der Moderne und ihrem technologischen und rationalistischen Fortschrittsdenken bemerkbar.

In den letzten Jahren wird aber auch wieder ein neuer Gestaltungswille erkennbar. Er ist nicht abhängig von der Entwicklung neuer Produktionstechniken, nicht dem Funktionalismus der Bauwirtschaft unterworfen, sondern verdankt sich einem neu verstandenen Selbstverständnis der Unternehmer, die im Sinne der Corporate Identity ihrem Unternehmen wieder eine auch architektonisch unverwechselbare äußere und innere Gestalt verleihen wollen. So formulierte Gerhard Rohrbach, Chef der Rohrbach Zement, bei einem landesweiten Architektenwettbewerb für einen programmatischen Neubau seines Unternehmens als Zielvorstellung: »Das neue Haus sollte das Wirken unseres Unternehmens vom Rohstoffabbau bis zu unseren Aktivitäten am Markt mit all seinen Besonderheiten widerspiegeln.«[27]

Unübersehbar bei solchen Bauten ist der neue Stellenwert der Umwelt, die behutsame Einbeziehung der Landschaft. Bei dem Dotternhause-

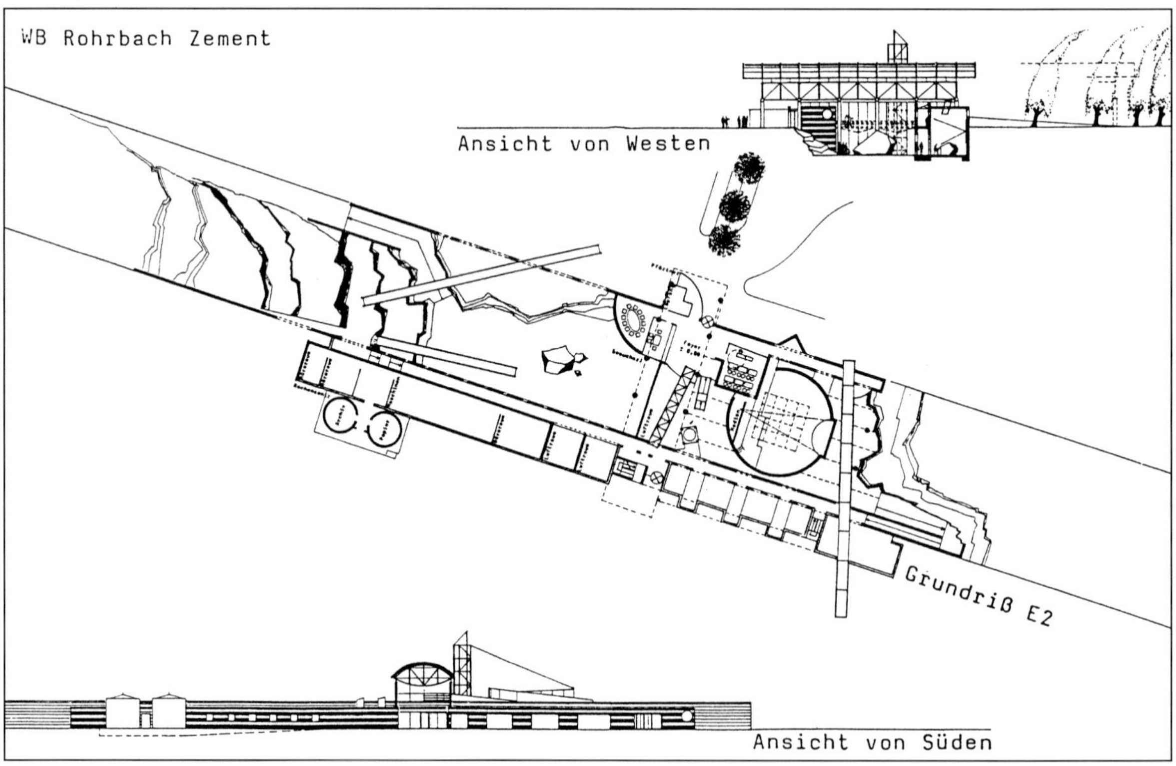

189 Ansicht und Grundriß des Werkforums in Dotternhausen. Die behutsame Einbindung der Anlage in die Landschaft verleihen dieser Architektur ein unverwechselbares Gesicht.

ner Neubau war das insofern besonders angesagt, aber auch besonders schwierig, als der Bauplatz in unmittelbarer Nähe des Steinbruchs und des Zementwerks liegt und eine Seilbahn, Silotürme, lineare Fördereinrichtungen und unförmige Schürfgräben zu integrieren waren (Abb. 189). Die Wettbewerbs-Jury begründete die Vergabe des ersten Preises an die Göppinger Architekten Böbel und Frey entsprechend: »Der Verfasser wagte es, wenige landschaftliche und bauliche Elemente für die Lösung der vielfältigen Aufgaben fantasiereich einzusetzen. Mit ›Graben und Brücke‹ wird eine einprägsame Torsituation geschaffen. Gleichzeitig sollen an diesem offensichtlich wichtigen ›Ort‹ alle Anliegen des Werkes anschaulich vorgetragen werden.«[28] Zum Selbstverständnis des Unternehmens, das in dieser architektonischen Gestalt einen angemessenen Ausdruck gefunden hat, paßt die Funktionszuschreibung an das Haus »als Ort des Brückenschlags und der Kommunikation«, eine Funktion, die unter anderem mit der Einrichtung eines Museums für die in Dotternhausen gefundenen Fossilien eingelöst wurde. »Das Haus schafft eine Verbindung vom Rohstoff Ölschiefer zum Baustoff, der hieraus entsteht – vom Baustoff zur Architektur – vom Werk zur Öffentlichkeit und im Besonderen vom Unternehmen zu seinen Geschäftspartnern«, heißt es in der Projektbeschreibung der Architekten.[29]

Auch der Künzelsauer Unternehmer Reinhold Würth, Inhaber des 1945 als Schraubengroßhandlung gegründeten, heute international tä-

190 Kunst und Architektur zur Schaffung eines Wir-Gefühls, diese Idee liegt dem Verwaltungsneubau der Reinhold-Würth-AG Künzelsau von 1991 zugrunde.

tigen Unternehmens, mißt Kunst und Architektur eine wichtige Rolle für die Führungskultur seines Unternehmens – dem »Aufmarschgebiet für strategische Wettbewerbsvorteile«- bei. Als Anfang der achziger Jahre der Neubau eines Verwaltungsgebäudes anstand, lobte er zur Verwirklichung seiner Vorstellung von einem »ausgesprochenen Kommunikations- und Ausstellungsbereich« 1985 ebenfalls einen Architektenwettbewerb aus. Zwei erste Preise wurden vergeben, in der Realisierung schließlich dem Entwurf von Maja Djardjevic und Siegfried Müller der Vorzug gegeben (Abb. 190). Gleichrangig mit der Architektur erheben sich im Umfeld des Baus die klassisch-modernen Skulpturen des Dänen Robert Jacobsen. Sie sind ebenso wie die Architektur und die zwei im Gebäude eingerichteten Museen, die mit ihren anspruchsvollen Wechselausstellungen jährlich 50000 Besucher zählen, Bausteine für die »Schaffung eines Wir-Gefühls«. »Diese Konzept der Verbindung von Kunst und Architektur«, resümiert Reinhold Würth, »hat sich hervorragend bewährt.« Es ruft bei den Mitarbeitern das Gefühl von Aufwertung und »ein bißchen Stolz« hervor, in diesem Unternehmen zu arbeiten. »Schon vier Jahre nach Eröffnung des neuen Verwaltungsgebäudes läßt sich 1995 resümieren, daß die für Ästhetik und Schönheit des Verwaltungsgebäudes investierten Gelder wahrscheinlich die beste Investition waren, die ich je getätigt habe«, lautet das Fazit des Unternehmers.[30] Damit kehrt dieses Unternehmen am Ende des Jahrhunderts zur sozialen Bedeutung der Architektur zurück, eine Erkenntnis, die Walter Gropius, einer der Pioniere des Neuen Bauens, bereits zu Anfang des 20. Jahrhunderts formuliert hatte, als er betonte: »Es hat sich in der Praxis bereits herausgestellt, daß es kurzsichtig ist, wenn der Fabrikant die Spesen für den Künstler sparen zu können glaubt. Führende Großbetriebe haben bewiesen – und das gibt den Ausschlag – , daß es sich auf die Dauer bezahlt macht, wenn sie neben technischer Vollendung und Preiswürdigkeit auch für den künstlerischen Wert ihrer Produkte besorgt sind und mit ihnen Geschmack und Anstand unter die Menge tragen. Sie ernten damit nicht nur den Ruhm, Kultur zu fördern, sondern, was im kaufmännischen Leben fast immer gleichbedeutend ist, auch pekuniären Gewinn.«[31]

Fabrikantenvillen und Repräsentativbauten

Stärker noch als Fabrikbauten sind während der Phase der Hochindustrialisierung, im Südwesten etwa ab 1880, die Wohnhäuser der Fabrikanten selbst ein Ausdruck ihres Geltungsanspruchs und Repräsentationsbedürfnisses, aber auch ein Spiegel ihrer Stellung innerhalb der Gesellschaft. Sofern sie in enger Nachbarschaft zur Fabrik errichtet wurden, und das ist anfangs die Regel, gehörten sie unmittelbar zum Erscheinungsbild des gesamten Unternehmens, waren ein Stück Unternehmenskultur, das sich architektonisch im Dreiklang von Fabrikationsgebäuden, Arbeitersiedlung und Fabrikantenwohnhaus entfaltete.

Als Form für die Wohnhäuser der Fabrikanten bot sich der Bautyp »Villa« an. Bereits während ihrer Popularisierung in der Zeit der italienischen Renaissance verkörperte die Villa stadtmüder toskanischer oder venezianischer Großkaufleute den »Traum vom Leben auf dem Lande«. Dabei ging die Idealisierung vorkapitalistischer, agrarischer Lebensformen einher mit handfesten kapitalistischen Interessen des Stadtpatriziats. Die durch den Niedergang der Republik Venedig in ihrer Stellung bedrohten Träger des Seehandels verbanden damals mit der Villenkultur den krisenfesten Landerwerb auf dem Festland.[32]

Am Ende des 19. Jahrhunderts erlebte die Villa eine neue Renaissance. Die Villen der Gründerzeit, am Stadtrand oder sogar außerhalb des Stadtkerns gelegen, knüpften bewußt an die historischen Vorbilder an. Im Gegensatz zu den Villen der Renaissance und des Barock dienten sie nun das ganze Jahr über als Wohnung. Auch sie waren in großen grünen Parkanlagen oder doch wenigstens in gepflegten Gärten mit Springbrunnen gelegen, die Lärm und Gestank der benachbarten Produktion vom Wohnbe-

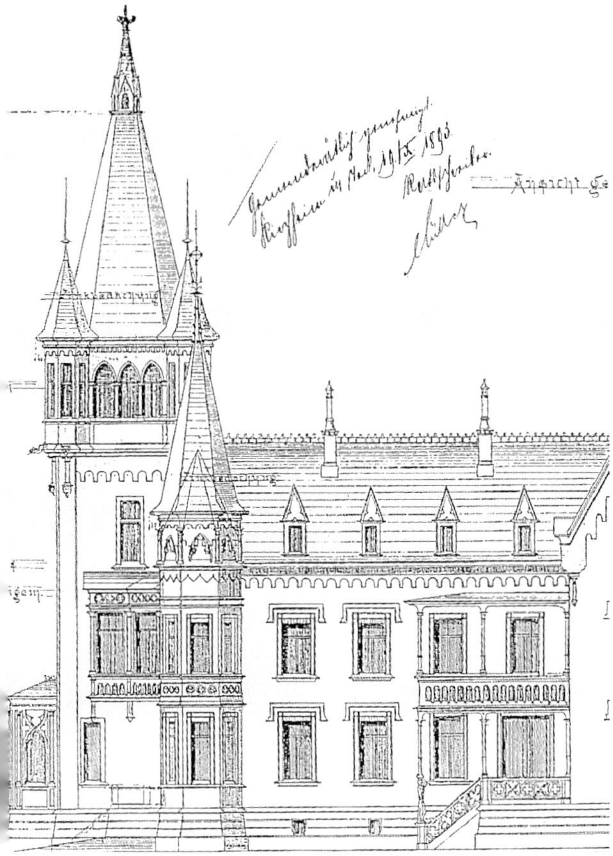

191 Typisches Beispiel einer gründerzeitlichen Fabrikantenvilla – die 1989 abgerissene Villa Schüle in Kirchheim/Teck.

reich der Fabrikantenfamilie fernhielten, die Präsenz des Unternehmers aber dennoch gewährleisteten.

Die repräsentative Selbstdarstellung der Unternehmen auf ihren Briefköpfen, Preislisten und Versandkatalogen zeigt, daß sich diese Idylle in den Augen der selbstbewußten Auftraggeber durchaus mit rauchenden Schornsteinen und dampfenden Eisenbahnen vertrugen, waren das doch die Symbole der Industrialisierung, der sie ihren Reichtum verdankten. Dagegen fehlt die Darstellung der »schmutzigen« Produktionsprozesse auf diesen Darstellungen völlig.

Ebenso selbstverständlich wie diese Gegensätze verbanden die gründerzeitlichen Fabrikantenvillen Stilzitate aus der Zeit der Renaissance und des Humanismus mit den Versatzstücken eines romantischen Mittelalterbildes. Diese gaben ihrem neuen Reichtum den Anstrich von Tradition. »Das Zinnenwerk, die Erker, die Türmchen, Fachwerkwände und Mauerumgrenzungen von Villen der Gründerzeit knüpfen an die scheinbar ›heile Welt‹ des Mittelalters und konservieren ein spätromantisch-deutschtümelndes Geschichtsbewußtsein. Die klassischen Säulenordnungen aber, die Atlanten, Hermen, pompösen Portale und klassizistischen Giebel in Renaissancemanier dokumentieren einen humanistischen Bildungsanspruch, in dem die klappernden Begriffe ›dorisch‹, ›ionisch‹, ›korinthisch‹ denselben Stellenwert hatten wie Czerny-Etüden, Blumen-Aquarelle und Scotts Ritter-Romane.«[33] Verrisse dieser Art gibt es in Fülle. Schon Hermann Muthesius, der spätere Mitbegründer des Deutschen Werkbundes, geißelte solchen Habitus als »Protzengeschmack«: »Ein neuer, reicher Stand mit rasch erworbenem Geld drängte sich an die Oberfläche. Selbstverständlich verlangte er bald nach seiner Kunst, denn diese sollte ihm die Fassung seines jetzt das Bequeme ermöglichenden Lebens sein. Diese Kunst mußte reich, anspruchsvoll, strotzend sein (…). Dieser traditionslose Reichtum rief zunächst die Reproduktion der früheren aristokratischen Stile in der Innendekoration und im Mobiliar ins Leben. Es führte auch zu den prunkenden Großstadtfassaden, vor allem aber zu den überdekorierten Räumen in jeder Form und in jedem Stil, die für die letzten beiden Jahrzehnte bezeichnend geworden

192 Die zweite repräsentative Keßler-Villa in Esslingen, erbaut von Ludwig Keßler, Sohn des Fabrikgründers, um 1895.

sind.«[34] Auch in der Literatur, man denke nur an Theodor Fontanes Darstellung der Villa Treibel, ist diese Stilgemisch zu genüge als ›Kitsch von Neureichen‹ beschrieben worden. Doch sollte darüber nicht in Vergessenheit geraten, daß dem Verdikt solcher Geschmacksurteile sozialgeschichtliche Denkmale unserer Vergangenheit geopfert wurden und noch immer werden. Ein typisches Beispiel für eine württembergische Fabrikantenvilla des ausgehenden 19. Jahrhunderts war die 1989 abgerissene Villa Schüle in Kirchheim/Teck.[35] Der erfolgreiche Baumwollfabrikant Rudolf Friedrich Schüle war am Ende des 19. Jahrhunderts mit über 800 Beschäftigten der größte Arbeitergeber am Ort. 1850 hatte die Firma die erste Dampfmaschine in der Region aufgestellt. 1873, auf dem damaligen Höhepunkt der Firmenentwicklung, plante Rudolf Friedrich Schüle den Neubau seines Wohnhauses. Der Zeitpunkt ist insofern bemerkenswert, als er den Zeitpunkt der Gründerkrise markiert. Die durch sie ausgelöste wirtschaftliche Depression konnte dem krisenfesten, innovationsfreudigen Kirchheimer Unternehmen aber offensichtlich wenig anhaben. Im gleichen Jahr, in dem der Kirchheimer Gemeinderat die Baugenehmigung für das Wohnhaus erteilte, erzielte die Firma auf der Wiener Weltausstellung für ihre Produkte einen zweiten Preis.

Der Platz für das Bauvorhaben Schüles befand sich direkt neben der Firma, die verkehrsgünstig in unmittelbarer Nähe des Bahnhofes, am Rand der Stadt lag. Türmchen, Maßwerkbrüstungen, Erker, Fialen und Spitzbogenfenster im oberen Turmstockwerk lassen die große Verehrung des Unternehmers für die Gotik erkennen (Abb. 191). Sie spiegeln darüber hinaus aber auch ein allgemeines sozialgeschichtliches Phänomen, die gesellschaftliche Ablösung des Adels durch die neue Führungsschicht bürgerlicher Unternehmer.

193 Die schlichte Villa des Kuchener Baumwollfabrikanten Arnold Staub; Detail aus einer gesamten Werksansicht, die Caspar Obach 1862 aquarellierte.

Auch die Wahl des Ortes konnte die neu erworbene gesellschaftliche Stellung des Großbürgertums zum Ausdruck bringen, wie die Lage der Schramberger Villa des Uhrenfabrikanten Junghans zeigt. Sie entstand 1911 nach einem Entwurf von Paul Schmohl. Burgähnlich das Tal beherrschend, erhebt sie sich am Osthang des Schiltachtals. »Das Bild des auf halber Bergeshöhe in der Richtung des Tales gelagerten Hauses ist ein ewiger Wohllaut an Körper-, Flächen- und Linienverteilungen« lobte die zeitgenössische Fachwelt. »Der scharfkantige Umriß ist im Grunde aus der Fläche des rechtwinkligen Dreieckes, dessen Winkelspitze vom Turm angelaufen wird, herausgearbeitet. (...) Die Steigerung dieses Aufbaues im Spitzdach des runden Anbaues, im Giebel und Turmdach zeugt von wahrhaft sieghafter Gestaltungskraft.«[36]

Unübersehbar im Vergleich zu den bekannten Fabrikantenvillen des Ruhrgebiets oder Oberschlesiens – ein bekanntes Beispiel bietet auch das Faber-Castellsche Schloß der Bleistiftfabrikantenfamilie in Stein bei Nürnberg – ist aber bei allem historistischen Zierrat die relative Bescheidenheit der Fabrikantenvillen im badischen wie württembergischen Raum. Gründe für diese Zurückhaltung sind zweifelsohne in der calvinistisch-pietistischen Prägung der meisten Unternehmer zu suchen, die es verbot, erworbenen Reichtum demonstrativ zur Schau zu stellen. Ein weiteres Beispiel bietet die ebenfalls vergleichsweise zurückhaltende Architektur der Villa des Baumwollfabrikanten Arnold Staub, die er sich 1863 nach den Plänen des Zürcher Architekten Leonhard Zeugheer neben seiner Fabrik in Kuchen bauen ließ und als »Wohnung des ersten Angestellten« verstanden wissen wollte[37] (Abb. 193). Die Familien der oft zu Kommerzienräten ernannten und nobilitierten Industriepioniere suchten dann aber in der zweiten oder dritten Generation nicht selten durch Heirat Anschluß an den Adel.

Mit dem enormen Wachstum der Städte wurden die Fabrikantenvillen seit der Jahrhundertwende zunehmend von der übrigen Bebauung eingeholt. Zudem machte die sich im letzten Viertel des 19. Jahrhunderts durchsetzende neue betriebswirtschaftliche Organisation als Aktiengesellschaften und das Aufkommen von Privatbeamten, die Kontrolle und Organisation des Arbeitsprozesses dem Fabrikanten weitgehend abnahmen, die räumliche Trennung von Unternehmen und Fabrikantenvilla üblich. In Stuttgart etwa entstehen in dieser Zeit typische Villenviertel auf der Höhe oder in Halbhöhenlage, an der Karlshöhe, der Uhlandhöhe, auf der Gänsheide, in Degerloch und am Killesberg. Im Gefolge dieser Entwicklung wurde die Villa »verbürgerlicht«, geriet vom Bautyp des Fabrikantenhauses zum Wohnhaus für das gehobene Bürgertum insgesamt.[38]

In der Zwischenkriegszeit zeigen die Villen dann ein deutlich bescheideneres Ausmaß, um nach dem Krieg schließlich als Bautyp weitgehend im Einfamilienhaus oder Bungalow aufzugehen.

Zur Hochzeit der Villenarchitektur, im letzten Viertel des 19. Jahrhunderts, wirkten die Unternehmen mit ihren herrschaftlichen Anwesen aber stilbildend. Auch die öffentliche Hand ahmte in dieser Zeit die Prachtentfaltung des prosperierenden Bürgertums nach. Ein skurriles Beispiel für den Griff in den kunsthistorischen Formenschatz der Vergangenheit bietet der Turm des Konstanzer Bahnhofs, der als

194 Auch Bahnhöfe, Wassertürme und Elektrizitätswerke wie das hier abgebildete von Altbach erhielten in der sogenannten Gründerzeit prunkvolle Fassaden.

städtebaulicher Blickpunkt dem Turm des Palazzo Vecchio nachgebildet wurde. Dem 1904 in Betrieb genommenen Elektrizitätswerk in Altbach (Abb. 194) verlieh der Architekt eine maurische Form mit goldverzierten Schmuckteilen. Auch bei öffentlichen Einrichtungen wurde zwischen staatstragender Repräsentation und funktionaler Gestaltung getrennt. An vielen Orten führte solche zweckabhängige Differenzierung der Stile dazu, daß die moderne Technik hinter einer historistischen Fassade versteckt wurde. Ein klassisches Beispiel dafür bietet der Wasserturm auf dem Mannheimer Friedrichsplatz. Der sich nach oben nur leicht verjüngende zylindrische Körper präsentiert sich mit Gartenanlage, Doppelfreitreppen, Attika und figurenbekröntem Zeltdach in der Tradition feudaler Repräsentativbauten und ist doch nur eine »schöne Hülle« für einen prosaischen Nutzen, einen schmiedeeisernen Hängebodenbehälter für 2 000 cbm Wasser.[39]

Allmählich kam es aber auch bei den Bauten der öffentlichen Hand zu einer »Verbürgerlichung«, die Fassadengestaltung wurde zurückhaltender, der historistische Dekor nahm ab und während der Weimarer Republik setzte sich auch hier, sehr vorsichtig noch und im Windschatten des vorherrschenden Heimatstils, das neue, funktionalistische Bauen durch.

Arbeiterwohnsiedlungen

Der spezifische Verlauf der Industrialisierung im deutschen Südwesten hat in Baden und Württemberg die Ausbildung eines Industrieproletariats weitgehend verhindert. Charakteristisch war vielmehr der »Mondscheinbauer«, der neben der Erwerbsarbeit in einer Fabrik mit Hilfe seiner Familie noch eine kleine Landwirtschaft betrieb. Die dezentralen Standorte der Fabriken führten überdies dazu, daß es hier – mit Ausnahme von Mannheim und Stuttgart – zu keiner eigentlichen Wohnungsfrage kam, die doch in den Zentren der Hochindustrie ein wesentliches Element der sogenannten Arbeiterfrage bildete. Wie die rußgeschwärzten Industriequartiere der Schwerindustrie hier fehlten, so fehlten auch die lichtarmen, überbelegten Mietskasernen mit zwei, drei Hinterhäusern und all ihren problematischen sozialen und gesundheitlichen Begleiterscheinungen. Auch die öde Monotonie standardisierter Werkswohnungen wurde nicht zum Kennzeichen der südwestdeutschen Kulturlandschaft. Das Fehlen solcher Quartiere ist vielmehr ein entscheidendes Charakteristikum der hiesigen Industrielandschaft, und die wenigen vorhandenen Arbeitersiedlungen bilden trotz ihres Modellcharakters ein quantitativ unbedeutendes Element in der südwestdeutschen Industriekulturlandschaft.

Dennoch widmeten einige wenige Fabrikanten auch im südwestdeutschen Raum der Arbeiterwohnungsfrage schon früh ihre Aufmerksamkeit. Industriepioniere förderten den Wohnungsbau, unterstützten die ersten Wohnungsbaugesellschaften. In Stuttgart entstand die Gemeinnützige Baugesellschaft in der 2. Hälfte des 19. Jahrhunderts ganz wesentlich auf Initiative Stuttgarter Industrieller und Bankiers. Die Ludwigsburger Kaffeemittelfabrik Franck & Kathreiner GmbH kümmerte sich bereits seit ihrer Gründung 1831 um die Schaffung von Wohnungen für ihre Mitarbeiter, erstellte Ende der 1870er Jahre die ersten Werkswohnungen und gründete wenig später eine eigene Organisation zur Förderung des Wohnungsbaus.[40] Damit war ein wesentlicher Schritt von der privaten Wohnungsfürsorge, wie sie für Agrargesellschaften typisch war, zur staatlichen Wohnungsfürsorge der Industriegesellschaft getan.

Werksiedlungen

Den Antrieb für diese Aktivitäten bildete vor allem der Stellenwert, den eine ausgebildete Arbeiterschaft für die vorwiegend verarbeitende

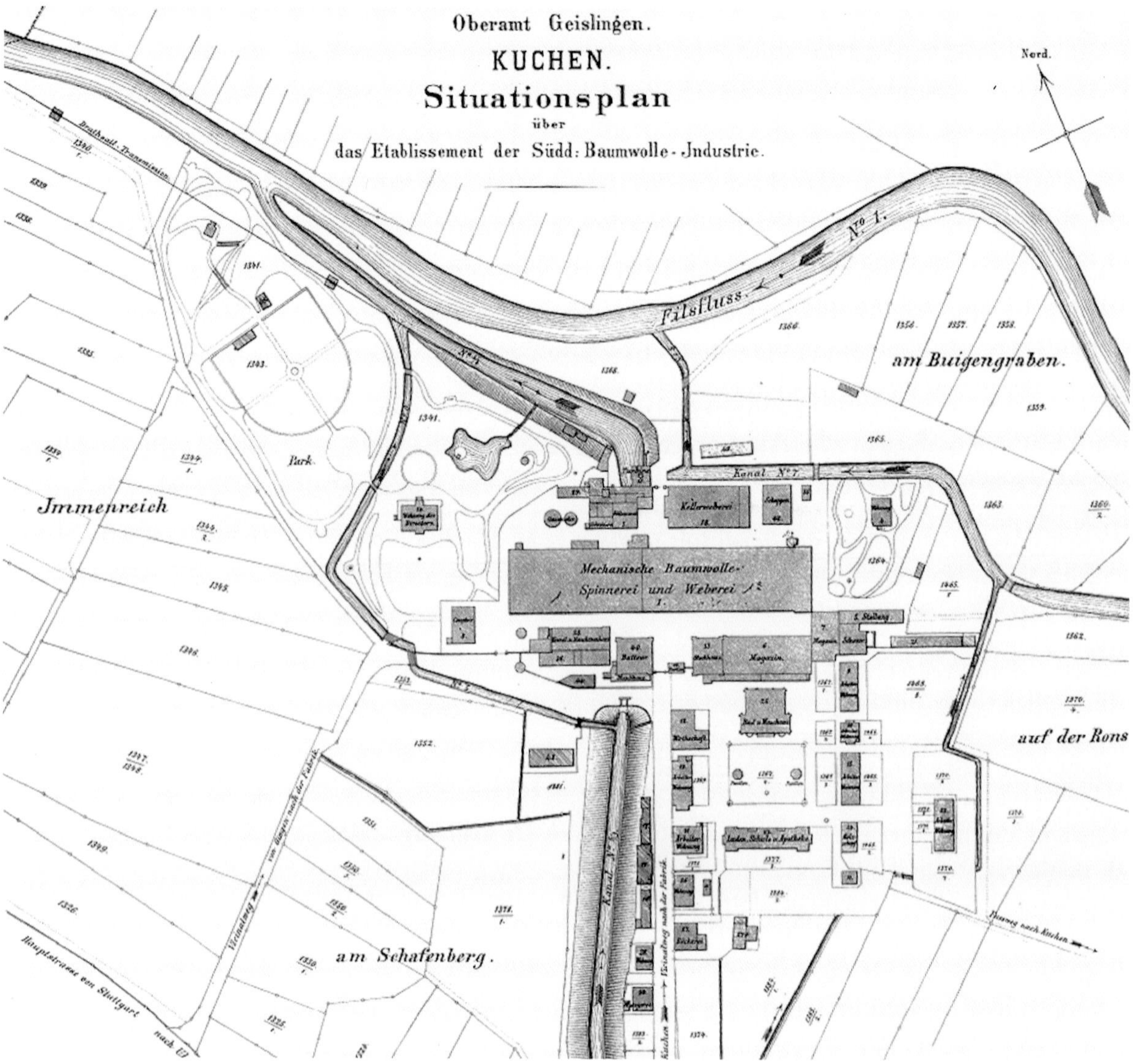

195 Der Grundriß des »Staubschen Arbeiterquartiers« von 1862, ein Mikrokosmos zwischen Geborgenheit und Kontrolle. Die einzelnen Wohngebäude sind übersichtlich um einen rechteckigen »Dorfplatz« angeordnet, dazwischen liegen Gemeinschaftsgebäude wie Bad- und Waschhaus oder Laden und Schule.

Industrie hatte. Dabei fällt auf, daß Textilfabrikanten eine Schrittmacherfunktion zukam, sind doch die meisten beispielhaften Arbeitersiedlungen auf ihre Initiative hin entstanden.

Bei der Entwicklung angemessener Wohnformen für ihre Beschäftigten konnten sich die südwestdeutschen Unternehmer an den Erfahrungen der hochindustrialisierten westeuropäischen Länder orientieren und aus deren Fehlern lernen. Sowohl die in England entwickelte und dort bereits mehrfach verwirklichte Idee der Gartenstadt, als auch die schon 1853 im elsässischen Mulhouse errichtete »cité ouvrière« standen als Modell zur Verfügung. Auf beides griff der Schweizer Textilunternehmer Arnold Staub zurück, als er für die Arbeiter seiner im Filstal gegründeten Baumwollspinnerei und Weberei Kuchen ab 1862 eine Siedlung plante. Ein bereits vorhandenes mehrstöckiges Arbeiterwohnhaus ließ er von dem Zürcher Architekten Leonhard Zeugheer in die neue Anlage einbeziehen. Diese erstreckte sich um einen rechteckigen Platz und nahm mit ihren maximal zweigeschossigen Wohnhäusern für rund 250 Personen und vielfältigen Gemeinschaftseinrichtungen ca. 1 Hektar Fläche ein (Abb. 195).

Aus einer christlichen Grundhaltung heraus entstand eine mustergültig ausgestattete Siedlung, zumal Arnold Staub die Investitionen in den Arbeitersiedlungsbau als seinen Beitrag zur Lösung der sozialen Frage verstand. Ihm lag die »geistige und sittliche Hebung des Arbeiterstandes«[41] am Herzen. »Die Anlage dieses Quartiers«, so befand die »Deutsche Bauzeitung« deshalb damals, »hat nämlich keineswegs nur den Zweck, eine entsprechende Zahl von Familienwohnungen zu schaffen, sondern sie ist lediglich ein Glied in der Kette der Bestrebungen, die von den Herren Staub & Comp. mit großer Konsequenz verfolgt werden, (...) sich aus einer ursprünglich bunt zusammengesetzten Menge ziemlich roher Elemente ein sparsames, fleißiges und intelligentes, demgemäß auch ein möglichst leistungsfähiges Arbeiterpersonal heranzubilden.«[42]

Die sozialpolitischen Ideen Staubs machten Schule: Die Arbeitersiedlung der Württembergischen Baumwollspinnerei und Weberei Brühl

196 Luftaufnahme der Kuchener Werksiedlung, in der Mitte der baumbestandene zentrale Platz.

197 Das Gmindersdorf, zwischen 1903–1906 von Theodor Fischer in Reutlingen errichtet, ist eine Arbeitersiedlung der zweiten Generation; sie charakterisiert ihr Formenreichtum und ihre individuelle Gestaltung. Abgebildet ist ein Doppelhaus, eine Art Laube verbindet die beiden eigenständigen Hausteile.

bei Esslingen, die auch personelle Beziehungen zum Staubschen Unternehmen aufwies, zeigt in der Anlage klare Ähnlichkeit mit dem Kuchener Vorbild.[43] Zu den annähernd 200 Subscribenten von Staubs »Beschreibung des Arbeiterquartiers« gehörte auch Friedrich Krupp, der kurz darauf in Essen mit dem Bau von Arbeitersiedlungen begann.[44]

Arbeitersiedlungen der zweiten Generation

Ein weiteres Beispiel einer Arbeitersiedlung, die weit über Württemberg hinaus beispielgebend wirkte und eine ähnliche Schrittmacherfunktion entfaltete wie die Kuchener Werkssiedlung, entstand zwischen 1903 und 1906 in Reutlingen. Wieder war der Träger der Siedlung ein Textilunternehmen, die Baumwollspinnerei Ulrich Gminder. Im hochindustrialisierten Reutlingen mußte sie zur Anwerbung von Arbeitskräften attraktive Angebote entwickeln, die einen Stamm von qualifizierten Facharbeitern an das Werk binden konnten. Aus diesem Grund ließ das Unternehmen von dem renommierten Architekten Theodor Fischer für rund 160 Arbeiterfamilien eine Arbeitersiedlung vor der Stadt im Grünen errichten. Verschiedene Merkmale kennzeichnen die Siedlung als eine neue Generation von Werkssiedlung, die das Modell der Gartenstadt zum Vorbild hatte. Die unmittelbare räumliche Bindung zum Werk war aufgehoben, worin sich ein gesteigertes Selbstbewußtsein der Arbeiterschaft ausdrückte, die auf eine stärkere Unabhängigkeit drängte.[45]

Die Bauzeit in einer Phase der Hochkonjunktur vor dem Ersten Weltkrieg erlaubte zudem offensichtlich die Berücksichtigung umweltfreundlicher und gestalterischer Gesichtspunkte (Abb. 197). Die 48 Häuser, meist durch Lauben miteinander verbundene Doppelwohngebäude, zeigen eine ungewöhnliche Formenvielfalt und einen Abwechslungsreichtum, dem jeder Schematismus fehlt. Sie sind halbkreisförmig um eine Art Dorfplatz locker gruppiert und wurden 1913 um einen Kinderhort, 1922 um den »Altenhof« für ehemalige Arbeiter – ein absolutes Novum im Arbeitersiedlungswesen – ergänzt. Um ein lebendiges Siedlungsbild zu erhalten, ignorierte Fischer die vorgeschriebenen gleichen Bauabstände ebenso wie die durch Bauordnung festgelegten Gebäudehöhen. Stattdessen beachtete er aber die Individualität der Bewohner bis in die unterschiedliche Abmessung der Vorgärten.

Im Aufnehmen eines alten Feldwegs für den Verlauf einer Siedlungsstraße wie in dem den Häusern zugrundeliegenden Typ des Bauernhauses griff er regionale Besonderheiten auf und erwies sich als ein souveräner Vertreter des sogenannten Heimatstils. Noch nach dem Zweiten Weltkrieg, 1951/52 wurde die Siedlung um 32 weitere Wohnungen ergänzt. Dies herausragende Beispiel eines »Arbeitergartendorfs« zeigt, daß zu Anfang des 20. Jahrhunderts auch der Siedlungsbau als architektonische Aufgabe akzeptiert war. »Der alte Siedlungsbau hatte sich von seiner ursprünglich fast rein technischen Orientierung zur Siedlungsbaukunst gehoben, die Bautechnik, Wohnhygiene, Ästhetik und die soziale Wohnkomponente in sich vereinigen wollte.«[46]

Auch die dritte unter den beispielhaften Arbeitersiedlungen im deutschen Südwesten, das Zeppelindorf in Friedrichshafen, orientierte sich an der Gartenstadt-Idee. Träger der Siedlung war die 1913 gegründete gemeinnützige Zeppelin-Wohlfahrt GmbH. Als Architekt wurde Paul Bonatz gewonnen, der auch schon an der Planung von Gmindersdorf beteiligt war und als Schüler Fischers auch am Bau des Gminderschen Sommerhauses in Fischbach am Bodensee mitgewirkt hatte. Während des Ersten Weltkriegs erstellte Bonatz innerhalb kürzester Zeit 64 Wohngebäude mit Versorgungseinrichtungen einschließlich eines Schlachthofs. Der Charakter einer Gartenstadt ergab sich schon aus der Tatsache, daß nur ein Prozent der Gesamtfläche bebaut war.[47] Das von Bonatz streng begrenzte und versachlichte Formenrepertoire der Häuser bietet durch geschickte Kombinationen dennoch das abwechslungsreiche Bild einer scheinbar gewachsenen Siedlung. Dieser Eindruck wird noch dadurch verstärkt, daß der Bauernhaustyp der Gegend, das Eindachhaus, von dem Architekten bei seinen Entwürfen aufgegriffen wurde (Abb. 198, 199).

Neben Unternehmen gab es auch gemeinnützige Kapitalgesellschaften und Genossenschaften, die den Arbeiterwohnungsbau vorantrieben, während kommunale Siedlungsvorhaben in der Zeit vor dem Ersten Weltkrieg noch selten waren. Vorbildcharakter unter den gemeinnützigen Siedlungen gewannen dabei vor allem die Stuttgarter Siedlungen Ost-, West- und Südheim. Ihr Träger war der 1863 von dem Sozialreformer Eduard Pfeiffer ins Leben gerufene »Verein für das Wohl der arbeitenden Klassen«. Die zwischen 1891 und der Jahrhundertwende errichteten Siedlungen zeichnen sich, obgleich in ihnen auch Mehrfamilienmietshäuser vertreten sind, ebenfalls durch eine aufgelockerte Bebauung, eine sozial gemischte Belegung, durchgrünte Anlagen und

198 Das Zeppelindorf in Friedrichshafen plante Paul Bonatz nach dem Vorbild einer englischen Gartenstadt während des Ersten Weltkriegs. Jedes Haus verfügt über Gartenland und Tierställe für die Selbstversorgung.

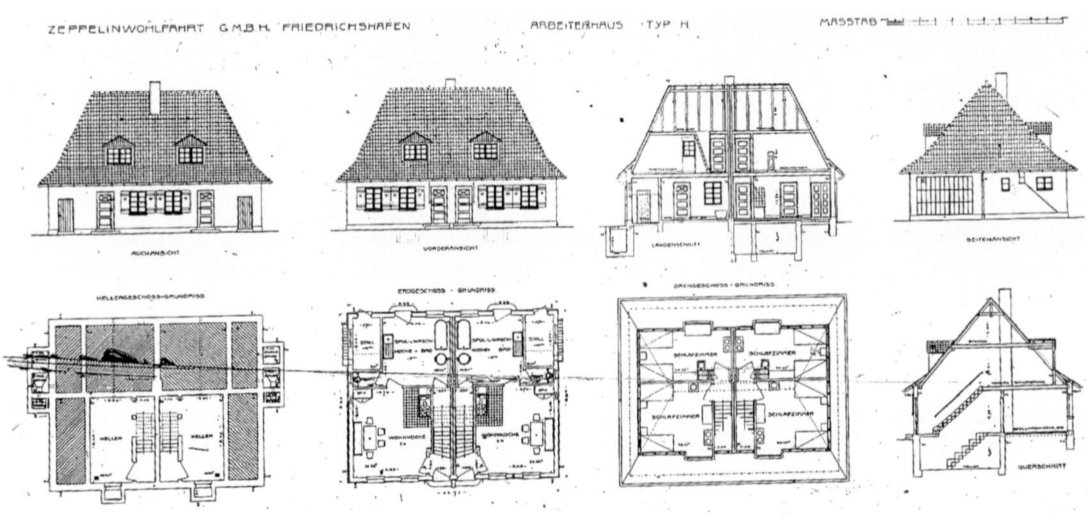

199 Symmetrische Fassaden, Fensterläden und tief heruntergezogene Walmdächer verleihen den Häusern des Zeppelindorfes ihr typisches Gepräge.

200 Die Kolonie Ostheim in Stuttgart, ein Beispiel für eine großzügig geplante Arbeitersiedlung; zwischen 1891 und 1897 vom »Verein für das Wohl der arbeitenden Klassen« realisiert. Lithographie um 1896.

ein Abrücken vom standardisierten Massenwohnungsbau aus (Abb. 200).[48]
Die Mehrzahl der Unternehmen in Südwestdeutschland, darunter Großunternehmen wie Bosch und Daimler, engagierte sich allerdings nicht im Siedlungsbau. Sie förderten durch günstige Darlehen den Bau von Eigenheimen. Manchmal konnten die Darlehen für das Eigenheim wie bei der Ludwigsburger Kaffeefabrik Franck in wöchentlichen Kleinstraten zurückbezahlt werden.[49] Letztendlich hat dieser Eigenheimbau, den die Unternehmen nach 1945 anfangs noch fortsetzten, das Bild der südwestdeutschen Kulturlandschaft weit mehr geprägt hat als die vorgestellten mustergültigen Arbeiter- und Werkssiedlungen.

Neues Bauen im Siedlungsbau

Das Ende des Ersten Weltkriegs brachte mit den revolutionären Veränderungen auch für den Arbeiterwohnungsbau neue Bedingungen. Genossenschaften, vor allem aber der Staat betrieben nun vorrangig an Stelle der Unternehmen die Wohnraumbeschaffung. Dabei machte sich, wie bei den Industriebauten der zwanziger Jahre, allmählich auch beim Wohnungsbau, vor allem beim Mietswohnungsbau, der Einfluß des Neuen Bauens bemerkbar, während die Kleinhausbebauung der Heimstättenbewegung später von den Nationalsozialisten aufgegriffen und zu einem Mittel der rassistischen Auslese umfunktioniert wurde.

201 Werksiedlung der Daimler-AG in Sindelfingen aus den 50er Jahren.

Mit der Dammerstock-Siedlung bei Karlsruhe beschritt Walter Gropius 1929 neue Wege im Siedlungsbau (Abb. 202). Rationelle Arbeitsmethoden wie das Verwenden vorgefertigter, seriell produzierter Teile sollten kostengünstig errichtete und damit für breite Bevölkerungskreise erschwingliche Wohnungen schaffen, die Zeilenbauweise eine optimale Besonnung aller Wohnungen garantieren; der Verkehr wurde aus den Wohnquartieren herausgehalten. Damit wurde gleichzeitig die seit 1910 formulierte theoretische Forderung nach eine Industrialisierung des Hausbaus realisiert.[50] Diese Bauweise bedeutete den Abschied von der Gartenstadt und der mit ihr verbundenen Vorstellung von der Auflösung der Großstadt in dorfähnliche oder kleinstädtische, autarke Wohninseln. »Mit der repititiven Architektur der Dammerstocksiedlung thematisiert Gropius nicht bloß das Maschinenzeitalter, sondern hebt auch auf die Gleichheit der Bedingungen einer jeden Wohnung als zeittypische Errungenschaft ab.«[51] Für den Zuschnitt dieser Wohnungen war nur noch die Familiengröße, nicht mehr der gesellschaftliche Status entscheidend.
Nach dem Zweiten Weltkrieg wurde beim Wiederaufbau lange Zeit wieder auf die traditionellen Siedlungsmuster zurückgegriffen. Bei Unterrot, unweit von Schwäbisch Hall, ließ die Arwa Feinstrumpfwirkerei GmbH für ihre hauptsächlich aus dem Erzgebirge stammenden Strumpfwirker unmittelbar neben dem Werk

202 Architektonisches Vorzeigeprojekt des Neuen Bauens in der Weimarer Republik – die Karlsruher Dammerstock-Siedlung von Walter Gropius, 1929.

eine Siedlung aus Mehrfamilienreihenhäusern errichten. Andere Unternehmen setzten ihre Vorkriegsaktivitäten im Siedlungsbau fort oder griffen sogar auf Pläne aus der NS-Zeit zurück. Die durch die »Boschhilfe« während der dreißiger Jahre gegründete »Robert-Bosch-Siedlung gemeinnützige Gesellschaft m.b.H.« erichtete Anfang der fünfziger Jahre rund 500 Kleinstwohnungen an unterschiedlichen Betriebsorten rund um Stuttgart, die alle mittels günstiger Darlehen in das Eigentum der Bewohner übergingen und eine halbländliche Siedlungsweise förderten. Die Papierfabrik Scheufelen in Oberlenningen erschloß für den Eigenheimbau ihrer Mitarbeiter die Siedlung Hochwang bei Erkenbrechtsweiler auf der Schwäbischen Alb.[52] Kleinhäuser und Kleinsiedlungen wurden offiziell favorisiert, sie galten in Zeiten des kalten Krieges als probates Mittel gegen jegliche ideologische Bedrohung. Mit wachsendem Wohlstand genügten die Kleinstheime aber vielfach nicht mehr den Ansprüchen. Baugesellschaften übernahmen nun wieder die Versorgung mit Wohnraum. Werks- oder Arbeitersiedlungen wurden nun zu einem Objekt der Denkmalpflege. Unternehmen verlagerten ihre Leistungsanreize auf andere Gebiete. Die Förderung sozialer und kultureller Projekte rückte in den Vordergrund betriebsübergreifender unternehmerischer Aktivitäten.

203 »Dammerstock« 1929, eine Collage von Kurt Schwitters als Plakat für die Ausstellung »Die Gebrauchswohnung«.

Das Produkt

Unternehmenskultur oder Corporate Identity sind Begriffe, die erst in den vergangenen Jahrzehnten an Bedeutung gewonnen haben. Die Entwicklung einer Unternehmensphilosophie und des individuellen Images einer Firma, das sowohl in den Produkten selbst als auch bei deren Vermarktung sichtbar wird, ist in ihrer Ganzheitlichkeit eine relativ moderne Konzeption. Das Corporate Image umfaßt sowohl die normierte visuelle Kommunikation eines Unternehmens nach innen und außen als auch das Corporate Design, das sich nicht nur in der Gestaltung der Erzeugnisse, sondern auch in der Firmenarchitektur, der Inneneinrichtung und der Repräsentation auf Industriemessen äußert.

Die Mittel, welche ein Industriebetrieb zum Entwurf eines solchen ganzheitlichen Selbstbildnisses einsetzt, sind jedoch nicht neu. Produktdesign und Werbung, das eigene Markenzeichen und eine eindrucksvolle Selbstdarstellung (Abb. 204), gehören seit den Anfängen der Industrialisierung zur Verkaufsmethode und tragen dazu bei, Kaufanreize für den Konsumenten zu schaffen, die eigenen Produkte in unverwechselbarer Weise auf dem Markt zu etablieren und den geschäftlichen Erfolg nach außen zu dokumentieren. Mit Hilfe dieser Strategien haben sich Unternehmen schon früh ›einen Namen gemacht‹, der ihre Erzeugnisse nicht nur be-, sondern auszeichnet, haben Produkte ein unverwechselbares Image und damit ihren eigenen Stellenwert in der Gesellschaft erhalten.

204 Briefkopf Heidelberger Zement. Zu den frühesten Mitteln visueller Kommunikation zählt der Firmenbriefkopf. Die repräsentative Architektur der Industriegebäude wird zum Firmenlogo und verheißt Leistungsfähigkeit. Medaillen und Auszeichnungen spiegeln den Erfolg des Unternehmens wider.

Die Entwicklung des Produktdesign

»Das Produkt- und Industriedesign prägt die Identität eines Unternehmens deutlicher als alle anderen Bestandteile des ›Firmenstils‹. Ausschlaggebend für das Ansehen beim Nutzer sind Qualitäten wie Funktion, Form, Gebrauchsnutzen und Service.«[1] Die große Bedeutung der Produktgestaltung für den Absatz von Konsumartikeln ist bereits in den Anfangszeiten der Industrialisierung erkannt worden, und so waren die ersten Weltausstellungen nicht nur ein Forum des internationalen Warenaustauschs, sondern auch »Mustermessen des Design«.[2] In Württemberg trug Ferdinand von Steinbeis dieser Entwicklung Rechnung und richtete 1849 in der Königlichen Centralstelle für Gewerbe und Handel in Stuttgart das »Württembergische Musterlager«, eine »Sammlung ausgezeichneter Gewerbeerzeugnisse des In- und Auslandes«, ein. Diese Institution war ein bedeutender Faktor württembergischer Gewerbeförderung und die erste deutsche Sammlung dieser Art. Neben dem gewerblichen Musterlager setzte sich Steinbeis für die Schaffung von didaktischen Vorlagenwerken

205 Ofendesign der Schwäbischen Hüttenwerke aus dem 19. Jahrhundert.

für das kunstgewerbliche Zeichnen ein. Diese sollten Grundlage für eine ornamentale Ausgestaltung industrieller Erzeugnisse sein und fanden international große Anerkennung. Maßnahmen dieser Art legten den Grundstein zu einer besonderen ästhetischen Tradition gewerblicher Produkte, aufgrund derer sich Südwestdeutschland »zu einer Hochburg des Designs«[3] entwickeln konnte. Zudem hatte der »einzig wirklich erfolgreiche Designwettbewerb«,[4] der 1850 zur Belebung der Schwarzwälder Uhrenindustrie ausgeschrieben worden war, im Südwesten stattgefunden. Der Gewinner entwarf die Bahnhäusle-Uhr, die sich im Design am Schrankenwärterhäuschen der Badischen Staatsbahn orientierte. Diese Form ist in ihrer Weiterentwicklung zur Kuckucksuhr ein Verkaufsschlager und heute zum Inbegriff der Schwarzwälder Uhr geworden (Abb. 46).
Doch die zweckoptimierte Gestaltung von Produkten ist keine Erfindung des 19. Jahrhunderts, sondern läßt sich bis ins Altertum zurückverfolgen. Allerdings lagen in den Zeiten vor der industriellen Massenproduktion Entwurf und Ausführung meist in der Hand eines Künstlers, während ein Kennzeichen des Industrial Design darin besteht, daß sich im Zuge der Arbeitsteilung das neue Berufsbild des Dessinateurs, Stilisten und schließlich Designers entwickelte. Sehr frühes technisches Design findet sich bei den Gießereien des Ostalbkreises, den Vorläufern der heutigen Schwäbischen Hüttenwerke Wasseralfingen, deren Erzeugnisse bereits seit dem 14. Jahrhundert in arbeitsteiliger Produktion durch Kunstguß- und Schmiedetechniken ein ästhetisches Aussehen erhielten (Abb. 205).
Orientierte sich das dekorative und ornamentale Design der Produkte bis Mitte des 19. Jahrhunderts am Geschmack der Oberschicht, formierte sich ab den 1850er Jahren eine Gegenbewegung, die Vorläufer des modernen Funktionalismus ist. Leitgedanken dieser neuen Richtung, die Design für das Volk, die breite Masse, entwerfen wollte, waren eine sachliche Gestaltung und die Möglichkeit einer durch Standardisierung preisgünstigen industriellen Fertigung der Waren. Der Wahlspruch dieses »sozialen Designs«,[5] demzufolge der Zweckorientierung von Gegenständen mehr Bedeutung zukommen sollte als deren künstlerischer Ausgestaltung, lautete »Form follows function«. Die Technik selbst wurde ästhetisiert. Max Eyth, der schwäbische Dichter-Ingenieur und »Poet der Maschine« bringt diese künstlerische Hochschätzung der Technik 1904 in einem Vortrag zum Ausdruck: »Die Welt, selbst die sogenannte gebildete, fängt an zu erkennen, daß in einer schönen Lokomotive, in einem elektrisch bewegten Webstuhl, in einer Maschine, die Kraft in Licht verwandelt, mehr Geist steckt als

206 Produktionsprogramm der Daimler-Motorengesellschaft von 1896. Insbesondere das Design von Investitionsgütern orientierte sich an Funktionalität und Minimalismus. Die Maschine wird zum Leitbild der Gestaltung.

in der zierlichsten Phrase, die Cicero gedrechselt, in dem rollendsten Hexameter, den Virgil jemals gefeilt hat.«[6] (Abb. 206)
Während sich dieser sachlichkeitsbezogene Maschinenstil bei den Investitionsgütern bis in die Zeit des Dritten Reiches verfolgen läßt, machte sich zur Jahrhundertwende im Bereich der Konsumgüter ein Trend bemerkbar, der auf die dekorativen Formen des Historismus zurückgriff. Der schmucklosen Technik wurde die Natur gegenübergestellt. Parallel zu einer erwachenden Naturbegeisterung in der Gesellschaft fanden florale und organische Motive durch ihre Verwendung im Kunsthandwerk Eingang in den Entwurf von Massenprodukten (Abb. 207). Der Jugendstil, der seinen Namen von der 1896 ins Leben gerufenen Zeitschrift »Jugend« herleitet – Organ eines neuen Denkens und einer unkonventionellen Sichtweise der rasch fortschreitenden technologischen Entwicklung –, hielt Einzug in alle Haushalte. »Das neue Ornament (konnte) zu einem verbindlichen Code für Konsumenten unterschiedlicher sozialer Schichtung werden«.[7] Es setzte eine industrielle Massenverwertung künstlerischer Ornamentvorlagen ein, was dazu führte, daß die ehemals exklusive Form zur sinnentleerten Dekoration wurde. Der sogenannte Industrie-Jugendstil entwickelte sich. Kunst wurde Massenware, jederzeit reproduzierbar und für jeden zugänglich. Und dies galt nicht nur für die Produkte des täglichen Gebrauchs: Die Galvanoplastische Kunstanstalt der Württembergischen Metallwarenfabrik lieferte seit 1895 auf Katalogbestel-

207 Der Kerzenleuchter, 1908/09 hergestellt von der Württembergischen Metallwaren Fabrik in Geislingen, weist eine Kombination der beiden Dekorrichtungen des Jugendstils auf. Die geometrische Grundform verschmilzt mit vegetabilen Motiven wie den stilistierten Blütenzweigen rechts und links vom Schaft und den Ornamentbändern mit abstrahierten Pflanzenmustern an den Kerzentüllen und am Schaftansatz.

lung Denkmäler, Grabplastiken, Heiligenfiguren, Porträtbüsten – alles Artikel, deren Anfertigung zuvor in ihrer Einzigartigkeit und Kostspieligkeit einer schmalen Oberschicht vorbehalten waren (Abb. 208).
Die Erfordernisse der Serienproduktion, der Wunsch nach kostengünstiger Herstellung, die Rationalisierung des Warentransports und das Verlangen der Konsumenten nach einfacher Bedienbarkeit und Wartungsfreundlichkeit technischer Produkte traf jedoch bald auf eine in Künstler- und Entwerferkreisen vorhandene Tendenz, sich vom schwülstigen Jugendstildekor abzuwenden. Dies führte unter anderem 1907 zur Gründung des Deutschen Werkbundes – einer Vereinigung von Künstlern, Handwerkern, Industriellen und Publizisten – mit dem Ziel, das Zusammenwirken von Kunst, Industrie und Handwerk zu verbessern. Zu den führenden Vertretern dieser Vereinigung gehörte Peter Behrens, als künstlerischer Berater der Allgemeinen Electrizitäts-Gesellschaft (AEG) einer der ersten Industriedesigner überhaupt. Sein Konzept eines sachlichen Designs von Konsumgütern, das auf geometrischen Grundformen beruht, wurde für die nächsten Jahrzehnte stilbildend.
Auch die ingenieurmäßig entwickelte Produktgestaltung strebte nach der Verwirklichung von Produkteigenschaften wie Zweckmäßigkeit und Bedienungsfreundlichkeit. Zu Gestaltungskriterien wurden in der Folgezeit physikalische Funktion und Festigkeit, die Verwendung neuer Materialien und die industrielle Serienfertigung von Einheitstypen. Wie bei der Präsentation der »Neuen Straßen-Lokomotive« durch die Firma Heinrich Lanz, Mannheim, im Katalog des Jahres 1905 nachzulesen ist, waren bestimmende Faktoren beim Entwurf der Maschine eine »solide, zweckentsprechende Ausführung« sowie die »einfache und bequeme Bedienung« (Abb. 209). Neben diesen Anwendungskriterien wurden erste Ansätze einer aerodynamischen Formgebung erkennbar, Ausdruck der neuen Geschwindigkeit des Zeitalters (Abb. 210).

Nr. 787.
Grabfigur mit Kranz von Schmiemann
Scheitelhöhe ohne Plinthe 125 cm., mit Plinthe 141 cm.; ganze Höhe 184 cm.
Plinthe: 64×35 cm.
Preis mit Sockel und Kreuz ℳ 850.— } ohne Flügel je ℳ 100.— weniger
„ ohne „ „ „ „ 600.— }
Kann statt mit Kranz mit Palmzweig geliefert werden (s. Seite 27).
Wenn Sockel und Kreuz in Stein ausgeführt werden, dann liefern wir einen Gipsabguss davon als Vorlage für die Steinausführung.

208 Artikel der Galvanoplastischen Kunstanstalt der WMF.

Mit fortschreitender Technisierung der Umwelt gerieten technoid-funktional gestaltete Formen und Produkte immer mehr in das Bewußtsein der Gesellschaft. Das Automobil wurde zum gewohnten Anblick auf den Straßen, Schiffe und Eisenbahnen waren Symbole des Fortschritts, und auch der Eroberung des Luftraums schien nichts mehr im Wege zu stehen. Technik wurde ästhetisch, wurde zum Kennzeichen der modernen Zeit – ein Markenzeichen des Fortschritts, dessen sich auch Branchen bedienten, die zuvor traditionellen Herstellungsmethoden und Pro-

209 Neue Straßen-Lokomotive der Fa. Lanz.

dukten verhaftet gewesen waren. Die Miniaturisierung des Maschinenzeitalters in Form von Spielzeugprodukten ist ein Beispiel für diese Entwicklung. Hatte die Firma Märklin in den fünfziger Jahren des 19. Jahrhunderts noch Puppenküchen und Kindergeschirr hergestellt, fertigte das Göppinger Unternehmen bereits zwanzig Jahre später vor allem technikorientiertes Spielzeug wie Schiffe, Karussells und schließlich die Miniatureisenbahn. Mit deren Elektrifizierung und der Entwicklung eines gesamten Verkaufssystems, in dem alle Komponenten aufeinander abgestimmt waren, wurde die Firma zum Marktführer in dieser Branche. Welchen bedeutenden Einfluß Maschinen und deren Design auf die Produkte Märklins gewan-

210 Die einzige Schnellzuglokomotive der Pazifik-Bauart, von der Maschinenfabrik Esslingen 1907 gebaut, bekam aufgrund ihrer stromlinienförmigen Gestalt den Beinamen »Die schöne Württembergerin«.

nen, wird spätestens um 1910 deutlich, als die ersten originalgetreuen Nachbildungen von Lokomotiven und anderen Verkehrsmitteln gefertigt wurden. Mit der Bedeutungsveränderung dieser Spielwaren hin zu Sammelobjekten gewinnt das industrielle Produkt schließlich eine neue Qualität, es wird vom Konsumgut zum Kunstgegenstand und damit wertvoll.

Im Konkurrenzkampf mit anderen Mitbewerbern hatte sich auch der Musikinstrumente-Hersteller Hohner den Zeitgeist zunutze gemacht und das Styling seiner Instrumente mit Innovationen auf technischem Gebiet verbunden. Das Bemühen, den eigenen Produkten ein individuelles und besonderes Aussehen zu verleihen und diese dadurch in einem Markt, in dem die Waren unterschiedlicher Hersteller auf den ersten Blick nicht voneinander zu unterscheiden waren, für den Käufer attraktiv zu machen, führte beispielsweise zur Entwicklung von Mundharmonikas in Form der Zeppelin-Luftschiffe (Abb. 211). Die Bewunderung für die Möglichkeiten, welche die neue Technik bot, und die Gestalt, die diesen Möglichkeiten in ihrer aerodynamischen Form gerecht wurde, machten sich neben dem primären Hersteller auch andere Firmen zunutze durch die Vermarktung der Produkte in Miniaturform und die Adaption technischer Motive durch fremde Industriezweige. Sie dokumentieren auf diese Weise mit ihren Erzeugnissen ebenfalls ein Stück Technikgeschichte.

Die neue Geschwindigkeit des Industriezeitalters erfaßte alle Bereiche des Lebens und machte auch vor der heimischen Küche nicht halt. In der zweiten Hälfte des 19. Jahrhunderts kamen Instantprodukte auf den Markt, welche die häusliche Arbeit erleichtern und bei der Zubereitung des täglichen Essens Zeit und Arbeit sparen sollten. Die Firma Knorr in Heilbronn brachte 1889 die Erbswurst auf den Markt, die laut einer zeitgenössischen Anzeige »keine Fleischwurst (ist), sondern sie wird nur infolge ihrer Form als ›Wurst‹ bezeichnet«. Dieses neue Erzeugnis wird in einer bekannten Form angeboten und erhält auf diese Weise die Gestalt eines herkömmlichen Lebensmittels – eine Illusion für den Konsumenten, den vielleicht ein industriell hergestelltes Nahrungsmittel noch abschrecken könnte. Mit dem Erfolg der Erbswurst wird deren eigentümliche Form zum typischen Design dieses Produkts, das noch 60 Jahre später unverändert verkauft wird (Abb. 212). Dennoch haben auch bei der Verpackung von Fertignahrung bereits sehr früh funktionale Gesichtspunkte eine Rolle gespielt. Mit den veränderten Lebensgewohnheiten, der immer beengteren Wohnungssituation in den Städten und den Problemen bei der Konservierung frischer Lebensmittel drängt der Suppen-Würfel auf den Markt, der neben seiner Haltbarkeit den Vorteil einer platzsparenden Lagerung aufweist, wie eine Werbeanzeige der Firma Knorr aus dem Jahre 1913 verdeutlicht (Abb. 213).

212 Die Knorr-Erbswurst auf einem Werbefoto aus den 1950er Jahren.

211 Die 1912 erschiene Hohner-Mundharmonika Aero Band war so detailgetreu gestaltet, daß in den Personengondeln sogar Passagiere zu erkennen sind.

Funktionalität als Leitgedanke des Produktdesigns hatte im Zuge des Industriezeitalters einen eigenen ästhetischen Wert erhalten, der weit von dem entfernt lag, was noch der Kunsthandwerker des Jugendstils unter kunstvoller Formgebung verstanden hatte. Auch die Gründer des Bauhauses propagierten nach dem Postulat Walter Gropius' »Kunst und Technik – eine neue Einheit« die funktionale Ausrichtung der ästhetischen Produktion auf die Bedürfnisse breiter Bevölkerungsschichten. Ziel war es, eine ästhetische und soziale Synthese zu erreichen. Gropius formulierte diesen Anspruch 1926 so: »Ein Ding ist bestimmt durch sein Wesen. Um es so zu gestalten, daß es richtig funktioniert – ein Gefäß, ein Stuhl, ein Haus –, muß sein Wesen zuerst erforscht werden; denn es soll seinem Zweck vollendet dienen, das heißt, seine Funktionen praktisch erfüllen, haltbar, billig und

213 Knorr-Suppen-Würfel-Anzeige von 1913.

214 Einige der von Wilhelm Wagenfeld in seiner Zeit als künstlerischer Leiter der WMF zwischen 1950 und 1970 entworfenen Gebrauchsartikel wurden 1997 von der Firma wieder aufgelegt. Sie verkörpern beispielhaft die Designauffassung Wagenfelds, die er 1940 so formulierte: »Alles Hausgerät erfüllt doch dann am schönsten seinen Zweck, wenn es unser Bewußtsein kaum berührt und doch still und selbstverständlich seiner Aufgabe dienen kann.«

schön sein.«[8] Diese Grundeinstellung spiegelt sich in den Arbeiten des Bauhaus-Schülers Wilhelm Wagenfeld für die Württembergische Metallwaren-Fabrik wider, die heute so verbreitet sind, daß sie als anonymes Design auf selbstverständliche Weise zur Alltagskultur gehören (Abb. 214). Trotz der Zielsetzung der Bauhaus-Bewegung, soziale Gleichheit mit Hilfe preiswerter und doch ästhetisch ansprechender Industrieprodukte zu erreichen, konnte sich ein Großteil ihrer Entwürfe bis in die dreißiger Jahre nicht für den Massenkonsum durchsetzen. Denn »neben der schwer veränderbaren kulturellen Tradition d. h. neben den herrschenden Konsumleitbildern (die Gestaltung des privaten Bereichs orientierte sich noch immer an Formen des Historismus und des Industrie-Jugendstils, A. d. V.) stellte (…) die nachlassende Kaufkraft einer Neuorientierung der produktkulturellen Erwartungen unüberwindliche Hindernisse entgegen.«[9]
Mit Beginn des Dritten Reiches kommt es neben anderen gesellschaftlichen Bereichen auch im Hinblick auf das Design zu einer massiven Ein-

flußnahme von Staat und herrschender Partei auf die Gesellschaft. Trotz propagierter Einheitlichkeit lassen sich in der Realität verschiedene Stile unterscheiden, so der staatliche Repräsentationsstil, die militaristische Formgebung und das spartanisch-unauffällige Volksdesign. Die massenhafte Herstellung schlicht gestalteter (Volks-)Konsumgüter erfüllte in doppelter Weise propagandistische Zwecke, nämlich der Arbeitslosigkeit gegenzusteuern und den Lebensstandard der Bevölkerung anzuheben. Vor allem elektrische Haushaltsgüter wurden der Hausfrau angepriesen, indem »die nationalsozialistische Parole ›Sei deutsch‹ in ›Sei praktisch‹ umgewandelt (wurde), denn es gelte ›in den Tagen der fortschrittlichen Technik, des Sportes und der Körper- und Geisteskultur‹ der deutschen Frau die ›Aufgaben und Pflichten der Haushaltsführung‹ zu vereinfachen.«[10] In einer Anzeigenreihe konnte die Industrie dann auch darauf hinweisen, daß im ersten Halbjahr 1938 500000 Elektro-Kühlschränke abgesetzt werden konnten (Abb. 215). Im Dritten Reich trat zu den Traditionen deutscher Alltagskultur eine »spezielle nationalsozialistische Konsumenten-Erziehung, die besonders die Aufwertung und Festigung kleinbürgerlicher Normen begünstigte«.[11]

Während der Wiederaufbauzeit nach dem Zweiten Weltkrieg und in den Jahren des Wirtschaftswunders ist hinsichtlich des Designs kein Bruch festzustellen. Die erinnerten Formen der Vorkriegszeit verschmelzen mit amerikanischen Vorbildern. Durch das neue Konsumbedürfnis und die zunehmende Konsumfähigkeit kommt der anregenden Erscheinung von Produkten jedoch eine immer größere Bedeutung zu. Forderungen an die Produktgestaltung der fünfziger Jahren sind unter anderem: Hohe Gebrauchstauglichkeit der Produkte, Erfüllung ergonomischer und physiologischer Forderungen, sorgfältige und harmonische Gestaltung bis in die kleinsten Details, erreicht mit wenigen einfachen Mitteln, sowie intelligentes Design, basierend auf Bedürfnissen, Verhaltensweisen der Benutzer und innovativer Technologie.[12] Die Formensprache des modernen Designs wird entscheidend durch die 1955 gegründete Ulmer Hochschule für Gestaltung geprägt, deren Verdienst es unter anderem ist, eine Designmethodik und -lehre in der Bundesrepublik Deutschland mitbegründet und das Konzept der »Guten Form« entwickelt zu haben (Abb. 216).

In einem boomenden Markt kam der Verarbeitung neuer Materialien eine immer größere Bedeutung zu. Vor allem die rasch voranschreitende Entwicklung der Kunststoffindustrie

215 Das runde Kühlschrank-Design der Firma Bosch von 1933 wurde bereits drei Jahre später von der eckigen Form abgelöst, die der Standardform entsprach und zudem praktischer war, da sie sich problemlos in das bereits vorhandene Küchenmobiliar eingliedern ließ.

machte neue Formen und Herstellungsprozesse möglich. Der Nierentisch als Wahrzeichen der fünfziger Jahre ist eine Folge dieses Aufschwungs. Im Design beeinflußt durch die Formensprache zeitgenössischer Kunst, wie sie zum Beispiel bei Jean Arp und Henry Moore sichtbar wird,[13] konnte er problemlos aus den neuen Materialien gefertigt werden, war leicht zu transportieren und für jeden erschwinglich. Und obwohl es sich hierbei nicht um den Entwurf eines bekannten Designers handelt und der Nierentisch auch kein Beispiel für den modernen Funktionalismus darstellt, ist er zum Symbol einer Dekade geworden. Selbst renommierte Designer wie Wilhelm Wagenfeld ließen sich von seiner Form inspirieren. Ein 1953/54 für die Firma WMF entworfener Eierbecher verbindet die aktuelle Mode mit der Verwendung eines neuen Materials, dem Cromargan (vgl. Abb. 214). Im Alltag konnte sich das auf den Kunsthochschulen unterrichtete schlicht-funktionale Design nicht immer durchsetzen. Die Menschen wollten den Funktionalismus faschistischer Alltagskultur vergessen, Farbe und Schmuck in ihr tägliches Leben bringen.
Ein weiteres Kennzeichen des Wirtschaftswunders ist die zunehmende Bedeutung der Mobilität. Wer es sich leisten konnte, fuhr einen Mercedes 300 SL, dessen stromlinienförmige Gestalt Rasanz verhieß und mit dem wieder populär werdenden Rennsport korrespondierte (Abb. 217). Die Alltagskultur der fünfziger Jahre war geprägt durch eine Vielfalt an Produkten, Materialien und Stilen, die der steigenden Kaufkraft große Auswahlmöglichkeiten bot und dazu diente, den neu entstandenen Wohlstand zu dokumentieren. »Automarke und Mobiliar werden zu Vorzeigemitteln einer Gesellschaft von Konsumenten, deren Wohlhabenheitsfassade nur zu oft täuscht und deren Wirklichkeit so wenig von demokratisch-egalitären Grundsätzen durchdrungen ist, wie die tatsächlich herrschenden Besitz- und Einkommensunterschiede aufgehoben sind.«[14]

216 Die von Mitgliedern der Hochschule für Gestaltung Ulm entworfene und von der Firma Junghans in Schramberg produzierte Küchenuhr mit Timer verknüpft ein ästhetisch-schlichtes Design mit hoher Funktionalität.

Das folgende Jahrzehnt war in der Bundesrepublik Deutschland geprägt von einem Prozeß der Konsolidierung. Die Lebensumstände hatten sich auf hohem Niveau eingependelt, die ökonomische und wirtschaftliche Misere der frühen Nachkriegszeit schien nur mehr ein böser Traum zu sein. Und auch das Produktdesign hatte einen Konsolidierungsprozeß durchlaufen, die »polystyle«-Phase[15] war vorüber. Design wurde in einer Reihe von staatlichen und wirtschaftsverbundenen Einrichtungen institutionalisiert. »Das spiegelt die tendenzielle Verlagerung ökonomischer Motive auf das ästhetische Mittel. Design scheint (...) für die Wirtschaftsentwicklung immer unverzichtbarer zu werden.«[16] Bereits 1951 war auf Beschluß des Bundestages der »Rat für Formgebung« gegründet worden mit der Aufgabe, »im Interesse der Wettbewerbsfähigkeit der deutschen Industrie und des Handwerks und im Interesse der Verbraucher alle Bestrebungen zu fördern, die geeignet erscheinen, die bestmögliche Form deutscher Erzeugnisse sicherzustellen«.[17] Design-Auszeichnungen und -Preise werden geschaffen, Design-Kongresse ins Leben gerufen. In Stuttgart wird 1962, angeschlossen an das Landesgewerbeamt, das Design Center gegründet. Dieses knüpft an die durch den Zweiten Weltkrieg unterbrochene Tradition des württembergischen Ausstellungswesens und die mit dem Steinbeisschen Musterlager verbundene Intention an, die heimische Wirtschaft durch Vorbilder in der Produktgestaltung anzuleiten und sie so auf dem Weltmarkt konkurrenzfähig zu machen.

Zur Vergabe von Design-Preisen müssen objektive Bewertungskriterien gefunden werden; einige davon sind die Frage nach dem praktischen Nutzen, der Sicherheit, Lebensdauer, Gestaltungsqualität und ergonomischen Anpassung. Der sich daraus entwickelnde »German style«, die sogenannte »Gute Form«, war gekennzeichnet durch Funktionalität, Schlichtheit in Form und Farbe und sparsame Ausstattung mit technisch notwendigen Details.
Obwohl das Konzept der »Guten Form« bis in die achtziger Jahre hinein offizielle Design-Doktrin war, geriet der Funktionalismus mit der gesellschaftskritischen Bewegung der Achtundsechziger ins Kreuzfeuer der Kritik. Die seriell gefertigte Umwelt wurde als Unterdrückung und Vergewaltigung der menschlichen Psyche angeklagt. Designer versuchten neue Formen

217 Mercedes 300 SL.

218 Modetrends aus dem Showbusiness werden in die Produktgestaltung miteinbezogen. 1964 fertigte die Firma Hohner anläßlich der ersten USA-Tournee der Pilzköpfe die Beatles-Harmonica in einer Auflage von 20000 Stück.

der Gestaltung zu finden, was zu »einem undogmatischen Sammelsurium von Ansätzen und Tendenzen«[18] führte. Auf der einen Seite wird Design zur Kunst erhoben. Dies hat zur Folge, daß die gestylten Gegenstände keinerlei Gebrauchsqualität mehr aufweisen und die Produktgestaltung sich von der ihr immanenten Bestimmung abwendet, für die den gesellschaftlichen Bedingungen und Notwendigkeiten entsprechenden Produkte eine adäquate Produktsprache zu finden. Auf der anderen Seite muß sich das Gebrauchsdesign immer neuen gesellschaftlichen Trends anpassen (Abb. 218), muß auf aktuelle politische und soziale Forderungen wie die Einbeziehung ökologischer Kriterien in die Produktgestaltung oder die mit einem neuen Selbstbewußtsein geäußerten Bedürfnisse gesellschaftlicher Minderheiten reagieren (Abb. 219).

Neue Technologien machen neue Formen möglich. Eine der offensichtlichsten Entwicklungen, wie sie durch die Mikroelektronik eingeleitet wurde, ist die Miniaturisierung. Die neue Technik erlaubt es, Produkte auf eine handliche Größe zusammenschrumpfen zu lassen, was zum Symbol für eine ganze Generation wird: Klein, handlich und sportlich, ermöglichen es Walkman, Notebook und elektronischer Timer dem aktiven Menschen, immer in Bewegung zu bleiben. Die Firma Zeiss in Oberkochen entwickelte mit den Taschenferngläsern der Marke »Design Selection« ein mehrfach ausgezeichnetes Produkt, das bei den unterschiedlichsten Aktivitäten (über kulturelle Veranstaltungen bis hin zu sportlichen Unternehmungen) eingesetzt werden kann und damit in seiner Flexibilität dem Zeitgeist der Neunziger auf ideale Weise entspricht (Abb. 220).

Zudem wird das Design von Massenprodukten zunehmend eingegliedert in eine umfassende Marketingstrategie von Unternehmen. Nicht mehr das einzelne Produkt ist wichtig, sondern das gesamte Erscheinungsbild der Firma. Produkte werden nicht mehr unbedingt wegen ih-

219 Der Rollstuhl »Lift« ermöglicht es dem Fahrer, sich mittels einer einfachen Handbewegung im Sitz nach oben zu heben. Auf diese Weise wird mühelos die Größe stehender Erwachsener erlangt, was vor allem die Integration von Rollstuhlfahrern in eine bestehende Arbeitsumgebung erleichtert. Der Prototyp des Lift-Rollstuhls wurde 1993 von Stefan Lippert im Rahmen seiner Diplomarbeit an der Kunstakademie Stuttgart, Studiengang Produktgestaltung, entworfen und in Zusammenarbeit mit der Firma Proactiv in Dotternhausen zur Serienreife entwickelt.

res Aussehens gekauft, sondern wegen eines bestimmten Lebensstils, den sie transportieren und der vom Konsumenten mit ihrem Besitz verbunden wird. Das Produkt wird zum Symbol für die Normen und Wertvorstellungen einer bereits bestehenden oder sogar neu kreierten Zielgruppe. Der Entwicklung des Markenprodukts und der Integrationsfunktion von Werbung kommen hierbei eine große Bedeutung zu.

Der Produktgestaltung wohnte und wohnt damit auch immer eine soziale Bedeutung inne. Design reagiert auf gesellschaftliche Bedürfnisse und schafft gesellschaftliche Bedürfnisse, formt oder reflektiert den Zeitgeist einer Epoche, paßt sich technischen Innovationen an und

220 Das Fernglas »Design Selection« der Firma Carl Zeiss, Oberkochen, wurde als gelungene Synthese von Form und Funktion sowohl national als auch international ausgezeichnet.

macht deren Realisierung möglich. In der Designentwicklung lassen sich historische Leitlinien und Bedingtheiten ablesen. Industrial Design ist ein Spiegel der Alltagskultur. »Die Geschichte (lehrt) beispielhaft, daß Design immer Instrument und Produkt, Produkt und Instrument der Industriekultur gewesen ist.«[19]
Baden-Württemberg hat – angefangen mit dem Gewerblichen Musterlager bis hin zum Design Center Stuttgart – eine lange Tradition in puncto Produktgestaltung und Design aufzuweisen. Die wichtigsten Impulse in der Nachkriegszeit gingen von der Ulmer Hochschule für Gestaltung aus, die Formgebung der Erzeugnisse hier ansässiger Firmen prägte auf vielfältige Weise die deutsche Produktlandschaft. Und auch heute noch gilt Baden-Württemberg als »stärkste Design-›Provinz‹«[20] in der Bundesrepublik Deutschland.

Vom Warenzeichen zum Markenartikel

Trotz vermeintlich künstlerischer Grundsätze wie Originalität und einer angestrebten Einzigartigkeit in der Produktgestaltung besteht ein fundamentaler Unterschied zwischen Design und Kunst darin, daß der Designer immer hinter das Produkt und den Hersteller zurücktritt. Die typische Form eines Erzeugnisses wird mit dem Markennamen und nicht mit dem Namen des Entwerfers verbunden. Nur in ganz seltenen Fällen gelingt es überhaupt einem einzelnen Designer, aus dem Schatten des Produktes herauszutreten und als Schöpfer desselben in der Öffentlichkeit wahrgenommen zu werden. Die Marketingstrategie der Unternehmen verlangt vielmehr, daß sich Form und Firmenname zu einer Einheit verbinden und ein Produktmythos entsteht, der auf kollektiv verständlichen Zeichen beruht, ein bestimmtes Lebensgefühl transportiert und die Erfüllung von Kundenerwartungen verspricht. Voraussetzung dafür ist, daß ein einprägsames Firmenlogo geschaffen wird, das jedes Produkt in unverwechselbarer Weise kennzeichnet. Besonders wichtig ist die Entwicklung eines Warenzeichens dann, wenn es sich um Erzeugnisse handelt, die auf den ersten Blick nicht von denen anderer Firmen zu unterscheiden sind.
Zu den frühesten Warenzeichen zählen die Wasserzeichen der Papiermühlen, die ihre Produkte bereits seit dem Mittelalter markierten. Der Herstellungsprozeß des Papiers war dabei über Jahrhunderte der gleiche: Die gesammelten Leinen- und Baumwollabfälle wurden einem Fäulnisprozeß unterworfen, um die Fasern zu lösen. Im nächsten Arbeitsschritt entstand in der »Lumpenstampfe« ein Brei, aus dem der Papiermacher mit einer Form die Bögen herausschöpfte. Dieser Form war ein feiner, kunstvoll gebogener Draht aufgeheftet, der sich in das noch weiche Papier eindrückte und, gegen das Licht gehalten, als Zeichnung sichtbar wurde. Diese gab Auskunft über das Alter und die Herkunft des Bogens (Abb. 221). Die Zeichen renommierter Mühlen wurden häufig von anderen Herstellern adaptiert und nachgemacht – Markenschwindel und -imitation sind somit keine modernen Phänomene. Die Herstellung von Plagiaten und die Verwendung falscher Firmensignets dienten bereits in der Zeit vor der Industrialisierung dazu, Minderwertiges loszuschlagen. Mit zunehmender Mechanisierung der Papierfabrikation – die Buhlsche Papierfabrik in Ettlingen führte als erste in Baden 1828 eine Papiermaschine ein – verschwanden die Wasserzeichen zunächst, wurden aber in ihrer Funktion als Gütezeichen bald schon von der Maschinenpapierfabrikation wiederentdeckt. Und auch heute noch zeugt ein Firmenwappen im Papier von Qualität.
Auch die Spielwarenindustrie hatte von Anfang an mit großer Konkurrenz zu kämpfen. Mit steigender Kaufkraft innerhalb der Bevölkerung waren Kinder als Zielgruppe immer wichtiger geworden, und gerade die Hersteller traditioneller Spielsachen hatten sich auf der einen

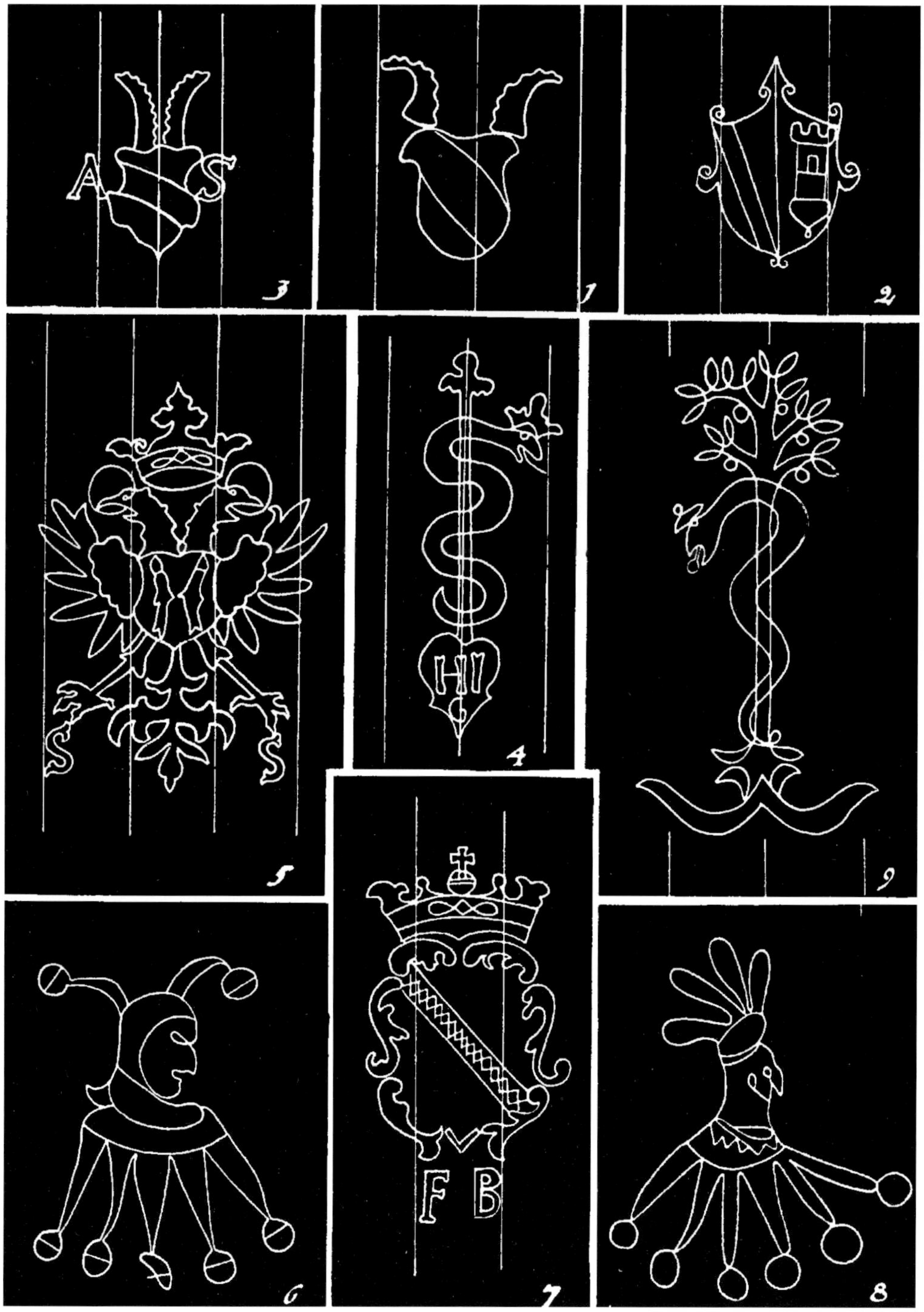

221 Wasserzeichen der Papiermühlen. Wasserzeichen werden in den unterschiedlichsten Formen gestaltet. Oftmals bilden sie das Wappen des Lehensherrn nach, beliebt ist auch das Motiv der sich um einen Stab windenden Schlange oder der Narrenkopf, häufig mit den Initialen des Papiermachers versehen.

222 Teddybären, die beliebtesten Steiff-Tiere.

Seite gegen die technikorientierte Konkurrenz, wie sie Märklin repräsentierte, zu behaupten, auf der anderen Seite drohten Billigangebote mit entsprechenden Qualitätsmängeln den Ruf der gesamten Branche zu beeinträchtigen. Bereits 1904 wurden daher von der Firma Steiff in Giengen an der Brenz die eigenen Produkte mit dem »Knopf im Ohr« markiert, der sowohl die solide, kindgerechte Verarbeitung als auch die Originalität beglaubigen sollte (Abb. 221). Ein sicheres Gespür für ein von Kindern geliebtes Erscheinungsbild der Plüschtiere und der Siegeszug des Teddybär trugen ein Übriges dazu bei, die Marke Steiff auf der ganzen Welt bekannt zu machen. Mehr noch, es gelang dem Unternehmen, den Käufer über verschiedene Generationen hinweg an seine Produkte zu binden, da die »mentale Fixierung«,[21] die man als Kind zu seinem Steiff-Tier aufgebaut hat, dazu führt, daß der Erwachsene wieder zum Spielzeug dieser Firma greift, wenn er auf der Suche nach einem kindgerechten Geschenk ist.

Dennoch war es noch zur Jahrhundertwende auf dem Weg zum Markenprodukt nicht zwingend notwendig, ein die Echtheit bestätigendes Wahrzeichen am Produkt anzubringen. Es konnte der gute Name, der aufgeprägte Namenszug des Erzeugers genügen, um die Qualität des Erzeugnisses zu bestätigen. So soll in den Anfangszeiten des USA-Exports eine Hohner-Mundharmonika nach Trossingen zurückgeschickt worden sein, da dieses Gütezeichen fehlte. Der Firmengründer Matthias Hohner bürgte mit dem eigenen guten Namen für seine Waren. Und nicht nur sein Name, sondern auch sein Konterfei waren Garanten für Echtheit und

SALAMANDER

Vorstehendes Waarenzeichen ist auf Grund des Gesetzes zum Schutz der Waarenbezeichnungen vom 12. Mai 1894 gemäß der Anmeldung vom 28. Juni 1899 für Rudolf Moos in Berlin, Friedrichstr. 221

am 5. Dezember 1899 unter Nr 41138 in die Zeichenrolle eingetragen. — Aktenzeichen M. 3818 Klasse 34 — Geschäftsbetrieb, in welchem das Zeichen verwendet werden soll: [illegible]

Waaren, für welche das Zeichen bestimmt ist: [illegible]

Berlin, den 5. Dezember 1899.

Kaiserliches Patentamt.

223 Anmeldung des Salamander-Warenzeichens.
Die Figur des Salamanders verbindet eine naturalistische Darstellung mit symbolischen Komponenten. Während Tierhaut und Anzahl der Zehen dem realen Vorbild entsprechen, symbolisiert der Körperschwung in S-Form den ersten Buchstaben des Markennamens.

224 Hohner-Werbeplakat von 1900.

Qualität. Auf einem Werbeplakat aus der Zeit der Jahrhundertwende sieht man Matthias Hohner persönlich, wie er seine Mundharmonika einer buntgemischten Käufergruppe anbietet, die den Vertrieb der Instrumente in alle Welt symbolisiert (Abb. 224).

Aufgrund des rasanten Wirtschaftswachstums wird es Ende des 19. Jahrhunderts immer wichtiger, die eigenen Produkte von denen der Konkurrenz abzugrenzen. Es kommt zu einer Anbieter- und Zeichenschwemme. Das Warenzeichen ist nicht mehr an sich Garant einer überdurchschnittlichen Qualität, sondern es muß diese auf seinem Weg zum Markenzeichen erst noch unter Beweis stellen. Ein erfolgreiches Firmenlogo sollte einprägsam sein und einen Bezug zur Ware herstellen. Neben einer prägnanten Form beruht die Anziehungskraft eines starken Zeichens aber »ebenso auf seiner diffusen Bedeutungsdichte, seinem nur andeutenden Geheimcharakter. Man kann derartige Zeichen ›signes ultrasymboliques‹ nennen, mit der die Werbung die Bildung einer Käufergemeinschaft der Wissenden, der in die Güte des Erzeugnisses Eingeweihten anstrebt«.[22] Wie ein solches Zeichen entstehen kann, zeigt das Beispiel der Marke Salamander. Bereits 1899 meldete der Berliner Schuhhändler Rudolf Moos Wort und Zeichen des Salamanders beim Reichspatentamt an (Abb. 223). Als er vier Jahre später einen Wettbewerb unter den Schuhherstellern ausschrieb mit dem Ziel, einen Herrenstiefel zu einem möglichst niedrigen Einheitspreis zu fertigen und anzubieten und der Kornwestheimer Betrieb Jakob Sigle & Cie. diesen gewann, begann die Zusammenarbeit der beiden Unternehmen. Warum Moos den Salamander wählte, ist unbekannt.

225 Salamander-Werbeplakat: Tangofieber.

Allerdings paßt die Figur zu der in dieser Zeit erfolgenden Wiederentdeckung der Romantik, des Märchenhaften und Geheimnisvollen sowie zu den geschwungenen Formen des Jugendstils. Die Verbindung zum Produkt, zu der »chemischen Appretur« und den Schuhputzmitteln, wird hergestellt durch den feurigen Glanz der Reptilienhaut. 1904 läßt Moos das Zeichen erneut schützen, diesmal für »Schuhwaren, Leisten, Senkel, Bänder«. Durch die Verknüpfung des Salamanders mit Schuhartikeln verbindet sich mit dem Warenzeichen eine neue Assoziation, nämlich die einer »geschmeidige(n), fußgerechte(n) Paßform, also Anpassungsfähigkeit und Belastbarkeit, Widerstandsfähigkeit«[23] (Abb. 225). Das trotz einiger kleinerer Veränderungen im Grunde gleich bleibende Markenzeichen der Salamander-Werke wurde ein solch einzigartiges Signet, daß sogar das Reichsgericht 1943 in letzter Instanz für einen umfassenden Schutz der Marke entschied, nachdem eine Berliner Firma ein Fußpflegemittel unter dem Zeichen einer Eidechse herausgebracht hatte. Die Richter kamen zu dem Urteil, daß der Begriff Salamander »in der Verwendung als gewerbliches Kennzeichnungsmittel den Gedanken an jenes Unternehmen« auslöse. Und das gelte für »jede Darstellung eines salamanderähnlichen Kriechtieres, auch einer Eidechse«.

Doch nicht nur im Konsumgüterbereich, sondern auch bei den Herstellern technischer Güter wird versucht, den eigenen Produkten einen unverwechselbaren Stempel aufzudrücken. Schon bevor sich die Firmen Daimler und Benz 1926 zusammenschlossen, hatten beide unter eigenem Warenzeichen produziert. Doch erst mit der Fusion und der Gründung der Marke Mercedes-Benz trat der Mercedes-Stern seinen Siegeszug an, wurde zum Symbol für Autos von gehobener Qualität und Leistung, aber auch dementsprechender Preise. Und gerade hinsichtlich seines Mercedes zeigt sich auch der ansonsten allen Neuerungen aufgeschlossene Autofahrer oftmals von seiner konservativsten Seite und bleibt dem Stern sein Leben lang treu (Abb. 226).

Unter dem vom damaligen ersten technischen Leiter der Robert Bosch AG, Gottlob Honold, entworfenen Zeichen des »Zündankers im Kreis« verkauft das Stuttgarter Unternehmen seit 1919 seine elektrotechnischen Produkte. Das Firmenzeichen nimmt Bezug auf den Bosch-Magnetzünder, dessen Entwicklung den Grundstein für den gewaltigen geschäftlichen Erfolg des Unternehmens legte. Der erste Zünder läßt im Querschnitt einen »Doppel-T-Anker« erkennen, von dem das Warenzeichen abgeleitet ist (vgl. Abb. 232).

Die Entstehung eines Firmenzeichens ist häufig ein jahrelanger Prozeß, seine Gestaltung wird dem herrschenden Geschmack und neuen psychologischen Erkenntnissen angepaßt. Oft wird

226 Die Fusionsanzeige der Firmen Daimler und Benz strahlt unter dem Siegessymbol Erfolgsgewißheit aus. Die beiden Warenzeichen Dreizackstern und Lorbeerkranz verschmelzen zum neuen Markenzeichen des Mercedes-Sterns.

der Entwurf oder die Weiterentwicklung des Firmen-Wahrzeichens in professionelle Hände gelegt. Und was heute durch die Zusammenarbeit verschiedener Institutionen wie Werbeagenturen, Grafikdesignern und Marketingabteilungen geschieht, wurde vormals freien Künstlern überlassen.
HAP Grieshaber gestaltete um 1952 das neue Firmenzeichen der Heidelberger Zement AG. Um einen Wiedererkennungseffekt zu erzielen, band der Künstler in die neue Gestaltung das bekannte und bis dahin gebräuchliche Firmenlogo, den Löwen, mit ein (Abb. 227).
Firmensignets sind in den vergangenen Jahrzehnten zum alltäglichen Anblick geworden. Jedes Unternehmen versucht, auf möglichst eindrückliche Weise vom Konsumenten wahrgenommen zu werden. Besonders in den Gewerbezweigen, die keine faßbaren Erzeugnisse verkaufen, sondern abstrakte Dienstleistungen anbieten, kommt einem Firmenlogo als Identifikationshilfe und Erkennungszeichen eine immer größere Bedeutung zu. Energieversorger, Verkehrsunternehmen, Banken und Fernsehsender, ja sogar Museen und Veranstaltungszentren, sie alle führen ihr individuelles Signet, mit dem sich Geschäftsinteressen und -ziele assoziieren lassen (Abb. 228). Das Firmenzeichen transportiert die Inhalte, mit denen der Hersteller oder Anbieter um sein Produkt wirbt, und es hat somit in der komplexen Wirtschaftswelt eine eigenständige Aufgabe erhalten.
Allerdings macht ein Warenzeichen noch lange kein Markenprodukt. Ein Logo kann Übertragungsmedium für eine Botschaft des Herstellers sein, die sich in der Realität jedoch erst unter Beweis stellen muß. Erst wenn die propagierte Qualität eines Produktes langfristig das hält, was Firmenzeichen und Werbung versprechen, wenn das Signet Träger eines kollektiven

228 Das Kernkraftwerk Obrigheim versucht, mit Hilfe seines Logos Sympathien zu gewinnen: Die Farbwahl vereinigt die Vorlieben beider Geschlechter, wobei Frauen eher zu Blau, Männer eher zu Grün tendieren. Zudem suggerieren die Farben in ihrem Anklang an die Natur und durch die beim Betrachter hervorgerufene Assoziation mit Wiesen, Wald und Wasser Umweltfreundlichkeit, Sicherheit, Harmonie und lassen so eventuelle Gedanken an die von Gegnern der Atomenergie beschworenen Gefahren in den Hintergrund treten.

227 Das von HAP Grieshaber 1952 entworfene Logo der Heidelberger Zement AG.

Verständnisses der Eigenschaften eines Produktes wird, dann kann das so ausgezeichnete Erzeugnis zum Markenprodukt, seine Bezeichnung oder der Name des Herstellers zum Markennamen werden und eine oft lebenslange Bindung des Konsumenten an die Marke stattfinden. »Der Markenartikel ist das Produkt erfolgreicher Industrialisierung.«[24]

Wirtschaftswerbung zwischen Kunst und Kommerz

Doch erst wenn ein Produkt der Öffentlichkeit bekannt wird, wenn es sich mit Herstellernamen und Warenzeichen zu einer Einheit verbindet und aus der Angebotsfülle heraushebt, wird es von der Gesellschaft wahrgenommen und hat eine Chance, sich als Markenartikel im Alltag der Menschen zu etablieren. Die Rolle des Katalysators kommt dabei der Werbung zu. Sie trägt dazu bei, dem Produkt ein Image zu verleihen, eine Legende zu entwerfen und auf diese Weise ein bestimmtes Lebensgefühl zu transportieren. Dem Gegenstand und der Marke wird quasi Leben eingehaucht, damit die Illusion den Anschein der Realität erhält und der Konsument eine persönliche Beziehung zu diesem bestimmten Artikel entwickeln kann.

229 Lurchi, Titelfigur von »Lurchis Abenteuer«, einer Kinderheft-Serie von Salamander.

Das kann wie im Fall der Schuhfabrik Salamander so weit gehen, daß das Warenzeichen selbst lebendig wird und in eigener Person den Käufer für seine Erzeugnisse wirbt. Das Wappentier der Firma beginnt sich bereits in den Anzeigen von 1909 aufzurichten, um dem Betrachter seine Waren in wohlgeformten Reimen anzubieten. Dreißig Jahre später erwacht Lurchi zum Leben und wird zur Hauptfigur in einer über hundertteiligen Fortsetzungsgeschichte, die bis zum heutigen Tag fortgeführt wird und für Kinder nichts von ihrer Faszination verloren hat. In Salamanderschuhen erlebt der Salamander die größten Abenteuer und entwickelt sich neben seiner eigentlichen Bestimmung als Verkaufsförderungsmittel zur »potentesten ›Kultfigur‹ der deutschen Markenwerbung«[25] (Abb. 229). Das Firmenprodukt selbst, der Schuh, bekommt den Status eines Wundermittels, vergleichbar mit den magischen Waffen des Märchens, und erhält dadurch für den kindlichen Leser eine besondere Anziehungskraft. Die Schaffung einer Werbefigur bewirkt mehr noch als das statische Warenzeichen eine Verankerung von Markennamen und Erzeugnis im Bewußtsein der Öffentlichkeit, so daß »später der bloße Auftritt der Figur genügt, um die Mehrzahl der Betrachter mit Pawlowscher Sicherheit Markennamen und Produkt assoziieren zu lassen«.[26]

Doch wie der Begriff »Reklame« (von lat. reclamare = zurufen) schon andeutet, gibt es das Werben von Kundschaft nicht erst seit dem Zeitalter der Verschriftlichung oder der Industrialisierung. Bereits im Altertum wurden beispielsweise Auktionen von Ausrufern offiziell bekannt gemacht, wurde auf diese Weise Wahlkampfwerbung betrieben. Auch Gewerbeschilder an Hauswänden übernahmen werbende Funktion. Mit Erfindung des Buchdrucks und einer zunehmenden Alphabetisierung der Bevölkerung kamen das Flugblatt und schließlich die Anzeige auf. Im Zeitalter der industriellen Revolution, der steigenden Massenproduktion und des zunehmenden Massenkonsums kam der Reklame eine immer größere Bedeutung zu. Die eigenen Produkte mußten bekannt gemacht und ihre Vorzüge gegenüber denen anderer Produzenten herausgehoben werden. Hatten gewerbliche Anzeigen vor Mitte des 19. Jahrhunderts nur einen kleinen Teil des Anzeigenvolumens der Zeitungen ausgemacht, kam es nach der Revolution von 1848/49 und mit der dadurch erreichten Liberalisierung des Pressewesens zu einem erheblichen Anstieg der Anzeigenwerbung. Ihr enormer Aufschwung war zudem Resultat der veränderten ökonomischen und kommunikativen Strukturen. »Als Begleiterscheinung der Industrialisierung und der mit ihr verbundenen Erweiterung des Alltagshorizonts der Menschen bildete sich eine in diesem Maß neue Öffentlichkeit heraus, zu deren entscheidendem Medium der Träger der Anzeigenwerbung, die Presse, wurde.«[27]

Ein weiteres Mittel, um mit Industrieprodukten an die Öffentlichkeit zu gehen, waren ab Mitte des 19. Jahrhunderts Industrieausstellungen und Messen. Die auf diesen gewonnenen Medaillen und Auszeichnungen verschafften den eigenen Erzeugnissen großes Ansehen und wurden gewissermaßen als objektiver Beweis für die Güte der Artikel in Anzeigen abgebildet oder auf Firmenbriefköpfe gedruckt. Neben den großen Weltausstellungen kam den regionalen Präsentationen große Bedeutung zu. 1858 fand als erste Messe in Württemberg eine »Fortschritts-Ausstellung« in Cannstatt statt, auf der sich 215 Aussteller präsentierten. Neun von ihnen erhielten die von der Königlichen Centralstelle für Gewerbe und Handel gestiftete »Große Medaille für allgemeine Verdienste um Gewerbe und Handel«, 64 Aussteller wurden mit der »Fortschritts-Medaille« ausgezeichnet. Diese erste Industriemesse legte den Grundstein für eine rege Ausstellungstätigkeit im Lande (Abb. 230).

Unterschieden sich die frühen Anzeigen durch nichts vom redaktionellen Teil, ist im ersten Drittel des 19. Jahrhunderts ein zunehmendes

230 Auf diesem Plakat, das von Ferdinand Keller (1842–1922), Professor an der Karlsruher Kunstakademie, entworfen wurde, versinnbildlicht wie häufig in der frühen Gebrauchsgrafik eine allegorische Darstellung ein abstraktes Phänomen. In diesem Fall ist es der »Genius« der Elektrizität, welcher der Menschheit Licht und Kraft bringt.

Bemühen der Inserenten zu erkennen, ihre Anzeige mit Hilfe kleinformatiger Abbildungen, unterschiedlicher Schriften oder Trennungsstrichen grafisch von denen der Konkurrenz abzusetzen. Ab den 1880er Jahren übernehmen illustrierte Anzeigen und großformatige Plakate die Werbung für Waren und Dienstleistungen. Zudem bilden sich Markennamen und Warenzeichen aus, »weil nur die festgelegte und von einem Hersteller produzierte Marke die Werbung überhaupt möglich und sinnvoll machte«.[28] Der Wirtschaftsaufschwung der Gründerzeit bildete einen neuen Wohlstand aus, der sich in einer Vorliebe für üppige Dekorationen und Verzierungen äußerte. Der Drang, seinen Reichtum und seinen Erfolg sichtbar zu machen, fand seinen Niederschlag auch in der zeitgenössischen Werbung. Eine Fülle unterschiedlicher Schriftypen, orientalische Ornamentik und die Abbildung sozial gehobener Schichten kennzeichnen die Anzeigen dieser Zeit. Besonders die Anzeigenwerbung der Lebensmittelhersteller bediente sich großbürgerlicher Motive, um das öffentliche Bild ihrer industriell hergestellten Produkte aufzubessern. »Man versuchte – wie es hieß – ›der Suppe aus der Fabrik den festlichen Charakter gepflegter Kochkunst zu verleihen‹« (Abb. 231).[29] Auf die Phase des Historismus folgte auch in der Reklamegestaltung eine vom Jugendstil beeinflußte Gegenbewegung. Der neue Ornamentstil lebte von vegetabilen Formen, die den oft profanen Darstellungen industrieller Motive eine ästhetische Legitimation verliehen.

231 Obwohl in der ersten farbigen Anzeige der Firma Knorr der Markenname bereits im Mittelpunkt steht, hat sich noch kein einheitlicher Schriftzug herausgebildet. Die Technik der zeigenden Hand weist auf die seit den 1820er Jahren gebräuchliche Anzeigen-Ikonographie zurück, mit der eine grafische Umsetzung der Verkaufshandlung versucht wird. Die Porzellanterrine, die fein gekleideten und gut genährten Kinder schaffen die Atmosphäre eines großbürgerlichen Haushalts und weisen die Knorr-Suppe als nahrhaft und gesund aus.

232 Bosch-Zündkerze. Das Plakat von Bernhard Rosen erfüllt alle Anforderungen des neuen Plakatstils: In starken Farben und einer großflächigen Zeichnung wird das Produkt präsentiert und die Dynamik der Technik symbolisiert. Werbeslogans fehlen, es genügen das Markenzeichen und der Firmenschriftzug, um das Produkt anzupreisen.

Mit den neuen Möglichkeiten, die eine weiterentwickelte Technik der Lithografie eröffnet, kommt es zur Jahrhundertwende zu einem Aufschwung der Plakatkunst. Großformatige und farbige Illustrationen ziehen den Blick des Betrachters auf das Produkt und den Markennamen. Forderungen an die Plakatgestaltung sind: »Klarer Umriß, packende Originalität, Wahl der stärksten Farben, die mit dem Wesensinhalt des Angebotes harmonisieren, äußerste Prägnanz und Beschränkung der Beschriftung.«[30] Zentral ist die Reduktion auf das Wesentliche, auf das

233 Plakat der Daimler-Motoren Gesellschaft mit Zeppelin.

234 Plakat der Daimler-Motoren-Gesellschaft mit Großem Haus.

Produkt und den Markennamen, mit dem Ziel einer optischen Einprägsamkeit und leichter Erinnerlichkeit (Abb. 232). Mit der steigenden Bedeutung und dem zunehmenden Erfolg der Plakatkunst stellen sich Künstler in den Dienst von Industriebetrieben. Zu den frühesten Entwürfen des Franzosen Henri Rudaux für die Daimler-Motoren-Gesellschaft gehört eine um 1910 gestaltete Plakatserie, die gekennzeichnet ist durch den identisch gestalteten Schriftzug »Mercedes« und die Verwendung von Motiven, die das Automobil in Verbindung bringen mit anderen modernen Verkehrsmitteln wie Schiff oder Zeppelin. Durch die Hervorhebung des Markennamens wird ein hoher Wiedererkennungswert geschaffen, und in der Motivik läßt sich unausgesprochen der Leitspruch des Unternehmens herauslesen: »Zu Lande, zu Wasser und in der Luft.« Der in der Öffentlichkeit zunehmenden Begeisterung für den Motorsport trägt die originalgetreue Abbildung eines Rennwagens Rechnung. Ein Symbol der allgemeinen Technikbegeisterung ist das Zeppelin-Luftschiff, wie sich bereits bei der Produktgestaltung zeigen ließ (Abb. 233). Die von Rudaux gestaltete Anordnung von Schrift und Bild findet sich bei einem weiteren Plakat der Daimler-Motoren-Gesellschaft wieder, dessen Schöpfer nicht bekannt ist (Abb. 234). Dieses zeigt einen Mercedes 14/30 PS vor dem Großen Haus des Königlichen Hoftheaters in Stuttgart sowie festlich gekleidete Personen, die dem Theater zustreben. Das Bild ist eingerahmt vom Markennamen »Mercedes« am oberen Bildrand und dem Firmennamen am unteren. Hier läßt sich bereits das Bemühen um eine einheitliche Gestaltung der Werbung erkennen. Der Bildinhalt bezieht sich auf das wichtigste gesellschaftliche Ereignis des Jahres 1912 in Württemberg, auf die Einweihung des neuen Hoftheaters in Stuttgart am 24. September. Durch die Verbindung des Automobils mit dieser einer sozial gehobenen Schicht vorbehaltenen Veranstaltung transportiert das Plakat zugleich ein Gefühl der Exklusivität, der Noblesse und des Reichtums. Anfang des 20. Jahrhunderts hatte die Werbung »die Lösung vom primären Produkt- und Warenbezug zur lebensweltlich-kulturellen Repräsentation«[31] vollzogen. Ein Industrieerzeugnis konnte Symbol eines Lebensgefühls werden. Der Fahrzeugtyp ist hier wie auch bei Rudaux eindeutig zu identifizieren, und es kann davon ausgegangen werden, daß Fotografien zur wirklichkeitsnahen Darstellung des Automobils herangezogen wurden. Diese Realitätstreue ist ein spezifisches Prinzip der DMG-Werbung. Wie das Beispiel der Firma Benz & Cie. in Mannheim zeigt, wurde auch mit stilisierten Fahrzeugen geworben. Eine aus dem ersten Jahrzehnt dieses Jahrhunderts stammende und getreu den Prinzipien der Plakatgestaltung entworfene Anzeige zeigt einen Wagen in feurig-dynamischer Farbgebung, der gleichsam auf dämonische Weise aus dem Untergrund hervorschießt. Diese Motivik scheint die sportlichen Qualitäten der Marke Benz hervorheben und an den »Blitzen-Benz«

235 Der Blitzen-Benz.

erinnern zu wollen, mit dem Bob Burmann 1911 in den USA einen Geschwindigkeitsrekord von 228 km/h aufgestellt hatte (Abb. 235).
Allegorische Darstellungen der Technik und der Geschwindigkeit in Form von dämonischen und teuflischen Motiven sind keine Seltenheit. Sie geben auch dem heutigen Betrachter noch einen Eindruck von der Faszination, welche die neuen Entwicklungen auf die Menschen zu Anfang dieses Jahrhunderts ausübte. Vor allem der Rennsport und die auf seinen Veranstaltungen erreichten Geschwindigkeiten haben die Zuschauer zutiefst beeindruckt. Dies machten sich nicht nur die Autohersteller selbst zunutze, sondern ebenso andere Industriebetriebe wie der Automobilzulieferer Bosch. Ein von Lucian Bernhard 1910/12 gestaltetes Werbeplakat zeigt einen Mephisto, der mit der Bosch-Zündung die Macht in den Händen hält, Fahrzeugen der unterschiedlichsten Nationen Dynamik zu verleihen oder sie zur Immobilität zu verdammen. Vorbild für diese eindrucksvolle Figur war vermutlich der belgische Rennfahrer Camille Jenatzy, seinerzeit durch seine Haarfarbe als »roter Teufel« bekannt (Abb. 237).
Ein weiteres Werbemedium dieser Zeit sind, neben den bereits genannten, Pappaufsteller oder Displays, die aus der Anzeigen- und Plakatwerbung bekannte Motive quasi körperlich aus der Zweidimensionalität des Plakats heraustreten lassen. Der »stumme Verkäufer« ist ein Hilfsmittel des Einzelhändlers und preist dem Konsumenten Produkte auf der Ladentheke oder im Schaufenster an (Abb. 236).

236 Der aus Anzeigen und von Plakaten bekannte Knorr-Koch bietet dem Käufer fast real in einer eleganten Terrine Suppe an. Die Erbswurst, die unter ihm täuschend gegenständlich aus dem Display herausragt, animiert den Käufer zuzugreifen.

237 Bosch Werbeplakat: Mephisto.

Nach Ende des Ersten Weltkriegs verliert die Plakatgestaltung in Deutschland ihre stilistische Geschlossenheit. Das Medium der Anzeige gewinnt wieder an Bedeutung, da Zeitungen und Magazine zu Massenprodukten werden und sich so auf ideale Weise als Werbeträger anbieten. Mit der Tages- oder Wochenzeitung ist die Werbung Teil der Alltagskultur geworden. Ab Mitte der zwanziger Jahre erscheinen Anzeigen, die in ihrem Aufbau bereits auffallend dem Anzeigenstil der Gegenwart entsprechen. »Der Wandel in der Anzeigengestaltung, der sich um 1925 vollzog, war ähnlich tiefgreifend wie jener, der sich um die Jahrhundertwende ereignet hatte, allerdings mit dem Unterschied, daß der nun entstehende Stil sich (...) langfristig durchsetzte und über die Zeit des Nationalsozialismus hinaus bis in die Gegenwart dominierend blieb.«[32] Die einseitige Dominanz des Bildes wird aufgehoben zugunsten einer ausgewogenen Balance zwischen dem bildlichen und textlichen Element. Das durch die Grafik geweckte Interesse soll durch den Text verstärkt und argumentativ untermauert werden. Die gezeigten Menschen werden zu Individuen, ihre Zeichnung realistischer und lebensnäher. Ihre sachliche Darstellung in alltäglicher Umgebung und ein Text, der dem Leser hinsichtlich seiner gestiegenen Auswahlmöglichkeiten in der Konsumgesellschaft beratend zur Seite stehen will, verdrängen plakative Aussagen. Eine ganzheitliche Werbekonzeption entwickelt sich, die sich den entstehenden individualistischen Lebensentwürfen der Konsumenten anpaßt und diese auf psychologisch durchdachte Weise zugunsten ihres Produktes beeinflussen will.

In den Dreißigern hält die Photographie zunehmend Einzug in die Bildwerbung, »so daß 1939 bereits etwa 60–70 % aller Bildanzeigen in den illustrierten (...) Zeitschriften mit Photographien arbeiteten.«[33] Realität vortäuschend bildet das Photo alltägliche Vorgänge ab und läßt die Arbeitswelt Eingang finden in die Werbung, wenngleich die Darstellung von Menschen in

238 Queen Elizabeth von England auf Staatsbesuch in Stuttgart mit Ministerpräsident Kurt Georg Kiesinger in einem Mercedes 600 vor dem Neuen Schloß.

ihrer beruflichen Umgebung deutlich hinter Motiven der Freizeitsphäre zurückbleibt. Mit der Wiederbelebung des Rennsports während des Dritten Reiches erfährt das Automobilplakat eine Renaissance, die an frühere Zeiten erinnert. Nach Ende des Zweiten Weltkrieges setzt Wirtschaftswerbung erst wieder mit der Währungsreform ein. In Anzeigen und Plakaten wird bezugnehmend auf die Mangelsituation der Nachkriegsjahre gepriesen, was es »wieder« gibt. In der grafischen Ausarbeitung sind einerseits Rückgriffe auf das Bauhaus und der Einfluß der Ulmer Hochschule für Gestaltung zu erkennen. Klare geometrische Formen und Farben dominieren. Zum anderen findet der sich neu entwikkelnde Wohlstand Eingang in die Werbung. Das Vorbild Amerikas löst eine Konsumwelle aus. Sentimentalität und Sehnsucht nach der heilen Welt dominieren die Reklame und entsprechen damit der Vergangenheitsverdrängung der Nachkriegszeit. Mit dem Einzug des Fernsehens in die Haushalte kommt prominenten Sympathieträgern in der Werbung eine immer größere Bedeutung zu.

Während der sechziger Jahre läßt sich in der Werbung eine Trendwende beobachten. Die Rekonstruktionsphase in der Bundesrepublik Deutschland nach dem Zweiten Weltkrieg ist vorüber, der unmittelbare Bedarf gedeckt, die Grundbedürfnisse sind befriedigt, und die Nachfrage nach langlebigen Konsumgütern geht zurück. Die Werbung muß sich andere Strategien überlegen, um ihre Produkte verkaufen zu können. Emotion und Lifestyle werden wichtige Begriffe in einer Überflußgesellschaft, in der mit industriellen Erzeugnissen nun ein Lebensstil verkauft werden soll. Das Leben wird von seiner positivsten Seite gezeigt. Statussymbole werden wichtig in einem Land, in dem sich jeder (fast) alles kaufen kann. Mercedes-Benz beginnt mit der Produktion des 600er Modells, durch seine Größe, seinen hohen Preis und den immensen Benzinverbrauch Symbol der Verschwendung – und doch als Limousine sozial hochgestellter und prominenter Persönlichkeiten ein ausgezeichneter Werbeträger für alle Produkte der Stuttgarter Firma (Abb. 238). In einer Gesellschaft, die geprägt ist vom Wandel des ehemaligen Anbietermarkts zum Käufermarkt, müssen zusätzliche Kaufanreize geschaffen werden, um das steigende Warenangebot an Mann, Frau und Kind zu bringen. Materialistische Leitbilder und das Versprechen einer erfolgreichen Selbstdarstellung sind Marketingstrategien der Überflußgesellschaft. Es werden ganzheitliche Produktimages entworfen, die einen Lifestyle transportieren sollen. Dieser Entwicklung trägt die Firma Ritter in Waldenbuch Rechnung. Zwar hatte das Unternehmen bereits seit den dreißiger Jahren das charakteristische Schokoladenquadrat verkauft, doch erst durch den grundlegenden Ernährungswandel der Überflußgesellschaft war ein verändertes Image des überflüssigen Dickmachers immer wichtiger geworden. Mit dem Werbeslogan »Quadratisch, Praktisch, Gut« wird das Lebensgefühl einer Freizeitgesellschaft beschrieben, in welcher der Genuß von Schokolade nichts Außergewöhnliches, keinen Luxus mehr darstellt, sondern das Produkt zum Energieträger und zum Begleiter des aktiv-sportlichen und spontanen Menschen geworden ist. »Parallel zu den Tendenzen der Liberalisierung und Individualisierung der Gesellschaft (erfolgt) eine Demokratisierung des unbeschwerten, für jedermann erfüllbaren Genusses.«[34]

Die gesellschaftskritische Bewegung Ende der sechziger Jahre nahm auch die Werbung in ihren Blick. Führende Theoretiker wie Max Horkheimer und Theodor W. Adorno prangerten die Werbung als Manipulationsmittel an, das den Menschen von der sozialen Wirklichkeit entfremde und anstelle der echten Bedürfnisse »falsche Bedürfnisse« setze. Als Antwort auf den darauf folgenden Imageverlust der Werbebranche gründet die Werbeindustrie 1972 den Deutschen Werberat als Beschwerdeinstanz für Verbraucher, der das öffentliche Bild der Werbung

wieder aufpolieren soll. Die Firmen beginnen einen eigenen Unternehmensstil zu entwickeln, der Erscheinungsbild und Produkt zu einer Einheit verknüpfen soll. Inhaltlich konzentrieren sich die Werber immer mehr auf jugendliche Kunden; Freizeitindustrie und Umweltschutz werden zu neuen Themenschwerpunkten. Vergleichbar mit der sachlichen Werbung der Dreißiger erproben einige Firmen das »advocacy advertising«: Mercedes beginnt beispielsweise in seiner Werbung einen »sachlichen« Dialog mit seinen Kunden, versorgt diese mit »objektiven« Informationen, ohne dabei die Vorteile des eigenen Produktes zu vergessen.
In den letzten zwanzig Jahren ist eine steigende Akzeptanz der Werbung in der Gesellschaft zu beobachten. Sie verliert das Negativimage, gegen das sie in sechziger und siebziger Jahren noch zu kämpfen hatte. Der Stellenwert des Unternehmensmarketings ändert sich. Reagierten Firmen vorher auf gesellschaftliche Trends, versuchen sie jetzt, diese mitzugestalten. Marketingstrategien werden entworfen, die nicht nur Print-, Rundfunk- und Fernsehwerbung beinhalten, sondern auch gesellschafts- und kulturpolitische Initiativen, Lobbying, die Veranstaltung von sogenannten Events und vieles mehr. In einem weitgehend übersättigten Markt werden Produkte über Lebensgefühl, Stile, Produktpersönlichkeiten sowie über emotionale und soziale Mehrwertversprechen abgesetzt. Mit Gründung der Privatsender ist die Werbung mehr denn je zu einem Faktor der Alltagskultur geworden (Abb. 239).

239 Eine relativ neue, von den privaten Sendeanstalten ins Leben gerufene Werbestrategie ist die Förderung einzelner Fernsehsendungen durch Wirtschaftsunternehmen. Die Baden-Württembergische Bank präsentiert beispielsweise jeden Abend im Rahmen der regionalen Nachrichten das Wetter im Land.

240 Die Sammlung der Mundharmonika-Verpackungen repräsentiert eine Auswahl der Themenbereiche, denen die Produkte der Firma Hohner zugeordnet wurden, sowie die unterschiedlichsten Regionen, in die Harmonikas aus dem Schwarzwald exportiert wurden.

Doch der Entwurf eines gesamten Werbesystems, das über die Nutzung herkömmlicher Reklamemittel wie Anzeige und Plakat hinausgeht, ist keine so moderne Entwicklung, wie es auf den ersten Blick scheinen mag. Bereits zur Jahrhundertwende haben Firmen in einem immer größer werdenden Markt versucht, ihren Produkten ein einzigartiges Image zu verleihen und unter Einsatz unterschiedlichster Mittel den Kaufanreiz zu vergrößern. So wurde nicht nur mit dem Produkt selbst, sondern auch mit dessen Verpackung geworben. Bereits Ende des letzten Jahrhunderts entwickelte die Firma pen, Tierarten, Theaterstücke oder prominente Persönlichkeiten (Abb. 240). Die musikalischen Eigenschaften standen nicht mehr unbedingt im Vordergrund, das Instrument konnte auch als Schmuckstück gekauft und gesammelt werden. Zudem war es der Firma durch die Modell- und Verpackungsvarationen möglich, sich der Veränderung des Massengeschmacks relativ schnell anzupassen. Indem jeder Harmonika ein Thema zugeordnet wurde, bekam das Instrument einen individuellen Charakter, ein bestimmtes Image. Dadurch war es dem Käufer möglich, zu dem vormals anonymen Massenprodukt eine per-

241 Die Firma Knorr gab 1913 drei Serien Reklamemarken heraus. Eine davon bildet württembergische Uniformen von 1813 ab. Erhältlich waren diese nur gegen die Einsendung von Knorr-Verpackungen und Gutscheinen, die Knorr-Produkten beigelegen hatten.

Hohner verschiedene Verkaufsstrategien, eine davon war die Produktdifferenzierung. Dabei wurden die Harmonikas nicht nur in ihrer Technik unterschieden, sondern auch nach ästhetischen und symbolischen Gesichtspunkten variiert. Die Instrumente wurden verschiedenen Themenbereichen zugeordnet und auf unterschiedlichste Zielgruppen hin konzipiert; heute nennt man diese Vorgehensweise kundenorientiertes Marketing: Es gab Harmonikas mit Bezug auf unterschiedliche Regionen, Berufsgrupsönliche Beziehung zu entwickeln, was sich zu einer Sammelleidenschaft ausweiten konnte.

Zu Sammelobjekten wurden auch weitere Werbemittel aus den Anfangszeiten der Industriereklame. Als die Postverwaltungen 1870 anstatt des althergebrachten Siegellacks Klebemarken als Briefverschluß einführten, schlug die Stunde der Reklamemarken. Trugen die neuen Siegelmarken zunächst nur Wappen und Initialen von Ämtern, ließ man bald schon Firmenstempel darauf prägen. Das »Werbeplakat en miniature«[35] war geboren, als man diese Stempel mit Zeichnungen oder Bildern firmeneigener Produkte ergänzte (Abb. 241). Auf diese Weise kam die Werbung zu jedermann ins Haus und informierte den Konsumenten über die neuesten Produkte und Entwicklungen auf dem Markt. Analog zu den großen Werbeplakaten wurden auch bei den Reklamemarken Entwürfe nicht selten an Künstler vergeben. Wie die Briefmarke, der die Reklamemarke in ihrer Gestalt weitgehend ähnelte, hatte auch die Werbemarke eine Sammelwut ausgelöst, die dazu führte, daß bereits 1912 die erste Propagandamarken-Ausstellung in München stattfand. Mit Ausbruch des Zweiten Weltkriegs verschwanden die bunten Bildchen von den Briefen.

242 Knorr Sammelbilder zu Volksliedern.

Einen ähnlichen Zweck wie mit den Reklamemarken verfolgten die Unternehmen mit der Herausgabe von Sammelbildern. Fast zeitgleich kommt dem Begründer der Kaufhauskette »Au Bon Marché« in Paris und dem deutschen Industriellen Justus von Liebig die Idee, zur Verkaufsförderung mit ihren Produkten kleine Bilder zu verteilen. Diese Werbemethode findet bei der Kundschaft so großen Anklang, daß bald auch andere Firmen ihren Erzeugnissen solche Reklamesammelbilder beilegen. Mit der Herausgabe dazugehöriger Alben wird die Sammelleidenschaft noch gesteigert. Neben ihrer Bestimmung als Werbemittel ist den Reklamebildern eine weitere Absicht der Firmen zu entnehmen, nämlich den Käufer mit Informationen zu versorgen, an die er vielleicht sonst mangels Buchbesitzes nicht herankam. Die Firma Knorr brachte um die Jahrhundertwende die Serie »Schiller's Leben« heraus, die Stationen im Leben des schwäbischen Dichters zeigte. In einer früheren Reihe werden Volkslieder illustriert und die ersten Takte mit Musiknoten wiedergegeben. Weitere Inhalte sind Bismarcks militärische Erfolge, in- und ausländischer Sport sowie Brauchtum (Abb. 242, 243). Auf diese Weise deckte das Unternehmen ein großes Spektrum an Themen ab, versorgte den Konsumenten mit Informationen zur (Heimat-)Geschichte, zu heimatlichen Gebräuchen und regionalem Liedgut sowie zur Freizeitgestaltung anderer Nationen. Selbst heute noch erfreuen sich Sammelbilder, die Frühstücksaufstrichen und Verpackungen von Süßigkeiten beigelegt werden, vor allem bei Kindern großer Beliebtheit.

Die Firma Knorr hat neben Reklamemarken und Sammelbildern noch weitere Werbestrategien verfolgt. 1909 baute die Heilbronner Firma ein Prämiensystem auf, bei dem durch die Einsendung einer bestimmten Anzahl von den Produkten beigelegten Gutscheinen unterschiedli-

243
Knorr-Sammelbilder zu Friedrich Schillers Leben.

che Haushaltsgegenstände erworben werden konnten. Eine ähnliche Werbepraktik wendet Knorr rund fünfzig Jahre später an, als der Hersteller seinen Haferflocken für Kinder Miniaturspielzeug beilegt.
In den dreißiger Jahren brachte das Unternehmen ein Büchlein heraus, in dem das in Schwaben bekannte Volkslied »Zwischen Cannstatt und Stuttgart, da steht ein Tunnel…« mit mundartlichen Einschlägen zur Suppenwürfel-Hymne umgedichtet wurde:

»Hab Sonne im Herzen,
obs stürmt oder schneit,
und Knorrox im Rucksack
halt immer bereit.
Das Land der Schlaraffen,
das denk ich mir fein,
aus dampfenden Quellen
man Knorrox schenkt ein.
A Wurscht hat zwei Zipfel
un a Knorr-Erbswurscht au,
drum ka' mer die Erbswurscht
als Wurscht gelte lau.«

Weitere Werbemittel des Heilbronner Unternehmens sind Postkarten mit Produktmotiven und die Herausgabe eigener Kochbücher, die den Firmenerzeugnissen die passenden Rezepte beigaben. Auf vielfältige und originelle Art hat die Firma Knorr ein Vermarktungssystem aufgebaut, das in umfassender Weise versuchte, den Konsumenten für sich zu werben.
Auf einige wenige Standbeine der Werbung wollte sich auch die Firma Hohner nicht verlassen. Um ihre Instrumente weiter populär zu machen, wurde 1927 in Trossingen das Hohner-Handharmonika-Orchester gegründet, das den Grundstein legte für eine ganze Welle von Orchestergründungen in Deutschland und das Akkordeon zum beliebtesten Instrument dieser Zeit machte. Es wurde eine Fachzeitschrift herausgebracht und 1931 eine firmeneigene Musikschule gegründet, das Hohner-Konservatorium, das noch heute besteht. Zudem richtete man noch im gleichen Jahr einen Verlag ein, der Noten für die Handharmonika druckte. Auftritte von Akkordeon-Virtuosen im Fernsehen und Tourneen des Hohner-Orchesters steiger-

ten zusätzlich die Popularität des Unternehmens.
Wie sich anhand manigfaltiger Beispiele zeigen ließ, sind sich Unternehmen schon sehr früh der umsatzsteigernden Wirkung von Reklamemaßnahmen bewußt geworden. Doch trotz der ständig zunehmenden Bedeutung von Werbung und ihrer Entwicklung zu einem Teil unserer Alltagskultur hat man sich aus historischer Sicht bisher wenig mit diesem Phänomen befaßt. Und auch mit der Kennzeichnung der Werbung als Kunst tut sich mancher schwer. Ein Grund für diese distanzierte Haltung ist sicherlich das schlechte Image, das den »geheimen Verführern« seit den fünfziger Jahren anhaftet, sowie die Anprangerung der illusionären Bilderwelt durch die intellektuelle Werbekritik der Sechziger und Siebziger. Zudem war der Kunstbegriff in Deutschland lange Zeit bestimmt durch die von Immanuel Kant 1790 in seiner »Kritik der Urteilskraft« definierte Trennung des Zweckmäßigen vom Zweckfreien und damit Schönen. In dieser Definition, die sich bis ins 20. Jahrhundert als Maßstab des sogenannten »Guten Geschmacks« behaupten konnte, läßt sich Werbung – die immer einen bestimmten Zweck verfolgt, nämlich ihre Produkte zu verkaufen – nicht unter dem Kunstbegriff einordnen. Doch das Bild von der vermeintlich freien Kunst ist ein Trugschluß. Kunst war immer schon an gesellschaftspolitische Zwecke gebunden und diente nicht selten der öffentlichen Machtdemonstration gehobener Schichten. Künstler stellten sich in den Dienst des Adels oder der Kirche und fertigten Kunstwerke nach den Wünschen ihrer Auftraggeber. Insofern ist auch Werbung Auftragskunst, ja sie kann sogar als Medium angesehen werden, in dem sich die beiden Kategorien der Kantschen Definition miteinander verbinden lassen – nämlich dann, wenn in ihr das Zweckmäßige mit dem Schönen verschmilzt.
Dem bildungsbürgerlichen Kulturbegriff steht eine »populäre Kultur«,[36] eine Volkskultur, gegenüber. Diese beruht im Zeitalter der Industrialisierung auf den durch eine massenhafte industrielle Produktion von Gebrauchsgütern geschaffenen Bedingungen und ist aufs Engste mit dem Aufstieg einer neuen Mittelschicht verknüpft. In ihr erfährt Werbung eine breite Akzeptanz, ihre zu Anfang von den kulturellen Eliten noch abgelehnte Ästhetik verbreitet sich zunächst in den konsumfähigen neuen Mittelschichten und dehnt sich schließlich auf eine nahezu gesamtgesellschaftliche Ebene aus. Werbung als Spiegel einer Kultur der Massen ist in ihrer Funktion als Mittler zwischen Produktion und Konsum zur Massenkultur geworden. Alltag und Ästhetik, Industrie und Kultur sind in ihr eine Synthese eingegangen, die seit den Anfängen der Industrialisierung Bestand hat. Die Werbung ist heute »zur öffentlichsten aller mit künstlerischen Mitteln hergestellten Darstellung menschlicher Belange geworden.«[37]
Produktdesign, Markenzeichen und Werbung sind die Mittel, mit deren Hilfe sich ein Unternehmen die gesellschaftliche Akzeptanz seiner Produkte zu verdienen und zu erhalten versucht. In einer Gesellschaft, deren Grundbedarf gedeckt ist, übernehmen sie die Aufgabe, beim Konsumenten latente Bedürfnisse zu wecken. Sie nehmen Einfluß auf die öffentliche und private Umwelt, prägen diese, müssen sich aber ihrerseits gleichzeitig den sich ständig ändernden Bedingungen der Gesellschaft anpassen. Die Warenwelt und mit ihr die Industrie haben Eingang in die Alltagskultur gefunden und diese neu geformt. Werbung und Produktdesign reflektieren den Zeitgeist und wirken geschmacksbildend. Der Markenartikel ist zu einem Mittel sozialer Differenzierung und Standortbestimmung geworden. In einer Welt, die gekennzeichnet ist durch die Bilderflut moderner Medien, sind Design, Markenzeichen und Werbung Ausdrucksformen der modernen visuellen Kultur und Werke der Alltagskunst. In ihnen dokumentiert sich ein Stück Wirtschafts-, Alltags-, Sozial- und Kulturgeschichte.

Die Industrie in Malerei und Grafik

Die Industrielandschaft

Kunst und Technik gehen über weite Strecken der Geschichte gemeinsame Wege. Die Malerei und die Bildhauerkunst der Renaissance sind aus dem sich entwickelnden technischen Bewußtsein der frühen Neuzeit hervorgegangen. Die Rezeption der Antike von Künstlern wie Filippo Brunelleschi (1377–1446), Leon Battista Alberti (1404–1472) und Leonardo da Vinci (1452–1519) schuf die Grundlage, die die Mathematik zum gemeinsamen Werkzeug der Künste und der Wissenschaft erklärte, und bereitete damit das technische Zeitalter, die Moderne, vor. Die Erkenntnisse von Galileo Galilei (1564–1642), Johannes Kepler (1571–1630) und Isaac Newton (1643–1727) bahnten die Trennung von Wissenschaft und Kunst an, die mit der beginnenden industriellen Revolution Ende des 18. Jahrhunderts offensichtlich wird. Die technische Entwicklung, die Industrialisierung und die Massenproduktion werden von da an zwar zu einem Thema der Bildenden Kunst, werden durch Malerei und Plastik interpretiert und dargestellt, die Technik aber erobert und verändert die Welt zunächst weitgehend ohne künstlerische Bindungen.

Im Laufe der ersten Hälfte des 19. Jahrhunderts vermitteln die Ideen der Aufklärung ein neues Bild vom Menschen. Das Bewußtsein einer individuellen Existenz wie auch die Reflexion des Verhältnisses zur Umwelt, zur umgebenden Natur, spiegelt sich in der Bildenden Kunst. Die Landschaft gewinnt an Bedeutung, nicht mehr idealisierte, sondern real existierende Landschaftsausschnitte wurden gemalt. Industriemotive und Menschen aus der industriellen Arbeitswelt erschienen aber den meisten Malern nicht als darstellungswürdig und wurden allenfalls in die zweitrangige Genremalerei eingebunden.

Ausnahmen bildeten Maler wie Karl Blechen und Alfred Rethel, die aus der subjektiven Optik der Romantik in den dreißiger und vierziger Jahren die ersten Fabrikbilder ausführten. Rethels »Harkortsche Fabrik auf Burg Wetter« und Blechens »Walzwerk Neustadt-Eberswalde«, beide von 1834, verbinden die alte und neue Zeit. Sie schaffen einen neuen Typus »Fabrik als Burg« und binden ihn fest in die Landschaft ein mit der klassischen Stufung von Vorder-, Mittel- und Hintergrund. Die Natur bleibt weitgehend ungestört, nur ein Kamin raucht, die Menschen scheinen in den Arbeitsprozeß kaum eingebunden. Vor dem Walzwerk treiben Fischer unbeteiligt ihr Handwerk, auf der Burgruine Wetter erscheinen gutgekleidete Herren mehr als Zuschauer, als Staffage, selbst die wenigen »Schaffenden« tragen Hut und Mantel. Deutlich wird bei der Darstellung der Fabriken als »romantische« Burgen die Bindung der ersten Industriebilder an die überlieferten Macht- und Herrschaftsstrukturen. Säkularisierte Klöster und Kirchen wie auch Burgruinen wurden nach 1803 häufig industriellen Funktionen zugeführt – in Württemberg und Baden zum Beispiel eine Spinnerei und Weberei im Kloster St. Blasien, eine Gewehrfabrik im Augustinerkloster in Oberndorf. Als Ausdrucksträger von Kraft und Macht übernehmen die Schornsteine die Funktion der alten Türme, wetteifernd werden sie immer höher gebaut, damit den Eifer der Bischöfe und Stadtgemeinden bei Kirchturmhöhen aufnehmend, wie auch die frühe Industriearchitekur Bauformen und -stile vom Burgen-, Schloß- und Kirchenbau übernahm.

Die verzögerte Industralisierung in Württemberg und Baden erfaßte zunächst vor allem die vorindustriellen Handwerksbetriebe: Papier- und Zementmühlen, Webereien und Spinnereien. Eine frühe südwestdeutsche Darstellung von 1843 zeigt die Baumwollspinnerei und Weberei Arlen bei Rielasingen am Hohentwiel. Die Gouache des Schaffhausener Malers Jakob Eggli (Abb. 244) ist in erster Linie ein Landschaftsbild. Ein breiter Weg führt vorbei an einer auf einem Hügel stehenden Kapelle über einen be-

244 Baumwollspinnerei und Weberei Arlen bei Rielasingen am Hohentwiel, Jakob Eggli, 1843.

laubten Abhang in den weiten Mittelgrund. Dort steht zentral das große Fabrikgebäude der Spinnerei und Weberei, umgeben von einer kleinen Siedlung. Im Hintergrund erscheinen die Vorgebirge der Alpen. Eindeutig ist die Darstellung der Landschaft vorrangig, die Funktion der Fabrik erschließt sich keinesfalls aus dem Gemälde. Statt Arbeitern sieht man eine ganze Anzahl eher sonn- und feiertäglich gekleideter Menschen, die Wasser holen oder spazierengehen. Industrie und umgebende Landschaft werden zu einer neuen Einheit gebracht. Dem Betrachter wird eine idyllische Atmosphäre geboten, die Industrialisierung romantisch überhöht, wie es auch die Zementmühle am Blumenschein vor dem Blaubeurer Tor in Ulm um 1850 (Abb. 245) zeigt. Die wenigen Arbeiter wirken mehr als Staffagen ohne direkte Beziehung zur Fabrik. Rechts grasen Rehe und im Vordergrund steht ein Angler, die natürliche Ordnung der Landschaft wird durch die Industrialisierung nicht gestört.

Im Verlauf der zweiten Hälfte des 19. Jahrhunderts schreitet im südwestdeutschen Raum die industrielle Entwicklung rasch voran. Die Unternehmer lassen voller Stolz ihre mächtigen Fabrikanlagen als Auftragsarbeiten malen. Eisenhütten und Fabrikanlagen werden dabei als Bestandteil der Landschaft gleichsam porträtiert. Meist aus der Vogelperspektive geht es dabei um eine nüchtern sachliche Bestandsaufnahme, die die Maler, wie Fotoreporter bemüht um dokumentarische Genauigkeit, schildern.

Die Ansicht der Baumwollspinnerei und Weberei Kuchen, 1862 gemalt von dem in Stuttgart lebenden Zürcher Maler Caspar Obach

245 Zementmühle am Blumenschein vor dem Blaubeurer Tor in Ulm, um 1850.

(Abb. 119), beherrscht jetzt den Vorder-und Mittelgrund, die bildmäßige Bedeutung der Landschaft ist zurückgedrängt, nur die genaue Topographie ist wichtig, das Dorf Giengen mit Hohenstaufen, Staufeneck und Rechberg sind deutlich zu erkennen. Fortschritt vorweisend durcheilt die Ebene ein langer Güterzug. Sicher vom Auftraggeber so gefordert, erscheint die Fabrikantenvilla, von einem renommierten Zürcher Architekten erbaut, zwischen den Schornsteinen in einem ausgedehnten Park mit Springbrunnen und Pavillon. Im Vordergrund stehen die ersten Gebäude der Arbeitersiedlung, Zeugnis des sozialen Engagements des Unternehmers. Auf dem Reitplatz rechts ist der Fabrikherr selbst mit seinem Schimmel dargestellt; Arnold Staub war als passionierter Reiter und eifriger Jäger bekannt.

1905 gibt die Firma Lanz den Auftrag für eine Darstellung ihres Unternehmens (Abb. 246). Im Mittelpunkt ragt als Wahrzeichen der Firma der Turm mit dem Firmennamen auf. Darum gruppieren sich kreisförmig die Fabrikgebäude mit zahlreichen, demonstrativ rauchenden Fabrikschloten. Im Hintergrund erstreckt sich nur ein schmaler Landschaftsstreifen, fast die Hälfte des Bildes wird von einem verhangenen Himmel bedeckt. Die Fortschrittlichkeit des Unternehmens demonstrieren Elektromasten, -kabel und dampfende Fabrikbahnen, die bewußt in starkem Gegensatz zu dem zu dieser Zeit noch alltäglichen Beförderungsmittel des Pferdefuhrwerks, links im Bild, stehen.
Die industrielle Wirklichkeitserfahrung führte schon Ende des 19. Jahrhunderts zu einer ambivalenten Auseinandersetzung der Künstler mit

246 Fabrikgelände der Firma Lanz in Mannheim, 1905.

247 Fabrikstadt, Wilhelm Laage, 1917.

der Technik. Neben die Faszination der immer zahlreicher werdenden technischen Neuerungen, die sich immer mehr ausbreitende Industrialisierung trat eine ablehnende Haltung gegen die dadurch hervorgerufene Inanspruchnahme des Menschen und das Eindringen in sein Leben. Landschaften veränderten sich durch die Industrie, bekamen ein neues Gesicht; Menschen wurden in einer neuen Art als Arbeiter gefordert und veränderten sich ebenfalls. Die Künstler haben dies mit einer besonderen Sensibilität wahrgenommen und ein individuelles Verhältnis zur Industrie entwickelt, sachlich-beobachtend, dynamisch, verhalten bejahend oder kritisch distanzierend.

Die Darstellungen der ersten Fabrikanlagen des 19. Jahrhunderts als Panoramabilder werden zunehmend durch ausschnitthafte und kritisch überdachte Industrielandschaftsbilder ersetzt. Das Panoramabild hatte zunehmend eine ganzheitliche Wirklichkeitserfahrung vorgetäuscht, die mit der fortschreitenden Industrialisierung

248 Stillgelegte Fabrik, Rudolf Schlichter, 1932.

verloren ging. Der harmonische Gesamteindruck einer mit der Natur verbundenen, in sie hineingebetteten Industrie bzw. der Fabrikanlagen war in Auflösung begriffen, ein flüchtiger, stets wechselnder visueller Eindruck, hervorgerufen durch schnelle Fortbewegungsmittel wie etwa die Eisenbahn, eröffnete neue Seherfahrungen. Die porträthafte Wiedergabe wurde zusehends von der »schnelleren« Fotographie wahrgenommen, die sich auch besonders für dokumentarische Momentaufnahmen eignete.
1917 malte Wilhelm Laage Reutlingen als »Die Fabrikstadt« (Abb. 247). Von einer Fensterbank aus geht der Blick über einen Stadtausschnitt, der von rauchenden Schornsteinen zahlreicher Fabriken bestimmt ist. Vorwiegend dunkle Rauchwolken bewölken den hochgezogenen Horizont, der sonst nur durch einige Höhenzüge gegliedert ist. Einige wenige Pflanzen im Vorder- und Mittelgrund zeugen von der natürlichen Umgebung der Häuser. Das die Stadt überspannende Dächermeer zeigt, daß die Stadt, und damit das Leben in der Stadt, von der Industrie beherrscht wird.
Der 1890 in Calw geborene Rudolf Schlichter hat sich nur selten mit Industrielandschaften beschäftigt. Die »Stillgelegte Fabrik« von 1932 (Abb. 248) ist eins der wenigen Gemälde, auf denen der Gegensatz zwischen der Natur und den sie bedrohenden Kräften thematisiert wird. Eine Industrieruine, die aus einer Ansammlung verschiedener Gebäude besteht, liegt vor einer sanft ansteigenden Hügellandschaft. Ohne Horizont werden Häuser und Lagerhallen zu einem verschachtelten Block zusammengedrängt, dessen Dachformen mit der wellenartig ansteigenden Landschaft kontrastieren. Aus Schlichters Autobiographie ist bekannt, daß er sich schon früh mit dem Maler und Architekten Paul Schultze-Naumann auseinandergesetzt hat, der die Umweltausbeutung durch Naturschutz und Heimatpflege zu harmonisieren suchte. Schlichter setzt ihm eine radikale Zivilisationskritik entgegen, und zeigte, daß seine Bemühungen zum Scheitern verurteilt waren »in einer Zeit, die drauf und dran war, den Begriff der Heimat vollends zu verflüchtigen und deren anarchische Produktionsmethoden den Menschen zum heimatlosen, jederzeit verpflanzbaren Roboter gemacht hatten«.[1]

Die Arbeitswelt

Auf der anderen Seite führte die zunehmende Verstädterung und Technisierung zu einem neuen Interesse am Landleben, einem Teil der Welt, der scheinbar noch im Einklang mit der Natur stand. Die Sehnsucht nach der Lebenswelt der Bauern, fälschlicherweise von den Bürgern in ihrer Freizeit und in der Sommerfrische als idyllisch erfahren, wurde durch Abbildungen kompensiert. Die Künstler malten die Wirklichkeit des bäuerlichen Lebens dabei bewußt in Auszügen; losgelöst von dem eigentlichen Tagesablauf werden die Landleute eher in der Freizeit, die Kinder meist spielend dargestellt. Theodor Schüz zeigt im »Mittagsgebet bei der Ernte« von 1861 (Abb. 249) sauber gekleidete, ausgeruhte Menschen, denen man die harte Arbeit der Ernte nicht ansieht, in einem weiten Landschaftsausschnitt. Diese Formulierung, verbunden mit der Farbenwahl, den Lichtverhältnissen und der Figurenanordnung schafft eine lyrische, romantische Stimmung. Die harte bäuerliche Arbeit kommt in seinen Gemälden selten vor und wenn, dann nur als »die gesunde Arbeit auf dem Felde an der frischen Luft«.[2]
Christian Mali hat mit der »Dreschmaschine im Dorf von 1880« (Abb. 250) eines der wenigen Bilder aus der Zeit gemalt, auf denen der Einsatz der Dampfmaschine in der Landwirtschaft dargestellt wird. Erst ab 1879 wurden bei Heinrich Lanz in Mannheim die ersten Dampfdreschmaschinen hergestellt. In Geschäftsrundschreiben und Katalogen hob Lanz den Nutzen gerade der Maschinen im landwirtschaftlichen Bereich

249 Mittagsgebet bei der Ernte, Theodor Schüz, 1861.

hervor und sorgte damit für eine relativ rasche Verbreitung. Für die Menschen bedeutete der Maschineneinsatz zunächst eine ungeheure Arbeitserleichterung, die im Bild festgehalten ist, obwohl die schwere körperliche bäuerliche Arbeit damit natürlich nicht beendet, sondern nur auf andere Betätigungsfelder verlagert worden war. Im Gemälde überwiegt aber der Eindruck einer unbeschwerlichen Arbeit in einer sonnendurchstrahlten Landschaft.

Der Tübinger Universitätszeichenlehrer Heinrich Seufferheld behandelt das Thema des Einbruchs der Technik in das ländliche Idyll in der Radierung »Dreschmaschine« von 1917 (Abb. 251) kaum kontrastreicher. Nur schwach stört die unter einem schützenden Scheunendach postierte Dampfmaschine die ländliche Ruhe. In der von Rauch eingehüllten Zone ist allerdings der Gegensatz zu dem ruhigen, statisch wirkenden Ausblick auf die Burg Weinsberg doch graphisch herausgearbeitet und die Bewegungen der Arbeitenden sind deutlich von der Maschine diktiert. Die Ausdrucksmittel geben freilich nur einen Bruchteil der tatsächlichen Belastung von Umwelt und Mensch wieder. Immer noch sind die Landwirtschaft, das Dorf ein Fluchtpunkt für die Sehnsucht der Großstädter, vermitteln immer noch die heile Welt des Unveränderbaren.

Die alles überwuchernde Großstadt galt als Sitz des Übels, das Profitstreben dort als Ursache für die stärker werdenden sozialen Spannungen. Seufferheld hat diese »Zustände« allegorisierend in der Radierung »Götze« behandelt. Der

250 Dreschmaschine
im Dorf,
Christian Mali, 1880.

251 Dreschmaschine,
Heinrich Seufferheld, 1917.

252 Der Arbeitslose, Otto Dix, 1920.

Götze Mammon sitzt beherrschend und selbstgefällig auf einem Geldsack. Ihm ist eine Industriedarstellung zugeordnet. Als Gegenpol erscheint rechts im Bild die natürliche Umwelt, eine nackte Frau und ein Flötenspieler, eingebettet in üppig wuchernde Natur.

Im Gegensatz zu der romantisch verklärten Arbeit der Bauern und Handwerker auf den Dörfern stand die Fabrikarbeit. Schon relativ frühzeitig haben sich Künstler der Darstellung des Fabrikalltags angenommen. Berühmt ist Adolph von Menzels »Eisenwalzwerk« von 1834, das zum erstenmal das Interieur einer großindustriellen Anlage freigelegt und realistisch sichtbar gemacht hat.

Die Darstellung des Websaals des Spinnerei- und Webereibetriebes in Kuchen von 1862 zählt zu den frühesten Bildzeugnissen vom Innenleben eines Industriebetriebes im südwestdeutschen Raum. Leider hat sich nur ein koloriertes Photo (Abb. 38) nach einem verschollenen Aquarell Caspar Obachs erhalten. Der Saal wurde »Europasaal« genannt, da er mit über 400 mechanischen Webstühlen angeblich der größte Websaal Europas war; 1988 brannte das Gebäude, in dem er einst untergebracht war, ab. Realistisch schildert der Künstler die für damalige Zeiten moderne Halle, die durch die vielen hohen Fenster gut belüftet und ausgeleuchtet werden konnte. Sauber erscheint alles, sauber und exakt sind die Webstühle in zweimal vier Reihen mit einem breiten Mittelgang ausgerichtet. Angesichts der Anzahl der Webstühle arbeiten verhältnismäßig wenige Menschen, die Arbeit scheint nicht allzu schwer zu sein, einige halten sogar einen kleinen Schwatz. Stolz präsentiert sich der Firmenchef, Arnold Staub, im Mittelgang in Frack, Fliege und Zylinder, lässig, eine Hand in der Hosentasche, mit einem Vorarbeiter redend.

Solche realistischen, aber kritiklosen Darstellungen der Arbeitswelt betreiben die Maler bis weit in die zweite Hälfte des 19. Jahrhunderts. Erst mit van Gogh beginnt das soziale Bewußtsein, die Kunst zu beeinflussen. Er sah nur noch jämmerliche, ausgemergelte Gestalten durch belgische Kohlereviere ziehen. In Deutschland hat Käthe Kollwitz mit ihrem Radierzyklus »Der Weberaufstand« von 1897 das soziale Gewissen aufgerüttelt. Alles Romantisierende und Allegorische in der Welt der Arbeit in der realistischen Darstellung ist der harten Wirklichkeit gewichen. Anfang des 20. Jahrhunderts nimmt die soziale Kritik in der Bildenden Kunst einen breiten Raum ein. Nach dem Ersten Weltkrieg benennt Otto Dix eine Reihe von Bildern sozialen Inhalts mit Titeln wie »Arbeiter vor der Fabrik«, 1921 und »Der Arbeitslose«, 1920 (Abb. 252). Fast bildfüllend in Nahsicht ist das vorzeitig gealterte Gesicht des Arbeitslosen gezeigt. Umso stärker sind die Folgen des Zustands zu erkennen: schlechte Zähne, verhärmte, abgezerrte Züge mit dem hoffnungslosen Blick ins Leere. Georg Scholz thematisiert den Gegensatz Arm-Reich in seiner Lithographie »Zeitungsträger« (Arbeit schändet) von 1922 (Abb. 253). Ein dicker Reicher in einer Luxuskarosse, eine Zigarre in der Hand, sieht verächtlich durch den Zwicker auf zwei ausgemergelte Zeitungsträger, ein Kind und einen Mann, die mit letzter Kraft die einzige Arbeit, die sie gefunden haben, ausführen.

Willi Baumeister greift dagegen das Verhältnis von Mensch und Maschine in der Zeichnung »Mensch und Maschine« von 1924 (Abb. 254) nur als Metapher auf, die im progressiven, technisch modernen Denken der Zeit positiv gehandelt wurde. In seinem Bild sind Teile des menschlichen Körpers mit konstruktiven, geometrischen Elementen verschweißt, so daß ein neuartiges Bildgefüge – die Menschengestalt als Maschinengestalt – entsteht, das fernab jeder sozialen Denkweise nur ästhetisch wahrgenommen werden will.

In der Großstadt Berlin empfanden die Künstler die in das Leben der Menschen eingreifende Industrialisierung und Technisierung am frühesten und stärksten. In ihren Werken zeigten sie,

253 Zeitungsträger (Arbeit schändet), Georg Scholz, 1922.

daß beide zusammen vor allem zu einer Entfremdung der Individuen führen. Im Dada-Dachatelier Rudolf Schlichters von 1920 (Abb. 255) kommen Aspekte davon zur Aussage. Die Fabrik im Hintergrund, ein Turm und Häuserblöcke bieten den Anblick einer toten Stadt, jeglicher Rest von Natur ist aus dieser Steinwüste vertrieben. Eine Reißschiene, Dreiecke und eine Pyramide auf dem Tisch verstärken noch den Eindruck einer der Technik absolut unterworfenen Welt. Alles wirkt wie erstarrt, zum Teil fehlen den Menschen oder Puppen Gliedmaßen. Es sind »Prothesengötter« der modernen technischen Zivilisation, wie sie später Sigmund Freud in seinem kulturkritischen Essay »Das Unbehagen in der Kultur« beschrieben hat. Wie die leblosen »Manichini« von de Chirico sind sie Verweise auf »den Menschen

254 Mensch und Maschine, Willi Baumeister, 1924.

255 Dada-Dachatelier, Rudolf Schlichter, um 1920.

zersplitternde zivilisatorische Zusammenhänge und die das Leben einschnürende Rationalität«.[3] Von der Angst vor dieser Welt zeugt der Gesichtsausdruck des kleinen Mädchens und die Gasmaske des Mannes rechts im Laborkittel.

Wegmarken der Industrialisierung: Eisenbahn, Elektrizität, Autos, Luftschiffahrt

Oft wurden besondere Ereignisse, eine Erfindung oder eine technische Errungenschaft, zum Anlaß genommen, dem weitverbreiteten Glauben an den Fortschritt Rechnung zu tragen und ihn bildlich umzusetzen. Insbesondere faszinierte die Eisenbahn, die seit der ersten Fahrt einer Dampflokomotive bis ans Ende des 19., ja noch im beginnenden 20. Jahrhundert zu einem wichtigen Motiv der Bildenden Kunst wurde. Das Bild »Ausfahrender Zug aus dem Bahnhof Heidelberg« von J. Schütz von 1842 (Abb. 30) – 1840 war die Strecke Mannheim-Heidelberg als erstes Teilstück der Eisenbahn im heutigen Baden-Württemberg eröffnet worden – zeigt den Heidelberger Bahnhof mit zwei turmartigen Wasserreservoirs und angelagerten Maschinenhäusern. Gut ist die durchgehende Abgrenzung des Bahngeländes durch Lattenzäune erkennbar, welche die neugierigen Zuschauer auf si-

cherer Distanz hält. Stiche und Lithographien vermitteln frühzeitig ein porträthaftes Bild dieser technischen Neuerung; Gemälde findet man im badischen und württembergischen Raum zu diesem Thema erst relativ spät.
Kein deutscher Künstler hat sich vor dem Ersten Weltkrieg mit einer solchen Ausschließlichkeit der Eisenbahn zugewandt wie Hermann Pleuer. Ab 1896 hat er sich vorwiegend der Darstellung des Stuttgarter Hauptbahnhofs angenommen. In Studien und Skizzen mit großer Detailtreue vorbereitet, zeigen seine ausgeführten Gemälde in impressionistisch-realistischer Ausdrucksweise den Bahnhof und die ein- und ausfahrenden Züge, vorzugsweise unter starkem Dampfausstoß. Zu allen Tageszeiten, in der Tageshelle und in der Dämmerung, im trüb-schmutzigen Wetter, im winterlichen Frost, hat er die atmo-

256 Stuttgarter Bahnhof im Sonnenschein, Hermann Pleuer, 1906.

257 Die Eisenbahn nach Reutlingen, Wilhelm Laage, 1908.

sphärischen Stimmungen eingefangen. Den »Stuttgarter Bahnhof im Sonnenschein« von 1906 (Abb. 256) zeichnet eine intensive Farbgebung und ein kräftiger Pinselstrich aus. Licht, Wärme und Sonne durchatmet ihn und zeigt die Freude und den Stolz über den durch die Eisenbahn erschlossenen Handelsplatz Stuttgart.
Wilhelm Laage bietet im Bild »Die Eisenbahn nach Reutlingen« von 1908 (Abb. 257) einen Blick auf Reutlingen vom Rande her, eine Vorstadtbahn und ein Dampfzug begegnen sich. Lediglich die Achalm im Hintergrund und der Turm der Marienkirche lassen eine topografische Zuordnung zu. In breiten Bahnen zerschneiden die Eisenbahngleise das Gelände diagonal, horizontal dazu verlaufen großflächige Gärten und Felder. Die Komposition erinnert an Laages Holzschnittarbeiten, die von japanischen Farbholzschnitten, Vorbild auch für den Jugendstil, inspiriert sind.
Auch Reinhold Nägele faszinierten die Zeichen technischer Zivilisierung, Eisenbahnschienen und Elektrizitätsleitungsdrähte, die als Linien, Strichbündel oder Liniengeflechte in seinen Darstellungen die Landschaft strukturieren. Dem Landschaftsidyll wird jedoch nicht eine naturzerstörende Technik entgegengesetzt, sondern kompositionell eine ornamentale Land-

258 Stuttgarter Bahnhofsvorplatz, Reinhold Nägele, 1926.

schaft, allerdings topographisch aufgefaßt, mit dem »Ornament« Technik vereint, wobei Wert auf den funktionellen Charakter gelegt wird. Die Radierung »Stuttgarter Bahnhofsvorplatz« von 1926 (Abb. 258) zeigt im Hintergrund eine wie eine Kulisse wirkende Stadtlandschaft, vor der sich links die massive Front des rhythmisch gegliederten Bahnhofsgebäudes diagonal in den Raum schiebt. Den großzügigen, fast leeren, nur durch wenige Fahrzeuge und Fußgänger belebten Bahnhofsvorplatz durchzieht ein Geflecht von senkrechten Elektromasten, verschlungenen Elektrodrähten und Straßenbahnschienen.
Das Jahr 1891 markierte in Deutschland den Durchbruch des »elektrischen Zeitalters«. Zum ersten Mal gelang es, Drehstrom ohne größere Verluste von Lauffen am Neckar über 175 km zur Internationalen Elektrizitätsausstellung in Frankfurt am Main zu übertragen.
In einem historischen Ausstellungsplakat Frankfurt 1891 entfesselt die Elektrizität den angeketteten Prometheus. Lichtstrahlen durchdringen das mythologische Dunkel und weisen den Weg in das neue Zeitalter. In vielen Gemälden spielt in der Folge die elektrische Lichtquelle eine große Rolle, vor allem bei Nachtbildern. Bei Reinhold Nägele wird zum Beispiel in der Nachtdarstellung »Vorfrühling Schlierbach« von 1920 Elektrizität durch die von Mast zu Mast gespannten Drähte bildhaft zu den Häusern transportiert, indem die Porzellan-Iso-

259 E-Werk (Abend), Rudolf Schlichter, 1932.

latoren hell in der Dunkelheit erstrahlen und den Weg bis zum erleuchteten Fenster verfolgen lassen. Im »E-Werk« (Abend) Rudolf Schlichters von 1932 (Abb. 259) wird das Elektrizitätswerk in Schlichters Geburtsstadt Calw von innen beleuchtet und dadurch in eine magische, wirklichkeitsentrückte Athmosphäre getaucht. Die Fremdheit des geradezu strahlenden Industriebaus wird durch den scharfen Gegensatz zu den alten, von der Zeit unberührt wirkenden Häusern, deren Fenster verdunkelt sind, betont.

1895 gelang Ferdinand Graf von Zeppelin die erste Konstruktion eines Starrluftschiffes. Die ersten Flüge erregten gleichzeitig großes Aufsehen und Unbehagen. Die explodierende Industrialisierung und die damit am Anfang des 20. Jahrhunderts verbundene Begeisterung für

260 Tote Welt, Rudolf Schlichter, 1920.

den Fortschritt bei gleichzeitiger gesellschaftlicher und kultureller Stagnation verunsicherte nicht wenige Künstler. Lyonel Feininger teilte seiner Frau Julia aus Berlin 1909 mit: »Hier ist kein Weltgeist, sondern Preussentum und Antikunst; gewaltsam abgetöteter Instinkt, Verherrlichung des rein technischen materiellen Wissenschaftlichen.«[4] Um »seine Seele nicht zu verlieren«, wie er sich ausdrückte, versuchte er die neuen technischen Errungenschaften durch eine einfache, bewußt kindliche Malweise zu bewältigen und sie in seinen Erfahrungshorizont einzubauen. »Zeppelin über Neppermin« von 1918 ist ein Beispiel dafür. Riesengroß wirkt das Luftschiff am schwarzen Himmel, das, von der Sonne bestrahlt, das kleine Fischerdorf Neppermin auf Usedom zu bedrohen scheint. Zwei Gestalten schauen zu dem Ungetüm auf, der eine mit abwehrender Haltung. Der kindliche Zeichenstil, vielfach abgesetzte krakelige schiefe Linien, läßt die Fischerhäuser und ihre Umgebung märchenhaft, wie die Behausungen von Zwergenwesen erscheinen, transportiert das Geschehen in eine Scheinwelt.

In den Jahren 1886 und 1887 entwickelten Carl Benz und Gottlieb Daimler die ersten Motor-

261 Reiter auf der Fernstraße, HAP Grieshaber, 1964.

kutschen, die einen lang gehegten Traum der Menschheit erfüllten. Das Auto stand für den Dynamismus der Moderne, insofern es Raum und Zeit erfahrbar machte. Zunächst in der frühen Karikatur, in den in Berlin erscheinenden »Humoristischen Blättern«, »Lustigen Blättern«, »Ulk« um die Jahrhundertwende angegriffen, wie zum Beispiel in Lyonel Feiningers »Hochzeitsreise im Automobil«, 1899, oder mit »Der Rekordwagen der Lustigen Blätter«, 1908, ergriff die Faszination dieses Mediums auch die Künstler. In Malerei und Graphik wurde versucht, eine adäquate Bildsprache zu finden, die den Rausch der Zeit abstrakt und gegenständlich über das Erscheinungsbild Auto erfaßbar machte. Die Futuristen bedienten sich einer dynamisch wirkenden Formsprache rhythmisch wiederholter Formzeichen in komplexer Durchdringung. Spitze Winkel, Splitterformen und Überschneidung verbildlichen die Bewegung im Raum wie Giacomo Ballas »Auto in Fahrt«, 1913. Kurze Zeit darauf wurde die Maschine Gegenstand eines ästhetischen Interesses, die abstrakte Darstellung von Bewegung, der Mechanik an sich, wurde unter anderem Gegenstand der Dada-Bewegung und der Pittura metafisica.

Das Aquarell Schlichters »Tote Welt« von 1920, (Abb. 260) führt den Betrachter an eine städtische Straßenkreuzung, die von Häuserausschnitten begrenzt wird. Zwei bürgerlich gekleidete Herren, ein antiker Torso und ein Pferd sind ohne Bezug zueinander zu Posen erstarrt, Pferd und Automobil, Symbole von Bewegung und Geschwindigkeit in Vergangenheit und Gegenwart, zu Monumenten eingefroren. Die nüchterne und kühl analysierende Darstellung verstärkt das Gefühl des Betrachters, sich inmitten einer durch die zunehmende Industrialisierung entfremdeten Umgebung einsam und verloren zu fühlen.

Aus der Holzschnittfolge »Osterritt« stammt das Blatt »Reiter auf der Fernstraße« von HAP Grieshaber von 1964 (Abb. 261). Grieshaber verarbeitet hier seine eigenen Erfahrungen, die er bei dem Osterritt über die Schwäbische Alb gemacht hat, die Bedrängung des Menschen, der sich traut, sich mit natürlichen Fortbewegungsmitteln zu begnügen, durch den »Moloch« Autoverkehr. Die Autokarossen bedrohen geradezu den Reiter, der sich in ein lineares Liniengerüst zu einer »Silhouette« verdünnisiert, um einen Weg durch die Auto-Gefahr zu finden.

Technikangst und Technikbegeisterung nach 1945

Überwog im 19. Jahrhundert die realistische beschreibende bis euphorisch überhöhende Dar-

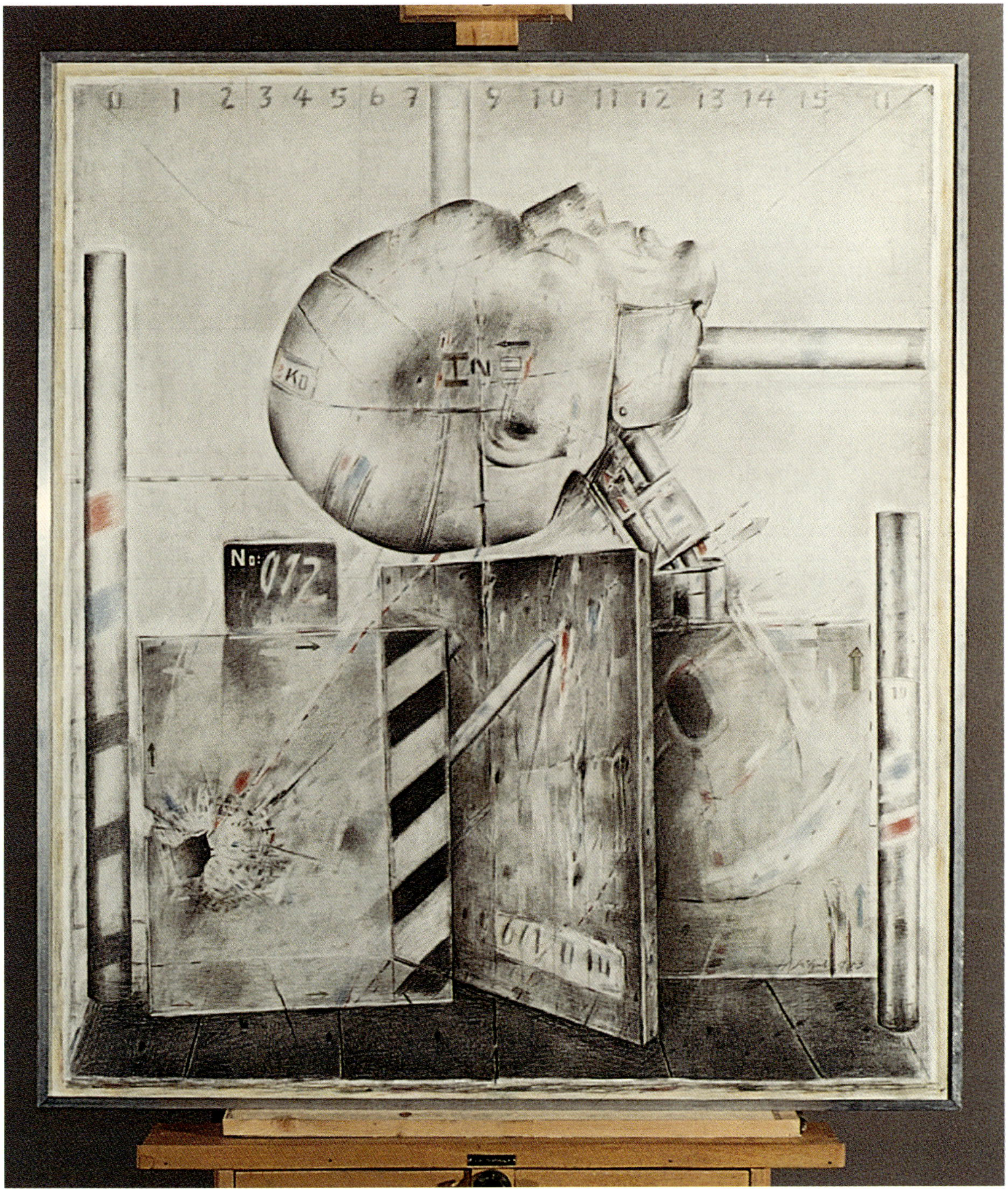

262 Dummy-Test II, Herbert Kitzel, 1973.

stellung der Technik, so wurde im Lauf der Zeit ein kritisches Verarbeiten immer deutlicher. Zusehens stärker griff die Industrialisierung in den menschlichen Alltag ein, sprengte soziale Bindungen, ließ ein neues Klassensystem entstehen, verstärkte den Unterschied von Arm und Reich auf immer dramatischere Weise, veränderte die Umwelt, bedrohte sie und erzeugte Angst.

Seit etwa 1945 überschlagen sich wissenschaftliche Erkenntnisse, pausenlos zu neuen Entwicklungen, neuen Technologien führend, die den Menschen immer mehr in die Welt der Industrie und Technik hineinreißen, ihn in das Räderwerk der industrialisierten Welt pressen. Mondlandung, Tschernobyl, Satellitenfernsehen, Atombombe, Umweltverschmutzung, ICE, Herzschrittmacher sind Schlagworte, die tagtäglich unser Leben beeinflussen, verbunden mit Segens- oder Schreckensmeldungen. Künstler befassen sich mit diesen Informationen, setzen sich mit den Folgeerscheinungen auseinander und beziehen sie in ihre kreativen Prozesse ein. Ihre Reaktionen, die sich in ihren Werken niederschlagen, reichen von Begeisterung über Neutralität bis hin zur Ablehnung. Drei Positionen südwestdeutscher Künstler sollen dies verdeutlichen.

Die Autoindustrie, die von Anfang an die Künstler beschäftigte, hat ihre Anziehungskraft auch nach der dritten industriellen Revolution nicht verloren. Herbert Kitzel hat 1968 das Auto für sich entdeckt und sich dafür begeistert. Die Faszination des Autos, der Rausch der Geschwindigkeit bringt Kitzel zur Beschäftigung mit Grand-Prix-Rennen. In »Rennen I« von 1970 sind Fahrer und Rennwagen angeschnitten; der Fahrer selbst anonym, verborgen unter einem riesigen Helm, eingezwängt in das Rennauto wie ein gefangenes Tier. Ein Dummy sozusagen, ein Opfer unserer Autogesellschaft. In die tödliche Gefahr, so sieht es Kitzel, begeben sich Rennfahrer nicht, um einen Sport auszuüben oder etwas zu erproben, sie fahren und sterben, um uns zu unterhalten. Opfer unserer Autogesellschaft, wie die Dummys, die in den zahlreichen Versuchsreihen der Automobilhersteller ihr »Leben« lassen. Nach selbstgemachten Photos und danach erstellten Skizzen hat Kitzel sich mit den Versuchsanordnungen mit Dummys beschäftigt, sie hinterfragt und in einer Werkreihe gemalt und gezeichnet. »Dummy-Test II« von 1973 (Abb. 262) zeigt technische Details der Versuchsanordnung einschließlich der Versuchsnummer sowie den zerstörten Dummy bzw. nur seinen Kopf. Die deformierte Puppe läßt sich hier als Metapher lesen für das unsinnige Sterben von Rennfahrern oder auch für den Verbrauch des Menschen durch die Konsumgesellschaft.

Werbung ist ein Thema, das die Künstler immer wieder neu zur künstlerischen Auseinandersetzung anregt. Oft haben Unternehmen ganz bewußt Plakate von Künstlern und nicht nur von Werbeagenturen gestalten lassen, wie zum Beispiel Salamander. Auf Werbung allgemein wird in diesem Buch an anderer Stelle näher eingegangen. Einen besonderen Umgang mit der Werbung und der medialen Umwelt, in der die Werbung eine wesentliche Rolle spielt, zeigt Andy Warhol. Er wendet die Methoden der Werbung auf seine Kunst an, und versetzt Alltags-Konsumartikel wie zum Beispiel Autos in die Kunstebene. Er überträgt Siebdrucke nach Photos, meist seriell, mit unterschiedlicher Farbigkeit in derselben Auflage und reflektiert damit das manipulierte Verhalten der modernen Gesellschaft in ihrer dem Konsum verhafteten von der Fortschrittsideologie bestimmten Lebensweise. Aus Anlaß des einhundertjährigen Bestehens des Autos hat er das Statussymbol des deutschen Wohlstands, den »Mercedes Benz« in seinen Serien »Cars« für die Firma Daimler-Benz AG dargestellt. Kultur und Industrie gehen hier eine glückliche Verbindung ein, der Autogeschichte als Jahrhundertereignis wird in den in Einzelbildern isolierten, zu Serien in brillanter Vielfarbigkeit zusammenge-

263 Mercedes-Benz Typ C111 Versuchswagen, 1970, Andy Warhol, 1986.

264 Technoide IV, Otto Mindhoff, 1979

stellten Cars in einem effektvollen Memento Rechnung getragen. Warhols Serie ist reich an Abwechslung, ob Bildausschnitt oder Farbwahl; neben Pastelltönen finden sich Komplementärkontraste und Beschränkung auf die drei Primärfarben. Das »Experimental Vehicle« oder »Versuchswagen« (Abb. 263), 1986 von Warhol gestaltet, zeigt eine neue Entwicklung, welche die Firma 1970 gebaut hat, den Mercedes-Benz Typ C 111. Warhol hat den Wagen mit hochgeöffneten Türen als vier Einzelmotive, in denen der Bildgrund, nicht die Farbe der Karosserien den Gesamteindruck bestimmt, zu einem Bild zusammengesetzt. Die irrealen Farben entmaterialisieren die Autos, zeigen sie ohne Funktion. Eher als Schmetterlinge, vegetabil oder ornamental, als technisch wirkend, werden sie in eine neue ästhetische Ebene gehoben, die dem Auto als Ikone des modernen Menschen gerecht wird.

Die Jugendzeit Otto Mindhoffs, geboren 1932, vermittelte ihm die Faszination der Technik und die Schrecken des Krieges mittels eben dieser Technik. Seine malerische und grafische Metapher des technisch definierten Menschen, des von ihm so genannten »Technoiden« von 1979 (Abb. 264), spiegelt deutlich diesen Widerspruch. Einerseits bedeutet Technik Fortschritt und Überlegenheit, andererseits macht sie sich nach der dritten industriellen Revolution den eigenen Erzeuger untertan, der Mensch wird Teil der von ihm ersonnenen Maschinerie. Der Umraum seiner Bilder ist technisch, meist mit Komplentärfarben angelegt. Ein besonderes Merkmal seiner Bilder ist ein spezielles Blau, das Blau der stählernen Brücken und Kräne, die Eigenfarbe der Technik, ein Werkstoffblau. Der Technoide besitzt einen kolossalen Kopf, die Gliedmaßen sind verkümmert. Die technische Norm nimmt keine Rücksicht mehr auf menschliche Proportionen. Ohne Augen besitzt der Technoide keine Individualität. Der zivilisatorisch-technische Prozeß, der alles vergangene überrollt hat und alles gegenwärtige konditioniert, macht den Menschen zum Objekt. Er zeigt, wie die Maschinen das Verhalten der Menschen bestimmen, nicht umgekehrt. Aber Mindhoff sieht dies ganz realistisch. »Technik ist weder gut noch böse«, sagt er, »ich male keine Programme«.[5]

Anhang

Anmerkungen

Die industrielle Revolution in Baden-Württemberg

1 Georges, K. E.: Kleines Lateinisch-Deutsches Handwörterbuch. Leipzig 1864.
2 List, Schriften, Briefe, Reden. Band III. Berlin 1929, S. 351 f.
3 Boelcke, 1998, S. 85.
4 Ebd., S. 88.
5 Siehe: Schnerring, C. A.: Die Teurungs- und Hungerjahre von 1816–1817. Stuttgart 1916.
6 Köstlin, Christian Reinhold: Wilhelm der erste König von Wirtemberg und die Entwicklung der Wirtembergischen Verfassung vor und unter seiner Regierung. Stuttgart 1839, S. 357.
7 Mohl, S. 103.
8 Zitiert nach Boelcke, 1973, S. 445.
9 Edikt vom 18. November 1817, Regierungsblatt 1817, Beilage I.
10 Hippel 1, S. 585 f.
11 Boelcke, 1992, S. 71 f., 115.
12 Hahn, S. 41.
13 Boelcke, 1986, S. 259.
14 Zitiert nach Boelcke, 1992, S. 72.
15 Mühl/Seidel, S. 32 f.
16 Schmidt, S. 186.
17 Zitiert nach Schmidt, S. 199.
18 Zitiert nach Binder, S. 202.
19 So der Untertitel des Buches von Wolfgang Schivelbusch: Geschichte der Eisenbahnreise.
20 Schmidt, S. 208.
21 Ebd., S. 409.
22 Glaser, 1994, S. 43.
23 Stationen, S. 55.
24 Stier, S. 272.
25 Boelcke, Die Wirtschaft heute, 1992, S. 489.

Infrastruktur: Die Eisenbahn als Träger der Kultur

1 Glaser, 1981, S. 10.
2 List, Schriften, Briefe, Reden, Band III, Berlin 1929, S. 40 f.
3 Glaser, 1981, S. 10.
4 Hippel, 1990, S. 291.
5 Ebd., S. 315.
6 Hammer/Arbogast, S. 13.
7 Hippel, 1990, S. 293.
8 Zitiert nach: Marbacher Magazin 39/1986, S. 94 f.
9 Anastasius Grün 1837, zitiert nach: Bullivant/Ridley, S. 134.
10 Helmholtz, S. 43.
11 Glaser, 1981, S. 23.
12 Klein, Diethard H.: Wie man einst in Schwaben reiste. Mühlacker 1984, S. 414.
13 Hippel, 1990, S. 147.
14 Ebd., S. 145.
15 Fekete, S. 253.
16 Zitiert nach Hammer/Arbogast, S. 7.
17 Ebd., S. 38.
18 Ebd., S. 41.
19 TV Movie, Heft 16/1998.
20 Rudolf, S. 47.
21 Ebd., S. 109.
22 Hippel, 1990, S. 148.
23 Gerber, S. 241.
24 Fekete, S. 249.
25 Hammer/Arbogast, S. 13.

Der Unternehmer

1 Würth, S. 3.
2 Köhle-Hezinger/Ziegler, S. 87.
3 Ebd., S. 142.
4 Ebd., S. 130.
5 Heuss, S. 88.
6 Krauss, S. 26.
7 Ebd., S. 81.
8 Walz, S. 66.
9 Räder, Autos und Traktoren, S. 98.
10 Peter Schnellbach: Heinrich Lanz, in: Badische Biographien VI. Teil (1901–1910), Heidelberg 1935, S. 207.
11 Italiaander, S. 110.
12 Heger, S. 138.
13 Ebd., S. 132.
14 Bosch-Jubiläums-Ausstellung, S. 25.
15 Sauer, S. 232.
16 Köhle-Hezinger/Ziegler, S. 170 f.
17 Baden. Land Staat Volk, S. 109 f.
18 Wurzeln des Wohlstandes, S. 175.
19 Noltze, S. 59.

20 Köhle-Hezinger/Ziegler, S. 16.
21 Ebd., S. 140.
22 Ebd., S. 145.
23 Ebd., S. 145 f.
24 Ebd., S. 85.
25 Kirsch, S. 148.
26 Bosch-Jubiläums-Ausstellung, S. 91.
27 Ebd., S. 87.
28 Köhle-Hezinger/Ziegler, S. 282.
29 Wurzeln des Wohlstandes, S. 197.
30 Köhle-Hezinger/Ziegler, S. 170 f.
31 Bosch-Jubiläums-Ausstellung, S. 82 f.
32 Ebd., S. 96.
33 Haffner, S. 119.
34 Innovation, S. 41.
35 Hermsen, S. 12.
36 Ebd., S. 24.
37 Ebd., S. 43.
38 Von Arp zu Warhol, S. 7.
39 Kultur, S. 40.
40 Art Sponsoring. Hugo Boss. Guggenheim Museum. Metzingen 1995.

Das Unternehmen

1 Brühl, S. 209.
2 Slotta, 1984, S.VI.
3 Noltze, 1994.
4 Zit. nach Noltze, S. 22.
5 Noltze, S. 13.
6 Krins, S. 203.
7 Schneider/Schmelzer, S. 11.
8 Kreuzberger, 1993, S. 30.
9 Brittinger, S. 50.
10 Noltze, S. 55.
11 Zit. nach Pese, S. 618.
12 Ebd.
13 Banham, S. 21.
14 Ebd., S. 16.
15 Bauwelt 44, 1992, S. 2521.
16 Heuss, S. 141 f.
17 Fünfzig Jahre Bosch, S. 244.
18 Ebd., S. 232.
19 Kreuzberger, 1994, S. 390–400.
20 Ebd., S. 396.
21 Julius Baum, zit. nach Stuttgart zu Fuß, S. 300.
22 Kreuzberger, 1993, S. 65 f.
23 Stuttgart zu Fuß, S. 292.
24 Krins, S. 217.
25 Brittinger, S. 57.
26 Ebd., S. 58.
27 Werkforum Rohrbach Zement, S. 4.
28 Ebd., S. 5.
29 Ebd., S. 8–11.
30 Schwarz, S. 35.
31 Gropius, 1913.
32 Bentmann/Müller, 1970.
33 Ebd., S. 121.
34 Muthesius, S. 6 f.
35 Sieber, S. 199–202.
36 Zit. nach Rödel, S. 274.
37 Köhle-Hezinger/Ziegler, S. 90.
38 Siehe Breig, S. 203–227.
39 Rödel, S. 207 f.
40 Spörhase, S. 90.
41 Köhle-Hezinger/Ziegler, S. 164.
42 Ebd., S. 184.
43 Kirsch, S. 65.
44 Ebd., S. 67.
45 Ebd., S. 115.
46 Ebd., S. 121.
47 Stender, S. 184 f.
48 Kirsch, S. 174–196.
49 Spörhase, S. 90.
50 Jaeggi, S. 91–106.
51 Ebd., S. 103.
52 Spörhase, S. 88.

Das Produkt

1 Duschek, S. 339.
2 Selle, 1978, S. 28.
3 Seeger, S. 42.
4 Bürdek, S. 10.
5 Seeger, S. 22.
6 Kluckert, S. 166.
7 Selle, 1978, S. 52.
8 Bürdek, S. 35.
9 Selle, 1978, S. 121.
10 Selle, 1994, S. 251 f.
11 Selle, 1978, S. 158.
12 Bürdek, S. 49.
13 Erlhoff, S. 15.
14 Selle, 1994, S. 288.
15 Erlhoff, S. 101.
16 Selle, 1994, S. 273.

17 Ebd., S. 273 f.
18 Bürdek, S. 63.
19 Selle, 1994, S. 365.
20 Seeger, S. 42.
21 Arns, S. 45.
22 Galerie der Stadt Kornwestheim, S. 56 f.
23 Ebd., S. 58 f.
24 Reck, S. 95.
25 Galerie der Stadt Kornwestheim, S. 66.
26 Ebd., S. 48.
27 Reinhardt, S. 183.
28 Weisser, S. 47.
29 Borscheid/Wischermann, S. 203.
30 Reck, S. 97.
31 Borscheid/Wischermann, S. 17.
32 Reinhardt, S. 220.
33 Ebd., S. 228.
34 Borscheid/Wischermann, S. 208.
35 Haßinger, S. 47.
36 Borscheid/Wischermann, S. 18.
37 Reck, S. 99.

Die Industrie in Malerei und Grafik

1 Schlichter, Rudolf: Tönerne Füße, Berlin 1992, S. 306 f.
2 Manteuffel, Claus Zoege von: Malerei des 19. Jahrhunderts aus dem Schwabenland. In: Rochard, Patricia (Hrsg.): Mensch und Natur. Ingelheim am Rhein 1996, S. 18.
3 Bergius, Hanne: Der Da-Dandy – Das »Narrenspiel aus dem Nichts«, in: Tendenzen 1977, S. 3–16.
4 Faass, Martin: Alte Zeiten – Neue Welten. Die Motive Lyonel Feiningers, in: Luckardt, Ulrich und Faass, Martin: Lyonel Feininger. Die Zeichnungen und Aquarelle. Köln 1998, S. 22.
5 Priesel, Uwe: Otto Mindhoff, Maler und Drukker, in: Otto Mindhoff. Grafik, Malerei, 1960–1995. Kunstverein Schwetzingen e.V. (Hrsg.). Schwetzingen 1995, S. 9.

Literaturverzeichnis

Ackermann, Kurt: Industriebau. Stuttgart 1984.

Adriani, Götz (Hg.): Rudolf Schlichter. Gemälde. Aquarelle. Zeichnungen. München 1997.

Albrecht, Helmuth: Kalk und Zement. (Technik + Arbeit 4). Ubstadt-Weiher 1991.

Architektur ohne Architekten. Drei bald neunzig Jahre alte Industriehallen in Giengen an der Brenz, in: Bauwelt 44 (1992), S. 2520–2521.

Arns, Günter: Über die Anfänge der Industrie in Baden-Württemberg. Stuttgart 1986.

Assion, Peter: Altes Handwerk und frühe Industrie im deutschen Südwesten. Ein Literaturbericht. Freiburg 1978.

Banham, Reyner: Das gebaute Atlantis. Amerikanische Industriebauten und die Frühe Moderne in Europa. Basel, Berlin, Boston 1990.

Bauer, Ernst Waldemar und Schönnamsgruber, Helmut (Hg.): Das große Buch der Schwäbischen Alb. Stuttgart 1988.

Bechstein, Gabriele: Automobilwerbung von 1890 bis 1935. Versuch einer semiotischen Analyse früher Automobilannoncen (Bochumer Studien zur Publizistik und Kommunikationswissenschaft 51). Bochum 1987.

Beck, Rainer: Otto Dix 1891–1969. Zeit. Leben. Werk. Konstanz 1993.

Behrens, Karl Christian (Hg.): Handbuch der Werbung mit programmierten Fragen und praktischen Beispielen von Werbefeldzügen. Wiesbaden 1970.

Bentmann, Reinhard und Müller, Michael: Die Villa als Herrschaftsarchitektur. Versuch einer kunst- und sozialgeschichtlichen Analyse. Frankfurt am Main 1970.

Berghoff, Hartmut: Unternehmenskultur und Herrschaftstechnik. Industrieller Paternalismus: Hohner von 1857 bis 1918, in: Geschichte und Gesellschaft 23 (1997), S. 167–204.

Berghoff, Hartmut: Zwischen Kleinstadt und Weltmarkt. Hohner und die Harmonika 1857–1961. Unternehmensgeschichte als Gesellschaftsgeschichte. Paderborn 1997.

Bertsch, Christoph: Industrielle Revolution in der Bildenden Kunst des 19. Jahrhunderts, in: Technik und Kultur, hg. von Armin Hermann und Wilhelm Dettmering. Bd. 7: Technik und Kunst. Düsseldorf 1994, S. 233–260.

Binder, Hans-Otto: Württembergs Weg zur Industrie. Eine zeitgenössische Diskussion, in: Stadtverfassung, Verfassungsstaat, Pressepolitik. Festschrift für Eberhard Naujoks zum 65. Geburtstag, hg. von Franz Quarthal und Wilfried Setzler. Sigmaringen 1980, S. 191–203.

Boelcke, Willi A.: Wege und Probleme des industriellen Wachstums im Königreich Württemberg, in: Zeitschrift für Württembergische Landesgeschichte 32 (1973), S. 436–520.

Ders.: Die Industrialisierung – Bedingtheiten im Südwesten, in: Die Geschichte Baden-Württembergs, hg. von Reiner Rinker und Wilfried Setzler. Stuttgart 1986, S. 254–263.

Ders.: »Glück für das Land«. Die Erfolgsgeschichte der Wirtschaftsförderung von Steinbeis bis heute. Stuttgart 1992.

Ders.: Die Wirtschaft heute, eine vergleichende Entwicklungsbilanz, in: 40 Jahre Baden-Württemberg, hg. von Meinrad Schaab. Stuttgart 1992, S. 479–494.

Ders.: 125 Jahre Baden-Württembergische Bank. Auch eine Geschichte des guten Geldes. Stuttgart 1996.

Ders.: Die industrielle Revolution, in: Die großen Revolutionen im deutschen Südwesten, hg. von Hans-Georg Wehling und Angelika Hauser-Hauswirth. Stuttgart 1998, S. 85–98.

Borscheid, Peter und Wischermann, Clemens (Hg.): Bilderwelt des Alltags. Werbung in der Konsumgesellschaft des 19. und 20. Jahrhunderts. Festschrift für Hans Jürgen Teuteberg (Studien zur Geschichte des Alltags 13). Stuttgart 1995.

Bosch-Jubiläums-Ausstellung, Katalog, hg. von der Robert Bosch GmbH. Stuttgart 1986.

Breig, Christine (u. a.): Neue Forschungen zur Stuttgarter Architekturgeschichte, in: Zeitschrift für württembergische Landesgeschichte 54 (1995), S. 203–225.

Brittinger, Thomas: Betriebswirtschaftliche Aspekte des Industriebaues. Eine Analyse der baulichen Gestaltung industrieller Fertigungsstätten (Abhandlungen aus dem Industrieseminar der Universität Mannheim, Heft 35). Berlin 1992.

Brühl, Roland: Dampfende Eisenbahn, rauchender Schornstein – Industrialisierung im Bild, in: Stadt, Bild, Geschichte. Reutlingen in Ansichten aus fünf Jahrhunderten. Katalog der Ausstellung zum Stadtjubiläum »900 Jahre Reutlingen«, hg. von der Stadt Reutlingen. Reutlingen 1990, S. 209–244.

Bürdek, Bernhard E.: Design. Geschichte, Theorie und Praxis der Produktgestaltung. Köln 1991.

Büttner, Sarolta und Banhardt, Wolfgang: Unter Dampf. Die Geschichte der bedeutendsten Dampflokomotiven der Maschinenfabrik Esslingen. Stuttgart 1988.

Bullivant, Keith und Ridley, Hugh: Industrie und deutsche Literatur 1830–1914. München 1976.

Cieslik, Jürgen und Cieslik, Marianne: Knopf im Ohr. Die Geschichte des Teddybären und seiner Freunde. Jülich 1989.

Ciolina, Evamaria: Reklamesammelbilder und Volkslesestoff der Waldorf Astoria Zigarette. Ein Beitrag zur Alltagskultur, in: Bayerisches Jahrbuch für Volkskunde 1986/87, S. 24–32.

Das neue Gesicht der deutschen Wirtschaft. Moderne Industrie- und Wirtschaftsbauten. Bd. 1: Baden-Württemberg, Freudenstadt 1967.

Denhardt, Annette: Das Metallwarendesign der Württembergischen Metallwarenfabrik (WMF) zwischen 1900 und 1930. Historismus, Jugendstil, Art Deco. Münster, Hamburg 1993.

Deutscher Sparkassenverlag (Hg.): »Wer den Pfennig nicht ehrt…« Plakate werben für das Sparen. Mainz 1992.

Duschek, Karl: Graphik, Design und Technik – die visuelle Kommunikation der Industrieunternehmen, in: Technik und Kultur, hg. von Armin Hermann und Wilhelm Dettmering. Bd. 7: Technik und Kunst. Düsseldorf 1994, S. 331–344.

Engelbert, Arthur: Industrie im Bild – Bild in der Industrie, in: tendenzen 159 (1987), S. 54–63.

Erlhoff, Michael (Hg.): Designed in Germany Since 1949. München 1990.

Fekete, Julius: Karl von Etzel. Zum 150-jährigen Jubiläum der Württembergischen Eisenbahn und zum 130. Todestag des Architekten, in: Zeitschrift für Württembergische Landesgeschichte 55 (1996), S. 233–281.

Fischer, Volker (Hg.): Design heute. Maßstäbe: Formgebung zwischen Industrie und Kunst-Stück. München 1988.

Friedrich List und seine Zeit. Nationalökonom. Eisenbahnpionier. Politiker. Publizist. 1789–1846. Katalog zum 200. Geburtstag. Stadt Reutlingen 1989.

Fünfzig Jahre Bosch, 1886–1936. Stuttgart 1936.

Gerber, Helmut: König Wilhelm I. von Württemberg als Bauherr und Regent – Zum 150. Todestag des Hofbaumeisters Giovanni Salucci, in: Schwäbische Heimat 46 (1995), S. 228–243.

Glaser, Hermann (u. a.): Industriekultur in Nürnberg. Eine deutsche Stadt im Maschinenzeitalter. München 1980.

Ders.: Maschinenwelt und Alltagsleben. Industriekultur vom Biedermeier bis zur Weimarer Republik. Frankfurt 1981. (Eine überarbeitete und ergänzte Fassung erschien 1994 unter dem Titel: Industriekultur und Alltagsleben).

Goebel, Susanne: Der Unterwäsche auf den Leib gerückt. Frühe Formen der Wäschereklame der Trikotindustrie, in: Schwäbische Heimat 42 (1991), S. 39–50.

Grees, Hermann: Standort, Verkehr, Umwelt, in: Wege in die Welt. Die Industrie im deutschen Südwesten seit Ausgang des 18. Jahrhunderts, hg. von Otto Borst. Stuttgart 1989, S. 129–174.

Ders.: Fabriken in der Innenstadt. Umweltkonflikte in württembergischen Städten in der Zeit der beginnenden Industrialisierung, in: Stadtgeographische Aspekte. Studien zur regionalen Stadtgeographie und ihrer Didaktik. Festschrift für Siegfried Gerlach zum 60. Geburtstag, hg. von Eckart Füldner. Ludwigsburg 1990, S. 75–85.

Gropius, Walter: Die Entwicklung moderner Industriebaukunst, in: Jahrbuch des deutschen Werkbunds 1913, S. 17–22.

Hädecke, Wolfgang: Poeten und Maschinen. Deutsche Dichter als Zeugen der Industrialisierung. München 1993.

Häffner, Martin: Harmonicas. Die Geschichte einer Branche in Bildern und Texten. Oberndorf 1991.

Hägele, Ulrich: NS-Ideologie und Filderkraut – Ernst Sagebiels Stuttgarter Flughafen, in: Schwäbische Heimat 46 (1995), S. 22–31.

Hagel, Jürgen: Stuttgart: Stadtwachstum und Umweltveränderung im Wandel der Zeit. Eine stadtökologische Skizze, in: Festschrift für Wolfgang Meckelein, hg. von Christoph Borcherdt und Reinhold Grotz. Stuttgart 1979, S. 245–256.

Ders.: Mensch und Wasser in der Geschichte. Dokumente zu Umwelt, Technik und Alltag vom 16. bis zum 19. Jahrhundert. Stuttgart 1989.

Hahn, Hans-Werner: Geschichte des deutschen Zollvereins. Göttingen 1984.

Haller, Ulrich: Zwangsarbeit und Rüstungsproduktion in Geislingen an der Steige 1939–1945, in: Zeitschrift für Württembergische Landesgeschichte 57 (1998), S. 305–368.

Hammer, Stefan und Arbogast, Ralf: Alte Bahnhöfe in Württemberg. Stuttgart 1987.

Haßinger, Gabriela: Reklamemarken. Als die Werbung kleben lernte, in: Baden-Württemberg 1994, S. 46–49.

Heger, Wolfgang: Das Tor zur Kindheit. Die Welt der Margarete Steiff. Giengen an der Brenz 1997.

Heitere Gefühle bei der Ankunft auf dem Lande. Bilder schwäbischen Landlebens im 19. Jahrhundert, hg. vom Ludwig-Uhland-Institut für empirische Kulturwissenschaften der Universität Tübingen in Zusammenarbeit mit dem Württembergischen Landesmuseum Stuttgart. Tübingen 1983.

Herding, Klaus: Industriebild und Moderne. Zur künstlerischen Bewältigung der Technik im Übergang zur Großmaschinerie (1830–1890), in: Art social and art industriel, hg. von Helmut Pfeiffer, Hans Robert Jauß und Francoise Gaillard. München 1987, S. 424–468.

Herdt, Hans Konradin: Bosch 1886–1986. Porträt eines Unternehmens. Stuttgart 1986.

Hermann, Armin: Nur der Name war geblieben. Die abenteuerliche Geschichte der Firma Carl Zeiss. 3. Auflage Stuttgart 1991.

Hermsen, Thomas: Kunstförderung zwischen Passion und Kommerz. Vom bürgerlichen Mäzen zum Sponsor der Moderne (Campus Forschung, Band 753). Frankfurt 1997.

Heuss, Theodor: Robert Bosch. Leben und Leistung. 4. Auflage Tübingen 1946.

Hippel, Wolfgang v.: Die Bauernbefreiung im Königreich Württemberg. 2 Bde. Boppard 1977.

Hippel, Wolfgang v. (u. a.): Eisenbahnfieber. Badens Aufbruch ins Eisenbahnzeitalter. Ubstadt-Weiher 1990.

Hoffmeister, Christine: Industrielandschaft als Zeitaussage, in: Bildende Kunst 1967, S. 196–200.

Innovation. Das Kundenmagazin von Carl Zeiss. Nummer 1, August 1996. Oberkochen 1996.

Italiaander, Rolf: Ferdinand Graf von Zeppelin. Reitergeneral, Diplomat, Luftschiffpionier. Bilder und Dokumente. Konstanz 1986.

Jacobi, Uwe: 150 Jahre Knorr 1838–1988. Heilbronn 1988.

Jeggle, Utz: Die frühesten Arbeitersiedlungen, in: Abschied von der Dorfidylle, hg. von Martin Blümcke. Stuttgart 1982, S. 109–118.

Jenzen, Igor A. (Hg.): Uhrzeiten. Die Geschichte der Uhr und ihres Gebrauchs. Frankfurt a. M. 1989.

Kirsch, Peter: Arbeiterwohnsiedlungen im Königreich Württemberg in der Zeit vom 19. Jahrhundert bis zum Ende des Ersten Weltkrieges. phil. Diss. Tübingen 1982.

Kluckert, Ehrenfried: Vom heiligen Hain zur Postmoderne. Eine Kunstgeschichte Baden-Württembergs. Stuttgart 1996.

Köhle-Hezinger, Christel: Die Maschinenfabrik in Esslingen 1846–1965. Eine Fabrik verändert die Stadt. Esslingen 1991.

Köhle-Hezinger, Christel und Ziegler, Walter (Hg.): »Der glorreiche Lebenslauf unserer Fabrik«. Zur Geschichte von Dorf und Baumwollspinnerei Kuchen. Weißenhorn 1991.

Kollmer, Gert: Entwicklungstendenzen der südwestdeutschen Industrie in der Zeit des Nationalsozialismus, in: Stadtverfassung, Verfassungsstaat, Pressepolitik. Festschrift für Eberhard Naujoks zum 65. Geburtstag, hg. von Franz Quarthal und Wilfried Setzler. Sigmaringen 1980, S. 204–216.

Krabbe, Wolfgang R.: Kommunalpolitik und Industrialisierung. Die Entfaltung der städtischen Leistungsverwaltung im 19. und frühen 20. Jahrhundert. Fallstudien zu Dortmund und Münster (Schriften des Deutschen Instituts für Urbanistik 74). Stuttgart 1985.

Krauss, Paul: Gustav Werner. Werk und Persönlichkeit. 2. Auflage Reutlingen 1974.

Kreuzberger, Gabriele: Fabrikbauten in Stuttgart. Ihre Entwicklung von der Mitte des 19. Jahrhunderts bis zum Ersten Weltkrieg (Veröffentlichungen des Archivs der Stadt Stuttgart, Band 59). Stuttgart 1993.

Kreuzberger, Gabriele: Die alten Bosch-Gebäude – Vom Abriß bedrohte Stuttgarter Kulturdenkmale, in: Schwäbische Heimat 45 (1994), S. 390–400.

Kreuzer, Helmut und Thomsen, Christian W. (Hg.): Geschichte des Fernsehens in der Bundesrepublik Deutschland. Bd. 4: Unterhaltung, Werbung und Zielgruppenprogramme, hg. von Hans Dieter Erlinger und Hans-Friedrich Foltin. München 1994.

Krins, Hubert (u. a.): Brücke, Mühle und Fabrik. Technische Kulturdenkmale in Baden-Württemberg. Stuttgart 1991.

Kultur bei Würth. Beiträge zur Kulturarbeit in einem Unternehmen. Künzelsau 1997.

Landesgewerbeamt Baden-Württemberg (Hg.): Zum Nutzen der Gesellschaft dienen. Zur Geschichte der Gewerbeförderung in Baden und Württemberg. Stuttgart 1990.

Lehmann, Klaus: Das Erbe von Bauhaus und Ulm, in: Szenenwechsel. German Design goes Rocky Mountain High, hg. von Hans Hermann Wetcke. Frankfurt/M. 1997, S. 46–53.

Leithäuser, Thomas (u. a.): Lust und Unbehagen an der Technik. Frankfurt 1991.

Lurchi. Dem Feuersalamander auf der Spur, hg. von der Galerie der Stadt Kornwestheim. Kornwestheim 1994.

Maurer, Hans-Martin (u. a.): Geschichte Württembergs in Bildern 1083–1918. Stuttgart 1992.

Mercedes-Benz AG (Hg.): Der Stern ihrer Sehnsucht. Zeitdokumente der Gebrauchskunst von 1900–1960. Stuttgart 1995.

Meurer, Thomas: Die Rezeption der Technik in der deutschen Kunst des 19. und des frühen 20. Jahrhunderts dargestellt am Beispiel der Eisenbahn in der deutschen Kunst. Diss.phil. Bonn 1988.

Mohl, Moriz: Über die württembergische Gewerbs-Industrie. Tübingen 1828.

Mühl, Albert und Seidel, Kurt: Die württembergischen Staatseisenbahnen. Stuttgart 1970.

Muthesius, Hermann: Wohnungskultur, in: Dürerbund. Dritte Flugschrift zur ästhetischen Kultur, (November) 1905, S. 6–7.

Neues Bauen der 20er Jahre. Gropius, Haesler, Schwitters und die Dammerstock-Siedlung in Karlsruhe. Karlsruhe 1997.

Noltze, Katja: Die Spinnerei und Weberei Ettlingen. Ein kunsthistorischer Beitrag zur industriearchäo-

logischen Forschung (Beiträge zur Geschichte der Stadt Ettlingen, Band 12). Karlsruhe 1994.
Pese, Claus: Das Warenhaus, in: leben und arbeiten im industriezeitalter. Eine Ausstellung zur Wirtschafts- und Sozialgeschichte Bayerns seit 1850 im Centrum Industriekultur der Stadt Nürnberg. Stuttgart 1985, S. 565–576.
Ders.: Technik und Ästhetik, in: Ebd., S. 617–634.
Räder, Autos und Traktoren. Erfindungen aus Mannheim, Wegbereiter der mobilen Gesellschaft. (Technik + Arbeit 1), hg. vom Landesmuseum für Technik und Arbeit in Mannheim. Mannheim 1986.
Reck, Hans Ulrich: Werbeplakat und Markenartikel. Zur Entstehung eines industriekulturellen Zusammenhangs. In: Ästhetik und Kommunikation 18 (1987/89), H. 67/68. S. 95–100.
Reinhardt, Dirk: Von der Reklame zum Marketing. Geschichte der Wirtschaftswerbung in Deutschland. Berlin 1993.
Renn, Wendelin, Zimmermann, Horst und Zoller, Andreas (Hg.): Südwestdeutsche Kunst zwischen Tradition und Moderne 1914 bis 1945. Sigmaringen 1993.
Rödel, Volker: Reclams Führer zu den Denkmalen der Industrie und Technik in Deutschland. Band 1: Alte Länder. Stuttgart 1992.
Rudolph, Ernst: Hannover-Würzburg, Mannheim-Stuttgart. Eisenbahn auf neuen Wegen. Darmstadt 1989.
Ruppert, Wolfgang: Die Fabrik. Geschichte von Arbeit und Industrialisierung in Deutschland. München 1983.
Sauer, Paul: Württembergs letzter König. Das Leben Wilhelms II. Stuttgart 1994.
Schaaf, Berthold: Schwarzwalduhren. Karlsruhe 1995.
Schmacke, Ernst (Hg.): Industriebilder. Gemälde einer Epoche. Münster 1994.
Schmidt, Frieder: Von der Mühle zur Fabrik. Die Geschichte der Papierherstellung in der württembergischen und badischen Frühindustrialisierung. (Technik + Arbeit 6). Ubstadt-Weiher 1994.
Schneider, Franziska und Schmelzer, Georg: Industriearchitektur im Wandel der Zeit. Schuhfabrik Salamander Kornwestheim. Kornwestheim 1985.
Schrenk, Klaus: Industriedarstellungen in der Mitte des 19. Jahrhunderts und Aspekte ihres gesellschaftlichen Charakters, in: Kritische Berichte 3 (1975), S. 13–31.
Schwarz, Hans Peter: Würth. Die Architektur weiterbringen. München 1995.
Schwarzmaier, Hansmartin (u.a.): Geschichte Badens in Bildern. 1100–1918. Stuttgart 1993.
Seeger, Harmut: Entwicklungen im technischen Design. Erkundungen der Gebrauchsqualitäten technischer Produkte unter besonderer Berücksichtigung Baden-Württembergs. Mannheim 1986.
Selle, Gert: Die Geschichte des Design in Deutschland von 1870 bis heute. Entwicklung der industriellen Produktkultur. Köln 1978.
Ders.: Geschichte des Design in Deutschland. Frankfurt, New York 1994.
Semff, Michael (Hg.): Willi Baumeister. Zeichnungen. Stuttgart 1996.
Sieber, Eberhard: Ein Requiem auf ein Haus: Die Villa Schüle in Kirchheim/Teck, in: Schwäbische Heimat 41 (1990), S. 199–202.
Simon, Theo: Salz und Salzgewinnung im nördlichen Baden-Württemberg. Geologie, Technik, Geschichte. Sigmaringen 1995.
Slotta, Rainer: Technische Denkmäler in der Bundesrepublik Deutschland. Band 1. Bochum 1975.
Ders.: Einführung in die Industriearchäologie. Darmstadt 1982.
Ders.: Technische Kulturdenkmale. Düsseldorf 1984.
Spörhase, Rolf: Wohnungsbau als Aufgabe der Wirtschaft. Förderung des Wohnungsbaues durch Wirtschafts-Unternehmungen. Methoden und Leistungen. Stuttgart 1956.
Stationen des Industriezeitalters im deutschen Südwesten. Ein Museumsrundgang. (Technik + Arbeit 3), hg. vom Landesmuseum für Technik und Arbeit in Mannheim. Stuttgart 1990.
Steen, John: Realismus, in: Van Gogh bis Cobra, holländische Malerei 1860–1950. Württembergischer Kunstverein Stuttgart 1980, S. 87–103.
Stender, Detlef: Arbeitersiedlungen am Bodensee, in: Bodensee-Hefte 43 (1992), S. 64–69.
Steinmetz, Bärbel und Steinmetz, Manfred: Wandern mit der Wieslauftalbahn, in: Schwäbische Heimat 46 (1995), S. 406–415.
Stender, Detlef (Hg.): Industriekultur am Bodensee. Ein Führer zu Bauten des 19. und 20. Jahrhunderts. Konstanz 1992.

Stier, Bernhard: Württembergs energiepolitischer Sonderweg. Kommunale Stromselbsthilfe und staatliche Elektrizitätspolitik, in: Zeitschrift für Württembergische Landesgeschichte 54 (1995), S. 227–279.

Stuttgart zu Fuß. 18 Stadtteilstreifzüge durch Geschichte und Gegenwart, hg. von Werner Skrentny, Rolf Schwenker, Sybille und Ulrich Weitz. Hamburg 1988.

Supper, Otto: Die Entwicklung des Eisenbahnwesens im Königreich Württemberg. Stuttgart 1895.

Vogel, Heike: »Suche ein nettes Zimmer...« Die Zeppelin-Wohlfahrt GmbH und der Wohnungsbau in Friedrichshafen. Friedrichshafen 1997.

Von Arp zu Warhol. Sammlung Daimler-Benz. Stuttgart 1992.

Weisser, Michael: Deutsche Reklame. 100 Jahre Werbung 1870–1970. Ein Beitrag zur Kunst- und Kulturgeschichte. München 1985.

Werkforum Rohrbach Zement. Vergangenheit und Gegenwart. Berlin 1994.

Würth, Reinhold: Erfolgsgeheimnis Führungskultur. Bilanz eines Unternehmers. Frankfurt a. M. 1995.

Wurzeln des Wohlstands. Bilder und Dokumente südwestdeutscher Wirtschaftsgeschichte, hg. von den Industrie- und Handelskammern in Baden-Württemberg. Stuttgart 1984.

Bild- und Fotonachweis

Wenn nicht anders vermerkt, bezieht sich der Nachweis auf Original und Reproduktion.

Albstadt, Stadtarchiv (37)
Althütte, Joachim Fuchs (93)
Basel, Schule für Gestaltung, Plakatsammlung (203)
Berlin, Bauhaus-Archiv (202)
Berlin, Sammlung Karsch-Nierendorf (255)
Biberach, Museum Biberach (250)
Dotternhausen, Portlandzementwerk Dotternhausen Rudolf Rohrbach KG (162, 188, 189)
Ettlingen, Stadtarchiv (33)
Fellbach, Stadtmuseum und Archiv (70)
Friedrich Eisenlohr, Entwürfe (99, 104, 113, 114)
Friedrich Eisenlohr, Ornamentik (100, 101, 102, 103)
Friedrichshafen, Archiv Luftschiffbau Zeppelin GmbH (27, 127, 252: Foto Toni Schneiders, Lindau; 128, 143, 198, 199)
Geislingen, WMF (207, 208, 214)
Gengenbach, Berthold Schaaf (46)
Giengen, Margarete Steiff GmbH (130, 131, 132, 180, 222)
Göppingen, Gebr. Märklin & Cie. GmbH (4, 96)
Göppingen, Kreisarchiv (117: Foto A. Gmähle; 137, 140: Foto Traute Uhland-Clauss, Stuttgart; 196: Foto W. Ziegler)
Heilbronn, Maizena-Gesellschaft mbH, Knorr-Archiv (2, 177, 212, 213, 231, 236, 241, 242, 243)
Heilbronn, Stadtarchiv (41, 87)
Karlsruhe, Badisches Landesmuseum (11, 12)
Karlsruhe, Generallandesarchiv (48/6641: 23; G Techn. Pl. II/3/55/1: 28; G Techn. Pl. II, Eisenbahnen 3/49: 30; H Rheinstrom/72: 97; J-B Offenburg/7: 112)
Karlsruhe, Institut für Baugeschichte der Universität Karlsruhe (172)
Karlsruhe, Landesdenkmalamt (138, 174)
Karlsruhe, Staatliche Kunsthalle (89, 91, 98, 262)
Karlsruhe, Zentrum für Kunst und Medientechnologie (8)
Kirchheim/Teck, Stadtarchiv (191)
Kuchen, Gemeindearchiv (195; 38, 118, 119, 139, 193: Foto Peter Neumann, Ammerbuch)
Künzelsau, Adolf Würth GmbH & Co.KG (154, 160, 161; 190: Foto Philipp Schönborn)
Laichingen, Georg Laichinger (36)
Laupheim, Michael Schick (67)
Leimen, Firmenarchiv der Heidelberger Zement AG (57 (536/9), 62 (140/1), 63 (596/5), 146 (182/6), 152 (23/2), 204 (476/2), 227 (24/12))
Ludwigsburg, Städtisches Museum (14, 15, 19)
Mannheim, Firmenarchiv der John Deere Werke (55, 56, 125, 126, 145, 149, 155, 168, 179, 209, 246)
Mannheim, Landesmuseum für Technik und Arbeit (7, 31)

Mannheim, Städtische Kunsthalle (264: Foto Margita Wickenhäuser)
Mannheim, Städtisches-Reiss-Museum (86)
Metzingen, Hugo Boss AG (163)
München, Deutsches Museum München (10)
Oberkochen, Carl Zeiss (1, 5, 73, 74, 78, 157, 187, 220)
Oberndorf, Mauser-Werke, Waffensysteme (170)
Obrigheim, Kernkraftwerk Obrigheim GmbH (169, 228)
Rheinfelden, Kraftübertragungswerk Rheinfelden (50)
Reutlingen, Heimatmuseum (9, 92, 121, 173)
Reutlingen, Hermann Heinzelmann (166)
Reutlingen, Stadtarchiv (165, 167)
Reutlingen, Städtisches Kunstmuseum Spendhaus (257; 247: Foto Weber & Gnamm Studios Reutlingen)
Reutlingen, Stiftung Bruderhaus (120: Foto gws/Manz)
Rielasingen, Worblingen, Arlen Spinnweberei (244)
Schramberg, Junghans Uhren GmbH (44, 45, 216)
Sindelfingen, Günther Arns (29)
Stuttgart, Baumeister Archiv Stuttgart (254: Foto Staatsgalerie, Graphische Sammlung)
Stuttgart, Bosch Archiv (51, 52, 133, 134, 135, 136, 147, 148, 181, 182, 215, 232, 237)
Stuttgart, Bundesbahndirektion (105, 108)
Stuttgart, BW-Bank (34, 35, 65, 66, 72, 239; 80: Foto Elsässer GmbH)
Stuttgart, Daimler-Benz Classic Archiv (53, 54, 123, 124, 171)
Stuttgart, Daimler-Benz Konzernarchiv (3, 24, 25, 43, 58, 68, 79, 81, 85, 95, 122, 144, 153, 159, 178, 192, 201, 206, 210, 217, 226, 233, 234, 235, 238)
Stuttgart, Daimler-Benz Kunstsammlung (158: Foto Andreas Lauble; 159, 263)
Stuttgart, Designbüro INDUSTRIAL (219)
Stuttgart, Sammlung Rolf Deyle (253: Foto Galerie Schlichtenmaier, Schloß Dätzingen)
Stuttgart, Galerie der Stadt Stuttgart (258)
Stuttgart, Hauptstaatsarchiv (40)
Stuttgart, IBM Bildarchiv (84)
Stuttgart, Gabriele Kreuzberger (183)
Stuttgart, Landesbildstelle Württemberg (26, 88, 106, 116)
Stuttgart, Landesdenkmalamt (185)
Stuttgart, Hans Luz (110, 111)
Stuttgart, Neckarwerke Stuttgart AG (47, 49, 69, 129, 151, 194; 48, 61, 77, 230: Foto Guntram Gerst, Stuttgart)
Stuttgart, Rose Hajdu (186)
Stuttgart, Staatsgalerie (249, 256), Graphische Sammlung (260)
Stuttgart, Stadtarchiv (16, 107, 115, 184, 200)
Stuttgart, Traute Uhland-Clauss (13)
Stuttgart, Wirtschaftsarchiv Baden-Württemberg, Stuttgart-Hohenheim (Y110: 6, 59, 164, 176, 224, 225; Y224: 22, 32, 42, 64, 150, 205; B055: 39; B070: 60)
Stuttgart, Württembergische Landesbibliothek (90: Foto Joachim Siener)
Stuttgart, Württembergisches Landesmuseum (18, 21, 83)
Trossingen, Harmonikamuseum (211, 218, 223, 240)
Tübingen, Graphische Sammlung am Kunsthistorischen Institut der Universität Tübingen (251)
Tübingen, Landesdenkmalamt (141, 142, 197; 175: Foto Rose Hajdu, Stuttgart)
Tübingen, Stadtarchiv (71, 82, 94; 156: Foto Manfred Grohe, Kirchentellinsfurt)
Tübingen, Stadtmuseum (17)
Ulm, Stadtarchiv (245)

Privatbesitz (20); (248, 259: Foto Christian Wirth); (261: Foto Peter Neumann, Ammerbuch)

Aus Büchern:
Baden Württemberg. Eine Heimat und Landeskunde, KLETT-PERTHES, Stuttgart 1988 (75, 76)
Lurchis Abenteuer. Bd. 1. Hrsg. v. der Salamander Aktiengesellschaft. Kornwestheim [ohne Jahr]. S. 6 (229)
Rudolf, Ernst: Hannover-München, Mannheim-Stuttgart. Eisenbahn auf neuen Wegen, S. 104 o. Hestra-Verlag Darmstadt, 1989 (109)
Springer, Karl: Ettlinger Wasserzeichen. Ein Beitrag zur Geschichte der Papiermacherei. In: Badische Heimat 15 (1928). S. 234 (221)